Friedrich von Hagedorn

**Poetische Werke**

Vierter Teil

Friedrich von Hagedorn

**Poetische Werke**
*Vierter Teil*

ISBN/EAN: 9783744694360

Hergestellt in Europa, USA, Kanada, Australien, Japan

Cover: Foto ©Thomas Meinert / pixelio.de

Weitere Bücher finden Sie auf **www.hansebooks.com**

# Poetische Werke,

## des Herrn
## Friedrichs von Hagedorn.

## Vierter Theil.

Mit Kupfern

## Bern,

Gedruckt bey Abraham Wagner, 1770.

Verlegts Beat Ludwig Walthard.

# Vorbericht.

Vielleicht erfordern diese Oden und Lieder keinen Vorbericht: vielleicht ist es doch auch nicht ganz überflüßig, etwas von dieser Art der Poesie anzumerken; insonderheit aber zu erinnern, daß die folgenden Gedichte nicht so sehr den erhabenen, als den gefälligen, Character der Ode zu besitzen wünschen, durch welchen dieselbe ihre Vorzüge reizender und gesellschaftlich machet. Die Muse der lyrischen Dichter heißet sie nicht nur Götter, oder Könige und Helden besingen, sondern auch, nach dem ausdrucke des Horaz: JUVENUM CURAS ET LIBRA VINA REFFRRE. 1

In dieser dritten Art der Ode, welche, allem Ansehen nach, die älteste ist, haben sich die freyen Britten und vor allen die singenden Franzosen vorlängst hervorgethan. Es ist bekannt, daß, schon zu den Zeiten

X 2

des heiligen Ludwigs, der mächtige Graf von Champagne, Teobold, [2] den Namen des grossen Lieder-Dichters zu verdienen gewußt, und daß in dem folgenden Jahrhundert die Lebhaftigkeit und der Geschmack der französischen Poeten ihre Kunst mit recht die Benennung der fröhlichen Wissenschaft erworben hat. Die neuern Franzosen, als Beförderer aller fröhlichen Wissenschaften, sind ihren Vorfahren so wenig unähnlich, daß sie noch itzo unter den Chansonniers die erste Stelle zu behaupten suchen.

Ich zweifle, ob viele Italiäner, [3] wenn man die einzigen Venetianer [4] ausnimmt, in ihren Liedern so fein, so natürlich und so glüklich sind, als die Franzosen. Es scheint vielmehr, daß viele petrarchische Gesänge, Canzoni Petrarchesche, zu pindarisch, zu voller Figuren, zu sinnreich, auch zu lang sind, um eigentlich unter die Lieder gerechnet zu werden: wie denn Petrarcha selbst, so wenig als Pindar und Horaz, [5] gar zu genau auf die Ordnung und Einrichtung der Schluß-Puncte gesehen, und, dem Wohlklange zuwider, seine Worte oftmals zu weit fortlauffen lassen; [6] anderer Fehler zu geschweigen, die

Andrucci 7 an dem Ciampoli und Chiabrera ausſetzet,
und die auch von andern nicht vermieden worden.   Ihre
anacreontiſchen Oden mögen die beſten ſeyn,  inſonderheit
diejenigen, welche Chiabrera und Zonotti verfertiget hat.
8 Chreſcimbeni rühmt, in Anſehung dieſer Schreib-Art,
inſonderheit den Balducci,  einen Palermitaner. * Was
aber die Tanz-Lieder der Italiäner oder die Ballate, ihre
Maggiolate oder Meyen-Geſänge, die  Villanelle, die
Barzelette u. ſ. w. anbetrifft, die Creſcimbeni ausführlich beſchreibet; ſo entdecket man vielleicht in den heyden
lappländiſchen Oden, die der Spectator 9 anführet, und
in einigen alten Geſängen nordiſcher und americaniſcher
Völker ſo viel Geiſt und wahre Schönheiten, als in dieſen, und vielen andern, Liedern der Italiäner.  Man
hat mich auch verſichret, daß viele Scherz und Liebes Lieder der Polen und die kriegeriſchen Dumy der Coſaken, zu
welchen ſie auf der Pandore zu ſpielen pflegen, in ihrer
Art unvergleichlich ſind und den beliebteſten Geſängen
der Franzoſen und Italiäner den Vorzug ſtreitig machen
könnten.   Dem berühmten Woywoden von Rußland,
Jablonowſky, ſollen ſeine Lieder nicht weniger Ehre gebracht haben, als ſeine Ueberſetzung äſopiſcher Fabeln. 10

)( 3

Cassoni 11 hat das Vergnügen gehabt, seine Landes-
leute in der lyrischen Poesie so vortreflich zu finden, als
die Griechen und Römer. Es stand diese Freude einem
Manne zu gönnen, der es sich so sauer werden ließ, die
alten zu verkleinern. Unter den neuesten welschen Lieder-
Dichtern sind Rolli, Manfredi, der Ritter Perfetti zu
Siena, und der P. Zucchi zu Verona die vornehmsten.

Die alten Lieder der Spanier sind Romanzen und Vil-
lanellen. die Romanzen bestehen aus Zeilen von sechs
oder acht Sylben und vierzeiligten Strophen, welche sie
Coplas und Redondillas nennen. Im fünfzehnten Jahrhundert haben Boscan und Garcillasso de la Vega verschiedene Arten der italiänischen Dichtkunst in die spanni-
sche eingeführet, die sonst weniger Freyheiten hat, als
jene, ob sie gleich die sogenannten rimes assonantes duldet. 12 Die Nachfolger des Gongora und Quevedo sangen also in den etwas erweiterten Gränzen ihrer Poesie 13
ungezwungener und muthiger, als sie vorher gethan hatten.

Der grosse Philip Sidney, 14 der Herzog von Buckingham, der Graf Dorset, Sedley, der zärtliche Wal-

ler, [15] die zärtlichere Aphara Behn, Ambrosius Philips, Tickell, Prior, Gay und Mallet sind die besten Lieder-Dichter der Engeländer. Unter den Schottländern hat niemand ihren Allan Ramsay übertroffen, dessen Lieder, Fabeln und Erzehlungen mit Recht in dem Besitz eines allgemeinen Beyfalls stehen. Zu den lustigen Zeiten Carls des Andern, da man artig und sinnreich fand, wenn ein Liebhaber über der Schaubühne lief und mit dem Kopf aus einer Tonne hervorguckte, [16] war der fertige Comödien-Schreiber, Lieder-Dichter und Sänger, Thomas d'Urfey, in grossem Ansehen bey Hofe und im ganzen Reiche. Dieser fröhliche König pflegte sich zum öftern auf die Schultern seines Urfey zu lehnen und ihm die Lieder nachzutrillern. [17] Es geschah solches ohne Nachtheil der majestätischen Hoheit, weil der liedervolle Urfey aus einem alten Geschlechte der griechischen Kayser stammte, und unter seinen mütterlichen Ahnen Unterkönige von Neapel zählte. [18]

Einige alten Ballads der Engeländer sind unvergleichlich. [19] Unter diesen Liedern ist dasjenige, welches im Zuschauer [20] stehet, eines der schönsten. Benjamin

Johnson pflegte zu sagen, das er es lieber gemacht haben
mögte, als alle seine Werke; und gewiß, die witzigsten
Franzosen haben nichts aufzuweisen, das poetischer, kräf-
tiger, und, in der natürlichen Einfalt, edler wäre, als
dieses Lied.   Die neueren Sammlungen englischer Lieder
sind mehrentheils Werke der Gewinnsucht.   Sie enthalten zwar einige gute Muster der lyrischen Dichtkunst,
doch weit mehr mittelmäßige Oden und vornehmlich Lie-
bes-Lieder laulicher Poeten, die nur von ihren Verfassern
abgesungen zu werden verdienen.   Wider diesen Miß-
brauch der Reime und der Dichtkunst hat Trapp 21 offent-
lich geeifert.   Wir finden auch in den vermischten Schriften der Herren Pope, Swift ꝛc. 22 eine satyrische Nachahmung des lächerlichen Geschmacks, der in den neuesten
englischen LiebesLiedern zu herrschen anfängt.   Der
Guardian wollte gleichfalls versuchen, die Liedermacher
seiner Zeit ihrer Pflichten zu erinnern.   Diese Absicht hat
ein critisches Schreiben an seine Annabella Lizard 23
veranlasset, aus welchem ich nur folgendes anführen
will:

"In allen Zeiten und in allen Ländern, wo die Poesi

" im Schwange gegangen, ist auch die Zunft der Lieder-
" Schreiber ungemein zahlreich gewesen. Ein jeder auf-
" geweckter junger Herr, der eine ausschweiffende Ein-
" bildungs-Kraft und nur das geringste Geklingel
" von Versen im Kopfe hat, will ein Lieder-Dichter seyn,
" und entschliesset sich, seine Weinflasche oder seine
" Schöne zu verewigen. 24 Mit welcher Menge lächer-
" scher Werke sind wir, um nicht weiter zurück zu gehen,
" nur seit der grossen Staats-Veränderung 25 beschwe-
" ret worden! Ohne Zweifel ist die Ursache grossentheils
" diese, daß man von den Eigenschaften solcher kleinen
" Gedichte keinen rechten Begriff hat. Es ist wahr, sie
" erforderen eben keine Hoheit der Gedanken, noch eine
" besondere Fähigkeit, noch eine Kenntniß, die sehr weit
" gehet. Hingegen erheischen sie eine genaue Kunst-
" Richtigkeit, die größte Zärtlichkeit des Geschmacks,
" eine vollkommene Reinigkeit in der Schreib-Art, 26
" ein Sylben-Maaß, das vor allen andern leicht, ange-
" nehm und fliessend ist, einen ungezwungenen zierlichen
" Schwung des Witzes und der Einfälle, und zu gleich ei-
" nen einförmigen Entwurf voll natürlicher Einfalt.
" Grössere Werke können nicht wohl ohne Unrichtigkeiten

" und Fehler der Unachtsamkeit seyn; aber ein Lied ver-
" lieret allen Glanz, wenn es nicht mit äusserster Sorg-
" falt polieret und ausgeputzet wird. Der geringste Feh-
" ler desselben gleichet einem Flecken in einem Edelstein
" und benimmt ihm seinen ganzen Werth. Ein Lied ist
" gleichsam ein kleines Gemählde von Schmelz = Farben,
" das alle feine Ausdrücke des Pinsels, einen Glanz, ei-
" ne Glätte und endlich diejenigen zarten vollkommenen
" Ausbildungen erfordert, die in grössern und solchen
" Figuren, welche von der Stärke und Kühnheit einer
" meisterhaften Hand ihre ganze Schönheit erhalten,
" überflüßig und übel angewandt seyn würden.

" Da französische und englische Uebersetzungen vorhan-
" den sind, deren Sie Sich bedienen können: so werden
" Sie mich wohl keiner Schulfüchserey beschuldigen,
" wenn ich Ihnen melde, daß Sappho, Anacreon und
" Horaz, in seinen kurzen lyrischen Gedichten, Muster
" kleiner Oden und Liederchen sind. Sie werden finden,
" daß diese Alten in ihren Liedern gemeiniglich nur ei-
" nen Gedanken ausführen und solchen bis zu einem ge-
" wissen Ziele treiben, ohne, wie es den neuern Dich-

„ tern von diesem Orden so gewöhnlich ist, durch Ne-
„ bendinge aufgehalten oder unterbrochen zu werden und
„ auf Abwege zu gerathen. Man muß den Franzosen
„ die Gerechtigkeit wiederfahren lassen und gestehen, daß
„ unter den heutigen Sprachen keine einzige ist, in wel-
„ cher so viel gute Lieder angetroffen werden, als in der
„ ihrigen. Die Beschaffenheit und angebohrne Neigung
„ des Volkes und die Eigenschaft der Sprache scheinen
„ zu Werken dieser Art bey ihnen besonders geschickt zu
„ seyn. Unsere Dichter überhäufen ein Lied mit so vieler
„ Materie, als zu verschiedenen genug seyn würde.
„ Sie entziehen also jedem Gedanken seine Nahrung und
„ Kraft, indem sie auf einmal mehr als einem Einfalle
„ die Fülle geben und aufhelfen wollen. Wir erhalten
„ von ihnen, statt eines recht ausgearbeiteten Liedes,
„ ein Gewebe unvolkommener Liederchen; und dieses Feh-
„ lers hat sich auch Waller schuldig gemacht, dessen
„ Schönheiten man sonst nicht sattsam bewundern kann.
„ Doch von allen unsern Landsleuten sind keine in ihren
„ Liedern durch einen Ueberfluß von Witz mangelhafter,
„ als Dr. Donne und Cowley. Bey diesen leuchtet ein
„ sinnreicher Einfall nach dem andern so plötzlich hervor,

„ daß die Aufmerksamkeit des Lesers durch den fortwäh-
„ renden Schimmer ihrer Einbildungs-Kraft geblendet
„ wird. Fast in ieder Zeile findet man eine neue Absicht
„ und eine neue Stellung der Gedanken, und man er-
„ reichet das Ende, ehe man das Vergnügen gehabt, et-
„ was davon ausgeführt zu sehen.

„ Ein Lied sollte so eingerichtet werden wie ein Sinn-
„ Gedicht. Sie unterscheiden sich von einander dadurch,
„ daß dieses kein lyrisches Sylben-Maaß erfordert, auch
„ gemeiniglich nur da gebraucht wird, wo man spotten
„ will; jenes aber insonderheit beschäftiget ist, (wie
„ der Lord Roscommon es aus dem Horaz übersetzet):

„ LOVE'S PLEASING CARES AND THE FREE
JOYS OF WINE

„ Der Liebe süsse Quaal, des Weines freye Freuden
„ auszudrücken. Zum Beschlusse desjenigen, was ich
„ über diese Materie zu erinnern habe, will ich nur an-
„ merken daß die Franzosen gar oft Lieder und Sinn-Ge-
„ dichte mit einander verwechseln, und eines für das an-
„ dere nehmen. „

Dieser Brief enthält verschiedene gute Anmerkungen;
ich sehe aber doch nicht, wie der Unterscheid der Lieder und
Sinn = Gedichte aus dem Inhalt zu bestimmen stehet.
Man hat so viele, alte und neue, satyrische Lieder, als
man Sinn=Gedichte findet, die von Wein und Liebe hand-
len. Es würde schwer fallen, etwas zu benennen, das
nicht füglich besungen werden könnte. Wahrheiten und
Träume, Ernst und Scherz, Lob und Tadel, Einsamkeit und Gesellschaft, Liebe und Unempfindlichkeit
Freundschaft und Feindschaft, Freude und Leid, Glück
und Widerwärtigkeit, ein jedes Alter, ein jeder Stand
der Menschen, was wir empfinden und wissen, fast alles
kann, auf unterschiedene Art, den Inhalt eines Liedes
abgeben, folglich auch der Hechel = Scherz. Uebrigens
sind die eigentlichen Lieder in einem genauen Verstande,
von den heutigen Oden zu unterscheiden, zumal diejenigen, welche, ohne anacreontisch zu seyn, so wie die anacreontischen, nur aus wenigen Zeilen, oder aus einer
Strophe, bestehen, dergleichen in den Sammlungen
französischer Lieder häufig anzutreffen sind. Und diese
mögen den Guardian veranlasset haben, den Franzosen
hier vorzuwerfen, daß sie viele Sinn=Gedichte zu Liedern

machen. Vielleicht aber hat er auch nur auf die all=
zuepigrammatischen und sinnreichen Einfälle des spielen=
den Witzes gesehen, die in vielen französischen Liedern
vorkommen, und freylich dem Character der Oden und
der Lieder zuwider sind. 27

Wie sehr auch die satyrische Moral an den Liedern der
Alten Antheil gehabt, das beweisen nicht nur Archilochus
und Horaz, sondern es erhellet auch aus dem Beyspiel
des Demodocus beym Homer, der dem wollüstigen Köni=
ge Alcinous und seinen Lieblingen von den schändlichen
Abentheuern der Venus und des Kriegs=Gottes ein Lied
sang, in welchem Plutarch, Suidas und einige Critici
nicht so sehr eine Allegorie, als eine feine Satyre auf den
Hof und die Sitten der weichlichen Phäacer zu endecken
wissen; obwohl andere, insonderheit Scaliger und Cer=
da, in diesem Liede mehr Lust=Reizungen, als Tadel,
finden wollen. 28  Virgil ist desto bescheidener.  Er läßt
zwar die Nimphe Climene ihren Gespielinnen curam - -
inanem Volcani Martisque dolos & dulcia furta Aque
Chao densos Divûm - - amores (L. IV. Georg. v. 345.)
vorerzählen; wann aber, im ersten Buche der Aeneis,

Jopas [29] vor einer Dido, bey ihrem Gaſtmahl, die Saiten ſeiner Cyther ſtimmet, ſo wåhlet er dazu ein Lied von
hôhern und edlern Dingen und erklåret errantem lunam
labores, unde hominum genus & pecudes, und ſolche
Materien aus der Natur-Lehre, von welchen itzo nur
Voltåire ſeiner Marquiſinn von Chatelet ſingen dürfte;
da hingegen die Alten, deren Sitten und Geſchmack wir
nicht aus den unſrigen beurtheilen müſſen, dieſe erhabenen und nützlichen Wahrheiten in wohlgeſetzten Liedern
nicht weniger hören mogten, als die Lobes-Erhebungen
ihrer Helden, die Verſpottung der Laſterhaften oder die
Wirkungen der Leidenſchaften und andere Vorwürfe,
die unſern Neigungen angenehmen und unſerm Ge-
ſchmacke gemåſſer ſind. [30]

Opitz, Flemming, Gryph und Pietſch haben uns
nicht nur gute Oden, ſondern auch einige Lieder geliefert,
die man nicht ohne Vergnügen leſen kann. Viele, welche den ſeligen Hof-Rath und Ceremonien-Meiſter von
König, einen Herrn von Beſſer, einen Philander von
der Linde, oder den feuerreichen Günther zu Verfaſſern
haben, ſind noch Meiſterſtüke in unſrer lyriſchen Poeſie,
und in den neueſten Sammlungen deutſcher Oden und

Lieder finden sich nicht wenige Stücke zum Theil noch lebender Dichter, die, in dieser beliebten Schreib=Art, den zu seiner Zeit berühmten Schoch, dessen Schäfer-Hirten=Liebes=und Tugend=Lieder bekannt sind, seinen Freund Schirmer, den ehrlichen Finkelthaus nnd andere gewiß weit übertroffen haben.

Was diese kleinen Gedichte anbetrifft; so würde es ihnen vortheilhaft seyn, wenn sie nur der grossen Welt, und, vor allen, denen gefielen, welche die Sprache der Leidenschaften, der Zufriedenheit, der Freude, der Zärtlichkeit, des gesellschaftlichen Scherzes und der lachenden Satyre so zu verstehen und zu empfinden wissen, daß sie die Freyheiten, die ihnen in den Liederen der Ausländer 31 gewöhnlich sind, in den unsrigen sich nicht befremden lassen. Man müßte aber den mehresten Theil der Leser nicht kennen, um solchen Freyheiten zu einem bessern Schicksal Hoffnung zu machen, als Boursoult den bekannten Lcettres de Babet in seinem Vorberichte prophezeyet hat. 32

Zu einer Fortsetzung würde ich mich also, vor drey Jaren, entschlossen, weniger einige Oden, die ich in längst verflossenen und fast vergessenen Zeiten verfertiget, dazu her=

hervorgesuchet haben, wenn ich nicht zugleich das Vergnügen gehabt hätte, dem Leser, aus dem neunten Bande der Hiſtoire de l'Aacademie des Inſcriptions & Belles-
Lettres, des gelehrten de la Nauze zwo Abhandlungen
von den Liedern der alten Griechen in einer ſchönen Ueberſetzung zu liefern. Dieſe war von dem Herrn Ebert ab-
gefaſſet worden, der ſo wohl durch Kenntniß der beſten
Sprachen und gründliche Wiſſenſchaft, als durch lebhaf-
ten nnd ächten Witz in einem ſolchen Alter bereits ein
Muſter iſt, in welchem ſo viele kaum glüklich nachzubil-
den anfangen. Es ſchien mir, wo nicht Dank zu verdienen,
doch wohl keiner Entſchuldigung zu bedürfen, wenn man,
durch freye Nachahmungen, unſere Dichter auf die an-
muthigen Spuren des lyriſchen Schönen weiter zu bringen
ſuchte, das uns in den angenehmſten Oden der Alten oder
in den artigſten Liedern der neuern Ausländer rühret,
welche den Deutſchen gleichſam vorgeſungen. Dennoch
wollte ich in dem zweyten Theile dieſer Sammlung beyden nicht verhaftet ſeyn, ſondern meinem Geſchmack oder
Eigenſinn gänzlich folgen, und nur in einem einzigen

)( )(
•

mir eine Nachahmung erlauben, das die Kenner des Ho=
raz sogleich, von allen andern werden unterschieden haben.

Itzo begleitet der übrige Vorrath meiner Oden und Lie=
der die vorigen, indem diese, obwohl in einer veränder=
ten Ordnung, fast alle wieder ans Licht tretten.  Es sind
die neuen darch ihren Inhalt den ersten gleich.  Bedürf=
ten ihre kleinen Freyheiten einer Rechtfertigung gegen
Sitten=Künstler und 33 Aretalogos; so würden diese Leh=
rer auf einen Brief des Plinius zu verweisen seyn, in wel=
chen er den moralischen Satz anführet: Non corrumpi
in deterius quæ aliquando etiam a malis, sed honesta
manere quæ sæpius a bonis fiunt.  34

Die Art der Verse, in welche ich die Ode: Quantum
distet ab Inacho: eingekleidet, darf kaum solchen anstös=
sig seyn, die der berühmtesten Engeländer 35 und Fran=
zosen vers irreguliers nicht kennen, oder uns untersagen
mögten.  Gleichwohl sind dergleichen Verse von uralter
Abkunft.  Sie waren schon bey den Römern, in ihrem
Pammetro, üblich.  Darinnen beschrieb Naevius die
ganze Geschichte des ersten Krieges mit Carthago.  Sie

erhielten ihre Benennung von einer alten toscanischen
Stadt, Saturnia. 36

Auch das ordentlichere und harmonische Polymetrum
Saturnium. 37 des Horaz: Odi profanum vulgus & arceo,
so wie es Sanadon herausgegeben hat, und andere lyri-
sche Gedichte der Lateiner bestehen aus zusammengesez-
ten Strophen von unterschiedener Grösse und Gattung,
deren iede, ausser dieser Verknüpfung mit den andern,
eine besondere Ode ausmachen würde. Von gleicher Beschaffenheit sind die fürtreflichen Oden des Dryden, Con-
greve, Addison und, vor allen andern, des Pope auf
das Fest der heiligen Caecilia. 38

Meines Erachtens würde die so natürliche und lebhafte
Mannigfaltigkeit der gehörig eingerichteten vers irreguliers auch deutschen, nicht zu bequemen, Dichtern zu einer
freyern und schönern Bildung guter Gedanken dienen,
und ohne Kränkung des Wohlklanges und der unverlez-
lichsten Regeln unserer Poesie mehr eingeführet und aus-
gearbeitet werden können. Vielleicht mögten künftig

)( )( 2

ich oder andere, bey einer poetischen Musse uns einfallen
lassen, nach dem Beyspiele einer Deshoulieres, oder ei=
nes Pelisson, Pavillon, Chapelle und Chaulieu, davon
etwas vollkommneres in ungleichen odaischen Stanzen,
oder sonst zu versuchen.

## Anmerkungen.

1  *Musa dedit fidibus Divos puerosque Deorum*
   *Et pugilem victorem & equum certamine primum*
   *Et juvenum curas & libera vina referre.*

   HOR. in arte v. 83. 84. 85.

2  Man ist itzo, mehr als jemals, im Stande, von sei=
   ner und der damaligen Schreib=Art zu urtheilen, und
   hat nunmehro *Les Poësies du Roi de Navarre*, avec des
   Notes & un Glossaire François, précédées de l'Histoire
   des révolutions de la langue Françoise, depuis *Charle=*
   *magne* jusqu'à S. *Louis;* d'un Discours sur l'ancienneté
   des *Chansons* Françoiles & de quelques autres Pièces. 2
   Voll. à Paris 1742. S. die Novelle della Republica
   Letteraria per l'anno 1743. p. 127. insonderheit aber
   die Bibliotheque Raisonnée, T. XXX. P. I. p. 68-84.
   Riccoboni benennet die unterschiedenen Arten der Ver=
   se, welche die alten Trouvers oder Troubadours verfer=
   tigten, nemlich: Chant, Chanterel, Chanson, Son,
   Sonnet, Vers, Mot, Lays, Depart, Soulas, Sirvantés,
   Tanson, Pastorales & Comedies, in den Reflections sur
   les différens Théatres de l'Europe p. 69. Die vom
   Crescimbeni übersetzten und mit schönen Anmerkungen
   versehenen Vite de' più celebri Poeti Provenzali in sei=
   nen Commentarii intorno alla Istoria della vulgar Poe=
   sia Vol. II. P. I. können hier nicht unerwehnt bleiben.
   Die ersten lyrischen und andere poetischen Versuche,

in welchen die Italiäner den Dichtern in der Provence
eifrigst nachahmten, hiessen Motto, Frotta, Gobola,
Motteto, Canzone, Suono, und Sonetto; nach der Iftor.
della volg. Poef. I. p. 15. u. f. Einige Spiele der Reime veralteter Franzosen, wohin man jedoch den Marot
nicht rechnen muß, sind, allem Ansehen nach, die über-
flüßigen Erfindungen jener künstelnden Zeiten. Ich
meyne diejenigen Reime, welche Richelet in seinem
Abregé des Regles de la Verfificat. Franç anführet und
erkläret: La Rime Kyrielle, la Batelée, la Fraterni-
fée, la Senée, la Brifée, l'Empériére, l'Annexée, l'En-
chainée, l'Equivoque, la Couronnée, imgleichen die
Contrepets in den Du-Catianis T. I. p. 68. Von den
deutschen Liedern des dreyzehnten Jahrhunderts kann
man aus dem zwölften und dreyzehnten der schönen critischen Briefe urtheilen, die unlängst zu Zürch herausgekommen. S. 198. u. f. und S. 209. Man wird dieses noch zu unbekannteTheil unsrer Sprache und Dichtkunst, durch die rühmlichen Bemühungen gelehrter
Männer, aus den Quellen selbst schöpfen lernen, die gewiß von weit besserem Geschmacke und reicher sind, als
man bisher scheinet geglaubet zu haben.

3 Der älteste Lieder = Dichter der Italiäner scheint Cino di
Pistoia gewesen zu seyn, der seine Schöne, Ricciarda
de' Selvaggi, in einem Canzoniere besungen hat. Pe-
trarch war sein Schüler in der Dichtkunst und der unsern Gelehrten bekanntere Bartolus in der Wissenschaft
der Rechte. Er starb im Jahre 1336. Man findet
viele Gedanken des Cino in den Werken des Petrarchs,
der ihn sonst in seinen Gedichten so sehr übertroffen hat.
S. Bibliotheque Italique, Tom. I. pag. 240. 241.
Der berühmteMaffei preiset den'veronesischen Arcadiern
die reizenden Liedern und Balladen des Cardinals Bem-
bo an, vor allen aber diejenigen, welche Tansillo ver-

X )( 3

fertiget, deſſen Werke ein *Academico abandonato* [ Do-
menico Bagnari de Maſſa] geſammlet und im Jahre
1711 herausgegeben hat. S. Diſcours ſur l'hiſtoire
& le génie des meilleurs Poëtes Italiens, prononcé par
Mr. le Marquis *Scipion Maffei*, à l'ouverture de la
nouvelle colonie d'*Arcadie de Verone*, in gedachter Bib-
lioteque Italique, Tom. I. Art. IV. Tom. II. Art. IX.
Der Ueberſetzer dieſer Rede giebt in den Anmerkungen,
T. I. pag. 260. vom Tanſillo folgende Nachricht: *Luigi
Tanſillo*, d'une famille patricienne de *Nole* au Royaume de *Naples* & fameux Poëte, a égalé les plus célé-
bres par ſes Sonnets & les a tous ſurpaſſés par ſes Chanſons. Le *Caro* devint ſon ami & ſon admirateur pour
en avoir vû une ſeule. Le *Stigliani* le trouve meilleur
Poëte Lyrique que *Petrarque* ———— Les ouvrages
[ de *Tanſillo* ] furent mis dans l'indice expurgatoire de
l'an 1559. ce qui reveillant la tendreſſe paternelle ʼle
de ce Poëte, produiſit cette belle epitre intitulée: *Canzone al Papa Paolo IV.* qui commence: *Eletto in Ciel,
poſſente e ſummo Padre.* Il y juſtifia avec tant de ſa-
geſſe & d'agrement ſes prétenduës fautes, que l'année
ſuivante l'inderdit fut levé; du moins ne ſubſiſta-t-il
que ſur le *Vendemiatore.* Niceron hat in den Memoi-
res Tom. XVIII. p. 349 - 365. faſt alles geſammlet,
was die Geſchichte ſeines Lebens und ſeiner Schriften betrifft. Die Ausgabe der Opere di Luigi Tanſillo, welche ich beſitze, iſt im Jahre 1738, zu Venedig, congli
Argumenti ed Allegorie di Locrezia Marinella ed un
Diſcorſo di Tommaſo Coſto gedruckt worden.

4 Les *Barcaruoli* ſont gens qu'on peut employer à bien
des uſages. Ils ſont plus fins qu'ils ne paroiſſent. Presque tous ſont grands chanſonneurs. Même ils ont des
Poëtes parmi eux. Leurs chanſons valent beaucoup
mieux que celle du Pont Neuf à Paris & il y en a de

pleines d'esprit. Bien des Personnes croyent qu'on le
leur prête & que ce sont fort souvent des personnes fort
spirituelles qui font passer leurs productions pour celle
des *Barcaruoli* : Il s'en trouve qui peuvent reciter un
centaine des plus celles stances du *Tasse*, qui est le Vir-
gile des Italiens &c. *Voyage historique & politique de
Suisse, d'Italie & d'Allemagne* Tom. I. pag. 316. Die
Homeristen oder Rhapsodi sangen, auf gleiche Art,
die Verse des Homers ab, bis ihnen solches durch ein
Gesetz vom Solon verbotten ward. S. Fabricium,
in der Bibliotheca Græca, L. II. c. 2. §§. 11, 22.

5 Il m'a paru, en examinant les Odes d'Horace, qu'il ne
connoissoit pas. non plus que les Grecs ses modelles,
ou pour mieux dire qu'il negligeoit aussi bien qu'eux un
Art que les Liriques modernes ont observé, & dont ils
ont abusé même assez souvent ; C'est d'arranger telle-
ment ses pansées dans chaque Strophe qu'il y ait une
gradation de sens & qu'elles finissent toujours par ce
qu'il y a de plus vif & de plus ingenieux. DE LA
MOTTE, Discours sur *l'Ode* p. 67.

6 S. das zweyte Buch della Poësia Italiana di Giuseppe
Maria Andrucci, Cap. II. pag 258-262,

7 Pag. 286.

8 Die pindarischen, petrarchischen und anacreontischen
Lieder vergleichet Andrucci S. 305. mit den drey verschiedenen Arten der Mahlerey der berühmtesten ital.
Meister : Per le quali cose le tre sorti di Canzoni finora
trattate io soglio paragonare alle tre maniere di dipingere fra i Pittori praticate. Nel mode maestrissimo di
dipingere *a botte*, che non ricerca da se un finimento
squisito, io raffiguro il lavoro della Canzone *Pindarica*,

)( )( 4

e a Paolo Veronese, che fu eccelente in quel genere, io
Pindaro raſſomiglio.  Nel modo difficiliſſimo di figurar
*tratteggiando* la maniere mi ſi rappreſenta, con cui eſſer
vuol lavorata la Canzone *Petrarchefca;* e però un Guido
Reno io chiamo il Petrarca per tutte quelle eccellenze,
che di quel Pittore furono proprie.  Ma la Canzone
Anacreontica io la raffiguro in quelle pitture, che ſi
formano *unendo*, cioè facendo l'eſtreme parti de' colori
con dolcezza sfumare; le quali un finimento ſquiſito
ricercano e nelle quali ogni neo, per minuto, che ſia,
pregiudica grandemente.  E quinci, come nelle pitture del Correggio, che eccellentiſſimo fu in tal manie-
ra di pennelleggiare, ni un difetto da i Pittori ſi trova,
così è neceſſario, che ſia nelle *Anacreontiche* Canzonette.

* Il ſuoi componimenti, de' quali più volumi ſi trovano
impreſſi, ſono a baſtanza ſparſi di ſtranie fraſi, e di ſo-
verchie figure, e tendono più toſto allo turgidezza, ma
nelle *Canzonette*, che ad imitatione d'*Anacreonte* compo-
ſe, ſi eccellente appariſce, che io non ſo non dichiar-
lo equale a qualcunque altro che in tal carattere abbia
eſercitaro il ſuo ingegno &c.  Er ſtarb im Jahre 1642.
*Iſtoria della volgar Poeſia*, *Vol. II. L III.* p. 499.

9 Im 36ſten und 40ſten Stücke.  S. auch Morhofs Unterricht von der deutſchen Sprache und Poeſie, im II.
Theile und deſſen achten Capitel, S. 374. und 378.
Bey den Peruanern ſind *Troubadours* (oder Er fin-
d e r) anzutreffen, welche ſie H a r a v e c nennen, Sie
ſind ſonderlich in Liebes-Liedern glüklich.

10 M.A. Trotz gedachte dieſe Ueberſetzung in dem zweyten
Theile ſeiner Bibliotecæ Polono-Poëticæ [der aber, ſo
viel ich weiß, noch nicht herausgekommen] ans Licht
treten zu laſſen.  S. die Anmerkungen über Gundlings

Collegium hiſtorico-literar. Cap. I. §. 23. p. 287. [ F.
31. ]

11 S. Penſieri diverſi di Aleſſandro Taſſoni L. X. cap.
XIV. v. 394. Dieſen ſinnreichen Tadler des Homers
und Petrarchs kann man aus dem Erythræo, Pinac.
imag. illuſtr. T. I. pag. 185. kennen lernen.

12 La *rime aſſonante* n'eſt pas proprement une rime , mais
ſeulement quelque reſſemblance de ſon. Car l'on n'y
conſidere pour les vers qui ont l'accent ſur la penultiéme , ſi non qu'il y ait les mêmes voyelles dans la penultiéme & dans la derniere ſyllabe ſans prendre garde
aux conſonnes. Ainſi ces mots : *ligera, cubierta, tierra,
meſa, aumenta, pena, leva* peuvent rimer enſemble par
rime aſſonante , à cauſe de l'*e* penultiéme & de l'*a* final
qu'ils reçoivent. S. Nouvelle methode pour apprendre
la Langue Eſpagnole, [ à Bruxelles 1676. ] P. III.
pag. 100. 101. Unter die deutſchen Reimarten rechnet Schottel auch den **Reinwetzler**, einen der
rime aſſonante nicht unähnlichen Vers, deſſen auf
einander folgende Reim-Wörter nicht allerdings reim-
richtig ſind, ſondern mit einem zuſtimmenden Reim-
Laute immer hinwandern, und zwar ſo lange, bis ein
guter reiner Reim daraus gewetzt und geſchliffen wird,
welcher ſich am Ende finden muß. S. im ſiebenden
Stücke der Beyträge zur critiſchen Hiſtorie der deutſchen Sprache, Poeſie und Beredſamkeit, 403te und
404te Seite,

13 Zu den alten und guten Lieder-Dichtern der Spanier
gehöret auch Diego Hurtado de Mendoza. Cet Auteur dont les Poëſies parurent à Madrit en 1610. in 4to
réuſſiſſoit particulierement en *Rondelets quartetes* ou
quatrains & en *Quintilles* ou Rendelets de cinq vers à

)( )( 5

deux rimes seulement. BAILLET, T. IV. P. I. p. 269. n. 1312.

14 S. den englischen Bayle, im neunten Bande, S. 229.

15 *While tender airs and lovely dames inspire*
*Soft melting thoughts and propagate desire ;*
*So long shall* WALLER'S *strains our passion move*
*And Saccharissa's beauties kindle love.*

ADDISON.

16 S. den Spectator im vier und vierzigsten Stücke. Diese Erfindung hat der Ritter Etheridge in einem Lust-Spiele, welches er Love in a Tub benannt, zum grossen Vergnügen der Zuschauer und Kenner seiner Zeit angebracht.

17 S. den Guardian, im sieben und sechzigsten Stücke.

18 Messieurs d'Urfé se nomment Lascaris en leur nom de famille, & prétendent être issus des anciens Lascaris, Empereurs de Constantinople. Le dernier Marquis d'Urfé, qui avoit epousé une d'Alégre, disoit à son fils, alors Exemt des Gardes : Mon fils, vous avez des grands exemples à suivre, tant du côté paternel que maternel ; de mon côté vos ancêtres etoient Empereurs d'Orient : & du côté, de votre mere, vous venez des Vicerois de Naples. Le fils répondit : Il faut, Monsieur, que ce soient de pauvres gens de n'avoir pû faire qu'un misérables Exemt des Gardes ; d'où vient qu'ils ne m'ont laissé ni l'Empire, ni leur Viceroyauté ? MENAEIANA, Tom. III. p. 286. Unter den Dissertations sur diverses matieres de Religion, die der Abt Tilladet gesammlet hat, findet sich eine Abhandlung von dem Namen dieses Geschlechts. S. Lettre de Mr. Huet à Mr. de Scudery, touchant Mr. d'Urfé, Auteur

de l'Aſtrée, und des Journal Litteraire, Tom. IV. p.256.
Der Ritter Steele führet im Lover No. 40. vieſes von
dem berühmten Stamm-Hauſe der Herren d'Urſe' oder
d'Urfey aus dem Perrault an, um den Thomas d'Urfey,
deſſen Alter nicht ſo glücklich war, als ſeine Jugend,
anſehnlich zu machen, und ihm neue Gönner und
Freunde zu erwerben.

19 Ich habe mir ſagen laſſen, [ſchreibt der verdeutſchte
Zuſchauer, im 85 Stücke] daß der ſelige Lord D o r ſ e t,
der den größten Verſtand mit der größten Redlichkeit
verbunden, beſaß, und ſowohl einer der ſchärfſten
Critikverſtändigen, als auch der beſten Dichter ſeiner
Zeit geweſen iſt, eine groſſe Sammlung alter e n g l i-
ſ ch e r Gaſſen-Geſänge beſeſſen, und ſelbige mit dem
größten Vergnügen durchgeleſen. Von Hrn. D r y-
d e n kann ich eben dieſes bezeugen, und kenne viele
von den ſcharfſinnigſten Schriftſtellern dieſer Zeit,
die eben dieſe Neigung beſitzen. Sonſt ſtehet hiebey
anzumerken, daß, noch zu den Zeiten der Königin
Eliſabeth, alle Lieder bey den Engelländern Ballets oder
Ballads genannt worden : daher denn auch in der Bibel,
die Richard Jugge im Jahr 1573. in 4to gedruckt,
das hohe Lied Salomonis *The Ballet of Ballets of
Solomon* heiſſet.

## 20 Im 70ſten und 74ſten Stücke.

21 **Poëma**, ab omnibus tum metri, tum rationis, legibus ſolutum, quantumvis interim inſulſum, elumbe &
ridiculum, quicunque ſuffarcinat, belle ſecum agi
exiſtimat, ſi modo portentoſam prolem *Pindaricam*
nominaverit: quod utinam in immeritum *Pindari*
opprobrium non ultra dici, docti paterentur. Quæ
etiam hodie, & vulgo, *Cantilenæ* appellantur, &
Inſtrumentis, adaptantur, lectæ, ut plurimum,

tolerari nequeunt, utcunque placeant cantatæ; imo
optimi Concentus peſſimis ſæpiſſime conjunguntur car-
minibus: tanquam vera Poëſis & vera Muſica ſtare
ſimul non poſſint; id quod in opprobrium Muſicæ
non minus dicitur, quam illud modo memoratum in
opprobrium *Pindari*. **Trapp**, in ſeinen Prælectio-
nibus Poëticis, Vol. II. p. 104.

22 Miſcellanies in Proſe & Verſe, T. V. pag. 129.

23 S. das 16te Stück des Guardians.

24 *Firſt then of* SONGS, *which now ſo much abound,*
*Without his Song no Fop is to be found:*
*A moſt offenſive Weapon, which he draws*
*On all he meets without* APOLLO'S *Laws.*
*Tho' nothing ſeems more eaſy, yet no Part*
*Of Poetry requires a nicer Art.* &c.

S. The Works of John Sheffeld, Duke of BUCKING-
HAM, Vol. I. pag. 131. Hieher gehört auch, was
Boileau in ſeiner Dichtkunſt [Chant. II. v. 191-204]
erinnert.

25. 1688.

26 Die Reinigkeit der Sprache iſt wohl unſtreitig eine der
vornehmſten Eigenſchaften der Rede überhaupt und
inſonderheit der gebundenen. Wie viele Gedichte gefallen, und wie mancher erhält, auf eine gewiſſe
Zeit, den Namen eines Dichters, bloſſerdings durch
grammatiſche Vollkommenheiten! Richtige Ausdrücke
und zierliche Wortfügungen müſſen alſo auch der lyriſchen Poeſie nicht fehlen: ſie ſind aber Liedern,
wie es mir ſcheint, nicht ſo eigen, als den Oden
und der höhern poetiſchen Schreib-Art. Es iſt ja

erlaubt und gewöhnlich genug, in der pöbelhaften
Mund = Art und in einem seltsamen Character Lieder abzufassen, welche sich auf eine andere Art beliebt und unvergeßlich machen müssen, als durch
die sorgfältigste Beobachtung der Regeln der Sprachkunst. Wer nun diese ängstliche Sorgfalt von einem
Lieder = Dichter, der juvenum curas & libera vina
besingt, so sehr, als von einem andern, erheischen
wollte, der würde sich gewiß eben so lächerlich machen,
als wenn er jeden scherzhaften Einfall und jeden
Ausdruck eines Liedes nach den Sätzen der streng-
sten Sitten = Lehre erklären, oder nach der Erleuch-
tung der Methodisten und andrer Heiligen beurtheilen, oder endlich allen Nachfolgern des Horaz, durch
einen Macht = Spruch auferlegen dürfte, nur für
die liebe Jugend und unbärtige Leser zu schreiben.

27 Sublimes itaque possunt esse Odæ, vel humiliores;
jocosæ, vel seriæ; tristes, vel lætæ: satyricæ etiam
interdum; nunc quam epigrammaticæ. Ingeniosæ
sunt quidem; sed ab isto ingenii flexu, quod Epi-
grammati proprium est, penitus abhorrent. Trapp,
in Prælect. poëtic. Vol. II. p. 99.

28 Es können hiervon die Anmerkungen des Hrn. Pope
zu seiner Odyss. Vol. II. p. 157. v. 307. und die
Proginnasmi Poëtici di Udeno Nisiely, Academico
Apatilta, die den gelehrten Benedetto Fioretti zum
Verfasser haben und zu Florenz 1695. herausgekommen sind, im 5ten Bande, Proginn. XLIV. p. 199.
203. nachgesehen werden.

29 Der crinitus Jopas des Virgils giebt dem berühmten
Addison zu einer Anmerkung Gelegenheit, die einer
weiteren critischen Untersuchung so würdig ist, daß
ich es für verantwortlich halte, diese Stelle aus

seinem noch nicht sehr bekannten Difcourfe, on ancient
Learning, p 6. anzuführen: If — *Virgil* has fhadow' any
great Perfons befides *Auguftus* in his Characters, they
are to be found only in the meaner Actors of his
Poem, among the Difputers for a petty Victory in
the fifth Book and perhaps in fome few other Pla-
ces. I fhall only mention *Jopas* the Philofophical
Mufician at *Dido's* Banquet, whre I can't but fancy
fome celebrated Mafter complimented, for methinks
the *Epithed Crinitus* is fo wholly foreign to the Pur-
pofe, that it perfectly points at fome particular Per-
fon; who perhaps [to purfue a wandring Guefs] was
one of the *Grecian* Performers, then in *Rom e* for
befides that they were the beft Muficians and Phi-
lofophers, the Termination of the Name belongs
to their Language, and the Epithet is, the fame
[Καρηκομὺωντες] that *Homer* gives to his Country-
men in general.

30 S. eines ungenannten Engeländers [Blackwells]
Enquiry into the Life and Writings of Homer pag. 80.
103. und 196.

31 S. Nouveau Receueil de Chanfons choifies. à la Haye
1731: Receueil de trois cent Chanfons françoifes. à Lon-
dres 1737. und die englifchen Lieder-Sammlungen:
The Vocal Mifcellany, Calliope, The Choice, The
Syren, The Lark u. a.

32 Peut-être ces libertés feront-elles condamnées par
des perfonnes qui en ont tonjours de grandes & qui
n'en oferoient plus dire de petites; car ordinaire-
ment une vertu qui ne recommence à l'être que depuis qu'elle eft fortie d'entre les bras du vice, trouve du mal dans ce qu'une vertu qui ne s'eft jamais
laiffée corrompre, feroit bien fâchée d'en imaginer.

33 S. Sueton. in Augusto C. LXXIV. Juvenal. Sat.
XV. 16. Rappolti Comment. in Horat. p. 99.

34 Man sehe den dritten Brief des Plinius, im fünften
Buche, in dem er auch dieses schreibet: Facio non-
nunquam versiculos severos parum, facio comœdias
& audio & specto mimos, & lyricos lego, & sotadi-
cos intelligo: aliquando præterea rideo, jocor, ludo;
utque omnia innoxiæ remissionis genera breviter
amplectar, HOMO SUM. v. Plinius Cortii & Longol.
p. 326. 327.

Das den Poesien des Abts Chaulieu und Marquis de
la Fare vorgesetzte ausführliche Schreiben an den
Professor d'Orville mag hier für diejenigen nicht unerwehnt bleiben, welche den schätzbaren Character
des Anacreons, welchen selbst Socrates, im Phaedrus
des Plato, den Weisen nennet, (s. Opera Platon. p.
m. 1214.) des Horaz, Chapelle und anderer Lieblinge
der Natur, Dichtkunst und Freude, ohne Vorurtheil,
einsehen wollen. Unter diese Poeten gehören insonderheit Le Brun, und der sinnreiche, gelehrte und angenehme Lainez. S. Titon du Tillet, in der De-
scription du Parnasse François p. 194-219.

35 Doch hätte ihr muthiger und mit seinen Gedanken ver-
schwenderischer Cowley kein Buch seiner Gedichte mit
dem Namen pindarischer Oden beehren sollen. Ihm
war gewiß nicht unbekannt, daß Pindar in den Oden,
die noch von ihm vorhanden sind, die ungestalte Un-
gleichheit der Strophen vermieden habe, und daß
nur von seinen Dithyramben, die verlohren gegangen, des Horaz Numerisque fertur lege solutis zu verstehen sey. Der grosse Ruf des Cowley hat nicht
wenige verführet, die ihre Kräfte kümmerlich an-
gestrenget haben, ihm auch in diesem Fehler nachzu-

ahmen. Sie glaubten recht pindarisch zu schreiben,
so oft sie, in abgetheilten Sätzen, eine seltsame Mi-
schung höckerichter, langer und kurzer Zeilen hervor-
brachten. Alle diese beschämet und belehret Con-
greve in der regelmäßigen und schönen pindarischen
Ode auf die Siege der Königinn Anna und in der
kleinen Abhandlung von der pindarischen Ode überhaupt, die im dritten Bande seiner Werke befindlich
sind.

26 Ich erinnere mich bey den saturnischen Versen der
politischen, welche von den Griechen der mittlern
Zeit erfunden und von lateinischen Dichtern nachge-
ahmet worden. Man nahm sich in denselben die Freyheit, nicht mehr auf die Länge und Kürze der Sil-
ben, sondern nur auf den Accent zu sehen: etwa
nach Art der Verse, die noch keine prosodischen Füsse
hatten und nur nach dem blossem Gehöre und der
allgemeinen Aussprache, oder, wie Quintilian. L. IX.
C. IV. edit. Burmann. Tom. I. p. 865. sagt, aurium
mensura & similiter decurrentium spatiorum observa-
tione, eingerichtet wurden. Den Ursprung ihrer
Benennung scheinet Dom Noël d'Argone oder Vigneul-
Marville, aus dem Lambecius, noch besser angegeben
zu haben, als der gelehrte Heumann. *Politicos* ideo
appellatos crcilidcrim, quia politici homines, haud
alte immersi litterarum studiis, facile tales poterant
conficere, cum a *scholasticis* tantum hominibus exspe-
ctari debeant justi versus trochaici. V. Conspe. Reip.
Literar. C. V. §. 14. VERSUS POLITICI. De tous les
Critiques qui se sont mêlés de donner un bon sens à
ces deux mots que l'on rencontre dans quelques anciens
Auteurs, je n'en ai point trouvé qui m'ait plus contenté
que M. Lambecius. Il pretend, & me semble avec
raison, qu'il faut entendre par *Versus politici* les
Vers ou les Chansons qui se chantoient par les rües.

# Oden und Lieder

## in fünf Büchern.

# Erstes Buch.

# An die Dichtkunst.

Gespielinn meiner Neben-Stunden,
Bey der ein Theil der Zeit verschwunden,
Die mir, nicht andern, zugehört:
O Dichtkunst, die das Leben lindert!
Wie manchen Gram hast du vermindert,
Wie manche Fröhlichkeit vermehrt!

Die Kraft, der Helden Trefflichkeiten
Mit tapfern Worten auszubreiten,
Verdankt Homer und Maro dir.
Die Fähigkeit, von hohen Dingen
Den Ewigkeiten vorzusingen,
Verliehst du ihnen, und nicht mir.

Die Lust, vom Wahn mich zu entfernen
Und deinem Flaccus abzulernen,
Wie man durch echten Witz gefällt;
Die Lust, den Alten nachzustreben,
Ist mir im Zorn von dir gegeben,
Wenn nicht mein Wunsch das Ziel erhält.

Zu eitel ist das Lob der Freunde:
Uns drohen in der Nachwelt Feinde,
Die finden unsre Grösse klein.
Den itzt an Liedern reichen Zeiten
Empfehl ich diese Kleinigkeiten:
Sie wollen nicht unsterblich seyn.

# Die
## ein und dreißigste Ode des Horaz
## im ersten Buche.

Was mag der Wunsch des Dichters seyn,
Der den geweihten Phoebus bittet?
Und was ruft er ihn an, da er den neuen Wein
Aus seiner Opfer=Schale schüttet?
Er wird den Reichthum voller Aehren
Nicht aus der feisten Flur Sardiniens begehren,
Auch nicht um den Besitz der schönen Herden flehn,
Die in Calabriens erhitzten Triften gehn.


Kein indisch Elfenbein noch Gold
Sind das, warum er Bitten waget,
Auch Felder nicht um die der stumme Liris rollt,
Der sie mit stillem Wasser naget.
Der, dem ein günstig Glück bey Cales Wein gegeben,

Beschneid und keltre sich die ihm gegönnten Reben!
Die güldnen Kelche leer' ein reicher Handelsmann
Von Weinen, die sein Tausch in Syrien gewann!

Der Götter Liebling sey nur Er!
Daß drey ja viermal alle Jahre
Er straffrey und verschont des Atlas breites Meer
Mit sicherm Frachten überfahre!
Mir sind Cichorien, mir sind des Oel-Baums Früchte
Und leichte Malven stets vergnügende Gerichte.
Gieb mir, Latonens Sohn, bis zu des Lebens Schluß,
Zum Gegenwärtigen Gesundheit und Genuß.

Nur etwas wünsch ich mir dabey,
Verweil ich länger auf der Erde;
Daß auch mein Alter noch ein Stand der Ehre sey
Und mir zu keinem Vorwurf werde.
Alsdann vermindre mir kein Kummer kein Geschäfte,
Und keiner Krankheit Gift die innern Seelen-Kräfte,
Und, wie der Dichter Kunst mir immer wohlgefiel;
So sey der Saiten Scherz auch meines Alters Spiel.

Quid dedicatum poſcit Apollinem
Vates? quid oras, de paterâ novum
    Fundens liquorem? non opimæ
      Sardiniæ ſegetes feraces;

•Non æſtuoſæ grata Calabriæ
Armenta; non aurum, aut ebur Indicum:
    Non rura, quæ Liris quietâ
      Mordet aquâ taciturnus amnis.

Premant Calenam falce, quibus dedit
Fortuna vitem: dives & aureis
    Mercator exſiccet culullis
      Vina Syrâ reparata merce,

Dis carus ipſis; quippe ter & quater
Anno reviſens æquor Atlanticum
    Impunè. Me paſcunt olivæ,
      Me cichorea, levesque malvæ.

Frui paratis & valido mihi.

Latoe, dones, & , precor, integrâ

Cum mente; nec turpem senectam.

Degere, nec citharâ carentem.

# Die sechste Ode des Horaz im dritten Buche.

Du büssest, unverdient, der Väter Missethaten,
Bis du, o sichres Rom, die Tempel wieder baust,
Der Götter Wohnungen, die in Verfall gerathen,
Auf deren Bildern du noch Rauch und Moder schaust.

Durch Ehrfurcht gegen sie hast du das Heft erhalten.
Sie gründete den Flor, der dir den Vorzug giebt;
Doch sahn die Götter kaum den ersten Dank erkalten,
So ward Hesperien durch öftre Noth betrübt.

Wir kriegten ohne sie, uneingedenk der Zeichen:
Schon zweymal bändigt uns Monaeses und Pacor.
Durch grösser Ketten Gold, den Raub von unsern Leichen,
Hebt sich der Parther Hals weit stolzer als zuvor.

Bald hätt Aegyptens Volk, das mit der See-Macht schreckte,
Und bald der Dacier, der frech den Wurf-Pfeil schwenkt,

Als alles schwürig war und voller Aufruhr steckte,
Die Mauern unsrer Stadt in öden Staub versenkt.

Der Zeiten öftre Brut, der Frevel und die Schande,
Beschmitzten anfangs bald die Ehen, Haus und Stamm;
Und diese Quelle wars, aus der dem Vatterlande,
Dem Volke des Quirins, der Strom der Strafen kam.

Ein reifes Mädchen lernt der geilsten Griechen Tänze,
Der Stellung Wissenschaft, der Glieder Fertigkeit,
Und sinnt, voll Ungeduld, in ihrem ersten Lenze,
Schon auf ein Meisterstück der frühen Lüsternheit.

Sie freit und wagt beym Schmaus vom Mann sich weg-
zuzehlen,
Sucht jüngre Buhler auf, mit denen sie entschleicht,
Und ihnen, schnell und frech und ohne langes Wählen,
Wann sie das Licht entfernt, verbotne Küsse reicht.

Doch nein! Sie heißt den Mann, der Schande Hehler,
trinken,
Steht auf und schmieget sich an eines Fremden Brust;
Es mag ein Mäckler ihr, es mag ein Schiff-Herr winken,
Als die Meistbietenden für manche schnöde Lust.

Roms tapfre Jugend iſt von ſolchen nicht entſprungen;
Nie färbt' ein Meer durch ſie der Poener Blut und Fall
Durch Söhne beſſrer Art ward Pyrrhus Heer bezwungen,
Der Held Antiochus, der grimme Hannibal.

Durch ruſtigBauren=Volk, durch manchen Held im Kittel,
Der, durch den Feld=Bau ſtark, gehärtet durch den Pflug,
Nach ſcharferMütterSinn, nochemſigScheit und Knüttel.
Zum Schluß der Arbeit hieb und in die Hütte trug:

Bis, wann die Sonne nun den Wagen tiefer lenkte
Und an den Bergen ſich der ſpätſte Schatten wies,
Die ſüſſe Stunde kam, die ihm die Ruhe ſchenkte
Und aus dem ſchweren Joch die müden Rinder ließ.

Was mindert nicht die Zeit? Verarten wir nicht immer?
Die Römer ſind nicht mehr, was ſie geweſen ſind:
Die Ahnen waren arg, die Väter wurden ſchlimmer,
Und ärger, als wir ſelbſt, wird Kind und Kindes = Kind.

Delicta majorum immeritus lues.
Romane, donec templa refeceris,
    Ædesque labentes Deorum &
       Fœda nigro simulacra fumo.

Dîs te minorem quòd geris, imperas:
Hinc omne principium huc refer exitum.
    Di multa neglecti dederunt
       Hesperiæ mala luctuosæ.

Jam bis Monæses, & Pacori manus
Non auspicatos contudit impetus
    Nostros, & adjecisse prædam
       Torquibus exiguis renidet.

Penè occupatum seditionibus
Delevit Urbem Dacus & Æthiops;
    Hic classe formidatus, ille
       Missilibus melior sagittis.

Fecunda culpæ secula nuptias
Primùm inquinavere, & genus & domos:

Hoc fonte derivata clades
In patriam populumque fluxit.

Motus doceri gaudet Ionicos
Matura virgo, & finditur artubus
Jam nunc, & inceftos amores
De tenero mediatur ungui:

Mox juniores quærit adulteros
Inter mariti vina: neque eligit
Cui donet impermiffa raptim
Gaudia, luminibus remotis;

Sed juffa coràm, non fine confcio
Surgit marito; feu vocat inftitor,
Seu Navis Hifpanæ magifter,
Dedecorum preciofus emtor.

Non his juventus orta parentibus
Infecit æquor fanguine Punico,
Pyrrhumque, & ingentem cecidit
Antiochum, Annibalemque dirum:

Sed rufticorum mafcula militum

Proles, Sabellis docta ligonibus

Verfare glebas, & severæ

Matris ad arbitrium recisos


Portare fustes; sol ubi montium .

Mutaret umbras, & juga demeret

Bobus fatigatis, amicum

Tempus agens abeunte curru.


Damnosa quid non imminuit dies?

Ætas parentum, pejor avis, tulit

Nos neqniores, mox daturos

Progeniem vitiosiorem.

# Telephus,
## nach
## der neunzehnden Ode des Horaz
## im dritten Buche.

Du bist gelehrt, mein Telephus?
Du weisst und du erzehlst, wie manches Jahr verstrichen
Vom fast vergessnen Inachus
Bis auf des Codrus Zeit, der, nach des SchicksalsSchluß,
Beherzt fürs Vaterland verblichen:
Du kennst den Stamm des Aeacus:
Von ihm nennt niemand uns geschwinder
Die Kinder und die Kindes-Kinder:
Um Trojens Götter-Sitz, um den Scamander-Fluß
Kennst du die Fliehenden, du kennst die überwinder:
O hochgelehrter Telephus!

Hingegen hast du mir die Preise

Haged. Ged. IV Th.                     b

Der Thier-Weine nie gemeldt,
Auch nie den Ort der nächſten Schmäuſe;
Nicht, wo, noch wann man mir ein warmes Bad beſtellt,
Wenn ein Peligner Froſt die Glieder überfällt

     Gieb, Schenke, gieb vom Saft der Reben!
Dem Neumond und der Mitternacht
Sey dieſer Weihtrunk ausgebracht.
Gieb noch den dritten Kelch: Es ſoll Muraena leben,
Den ſein Verdienſt zum Augur macht!

     Aus jenen Bechern wählt, die euch die beſten dünken,
Drey-oder neunmal müſſt ihr trinken.
Der Dichter muß begeiſtert ſeyn.
Er weiß, es ſind der Muſen neun.
Bald wird er dem Bedienten winken,
Der füll ihm von dem Dichter-Wein
In den Pocal neun Stutzer ein.
Die Huld-Göttin, zu der ſich zum Vergnügen
Die beyden nackten Schweſtern fügen,
Pflegt Zank-Luſt und Verdruß zu ſcheun,
Und ſie erlaubt von ſolchen Zügen

Nicht mehr als drey, euch andre zu erfreun.

O daß der Ernst die Flucht erwähle!
Mir lob ich Lust und Raserey.
Wie? Stimmt kein Spiel dem Jubel bey?
Auf! daß die Flöte der Cybele
Sich itzt mit neuem Hauch beseele!
Auf! auf! daß Leyer und Schallmey
Die Töne wohlgepaart vermähle,
Nicht unsern Freuden länger fehle,
Nicht stumm der Wände Zierat sey!
Man sollte sich der Hände schämen,
Die langsam sich zur Lust bequemen:
Wie haß ich ihre Zauberey!
Streut Rosen aus; lärmt durch die Chöre,
Daß unser tobendes Geschrey
Des dürren Lycus Neid vermehre!
Daß unsre Nachbarinn, voll Scheu
Vor dieses Alten Schmeicheley,
Auf unser wildes Jauchzen höre!

Du biſt, mein Telephus, an vollen Locken reich,
Dem heitern Abend-Stern macht dich dein Anblick gleich,
Und Chloe die dir reift, lockt dich zu zarten Trieben.
Erkenne, wie beglückt du biſt,
Da meine Glycera nicht ſo gefällig iſt,
Das Feuer kennt und nährt, das mich ſchon lange frißt,
Und doch nicht eilet, mich zu lieben.

Quantum diſtet ab Inacho
    Codrus, pro patriâ non timidus mori,
Narras, & genus Æaci,
    Et pugnata ſacro bella ſub Ilio:

Quo Chium pretio cadum
    Mercemur, quis aquam temperet ignibus,
Quo præbente domum, & quotâ
    Pelignis caream frigoribus, taces.
Da Lunæ properè novæ,
    Da noctis mediæ, da, Puer, auguris *
Murenæ; tribus aut novem
    Miſcentur cyathis pocula commodis.

Qui Muſas amat impares,
    Ternos ter cyathos attonitus petet
Vates: tres prohibet ſupra
    Rixarum metuens tangere Gratia
Nudis juncta ſororibus.
    Inſanire juvat: cur Berecyntiæ

Ceſſant flamina tibiæ?

   Cur pendet tacitâ fiſtula cum lyra?

Parcentes ego dexteras

   Odi: ſparge roſas: audiat invidus.

Dementem ſtrepitum Lycus,

   Et vicina ſeni non habilis Lyco.

Spiſſâ te nitidum comâ

   Puro te ſimilem, Telephe, veſparo,

Tempeſtiva petit Chloë:

   Me lentus Glyceræ torret amor meæ

* S. Daciers Anmerkungen über die Worte: Da, puer, auguris, Murenæ; welchem auch Sanaden, Tarteron, Pallavicini und die meiſten engliſchen Ueberſetzer des Horaz, Watſon und Francis, in ihren Erklärungen beyſtimmen. Creech findet hier den aufgehenden Mond.

# Der Tag der Freude.

Ergebet euch mit freyem Herzen
Der jugendlichen Frölichkeit;
Verschiebet nicht das süsse Scherzen,
Ihr Freunde bis ihr älter seyd.
Euch lockt die Regung holder Triebe;
Dieß soll ein Tag der Wollust seyn:
Auf! ladet hier den Gott der Liebe,
Auf! ladet hier die Freuden ein.

Umkränzt mit Rosen eure Scheitel,
(Noch stehen euch die Rosen gut)
Und nennet kein Vergnügen eitel,
Dem Wein und Liebe Vorschub thut.
Was kan das Todten-Reich gestatten?
Nein! lebend muß man fröhlich seyn,
Dort herzen wir nur kalte Schatten:
Dort trinkt man Wasser, und nicht Wein.

Seht! Phyllis kommt: O neues Glücke!
Auf! Liebe, zeige deine Kunst,
Bereichre hier die schönsten Blicke
Mit Sehnsucht und mit Gegengunst.
O Phyllis! glaube meiner Lehre:
Kein Herz muß unempfindlich seyn.
Die Sprödigkeit bringt etwas Ehre;
Doch kann die Liebe mehr erfreun.

Die Macht gereizter Zärtlichkeiten,
Der Liebe schmeichelnde Gewalt,
Die werden doch dein Herz erbeuten;
Und du ergiebst dich nicht zu bald.
Wir wollen heute dir vor allen
Die Lieder und die Wünsche weihn.
O könnten Küsse dir gefallen
Und deiner Lippen würdig seyn!

Der Wein, den ich dir überreiche,
Ist nicht vom herben Alter schwer.
Doch, daß ich dich mit ihm vergleiche,
Sey jung und feurig, so wie er.

So kann man dich vollkommen nennen:
So darf die Jugend uns erfreun,
Und ich der Liebe ſelbſt bekennen:
Auf Phyllis Küſſe ſchmeckt der Wein.

## Der Lauf der Welt.

Unzählich ist der Schmeichler Haufen,
Die jeden Grossen überlaufen,
So lang er sich erhält.
Doch gleitet er von seinen Höhen;
So kann er bald sich einsam sehen.
Das ist der Lauf der Welt.

Ein Dürftiger sucht seine Freunde
Doch alle meiden ihn als Feinde;
Allein er erbet Geld.
Sogleich erscheinen zehn Bekannten
Und zehn entbehrliche Verwandten.
Das ist der Lauf der Welt.

Ein Schulfuchs hofft mit dürren Gründen
Den Beyfall aller Welt zu finden:
Allein er wird geprellt.
Mein Mädchen macht oft falsche Schlüsse:

Doch überzeugt sie mich durch Küsse.
Das ist der Lauf der Welt.

Ein freyes Weib von zwanzig Jahren
Ist zwar in vielen unerfahren:
Doch, was sie sagt, gefällt.
Gebt ihr noch zwanzig Jahre drüber:
So hört man ihre Tochter lieber.
Das ist der Lauf der Welt.

Leander stimmet süsse Töne,
Und singt und seufzet seiner Schöne,
Bis ihr das Ohr fast gellt.
Allein, eh er recht ausgesungen,
Hat schon ein andrer sie bezwungen.
Das ist der Lauf der Welt.

Strax sucht am Montag Doris Küsse:
Am Diensttag findt er Hindernisse:
Am Mittwoch siegt der Held.
Am Donnerstag vergehn die Triebe:
Am Freytag sucht er neue Liebe.
Das ist der Lauf der Welt.

Cephise schwört Sie will ihr Leben
Der stillen Einsamkeit ergeben,
Und höhnt was sich gesellt.
Drauf will sie sich durch Heirath adeln,
Und spricht zu allen, die sie tadeln:
Das ist der Lauf der Welt.

Ein Mädchen voller Weisheits-Gründe
Hält ieden Kuß für eine Sünde,
Bis ihr ein Freund gefällt.
Hat dieser sie dann überwunden;
So sagt sie selbst in frohen Stunden:
Das ist der Lauf der Welt.

Wenn junge Wittwen traurig scheinen,
Und in dem Mann sich selbst beweinen!
So ist es unverstellt.
Doch keine sieht den Trauer-Schleyer
Mit gröffrer Lust als einen Freyer,
Das ist der Lauf der Welt.

# Die verliebte Verzweiflung.

Gewiß! der ist Beklagens wehrt,
Den seine Göttin nicht erhört;
Dem alle Seufzer nichts erwerben.
Er muß fast immer schlaflos seyn,
Und weinen, girren, winseln, schreyn,
Sich martern und dann sterben.

Grausame Laura! rieff Pedrill,
Grausame! die mein Unglück will,
Für dich muß ich noch heut erblassen.
Stracks rennet er in vollem Lauf
Bis an des Hauses Dach hinauf
Und guckt dort in die Gassen.

Bald, als er Essen sah und roch,
Befragt er sich: Wie! leb ich noch?
Und zog ein Messer aus der Scheiden.
O Liebe! sagt' er, deiner Wut

Weih ich den Mord-Stahl und mein Blut:
Und fieng an Brodt zu schneiden.

Nach glücklich eingenommnem Mahl
Erwägt er seine Liebes-Qual,
Und will nunmehr durch Gift erbleichen.
Er öffnet eine Flasche Wein,
Und läßt, des Giftes voll zu seyn,
Sich noch die zweyte reichen.

Hernach verflucht er sein Geschick,
Und holet Schemel, Nagel, Strick,
Und schwört, nun soll die That geschehen.
Doch, ach was kann betrübter seyn!
Der Strick ist schwach, der Nagel klein,
Der Schemel will nicht stehen.

Er wählt noch eine Todes-Art,
Und denkt: Wer sich erstickt der spart,
Und darf für Gift und Strick nicht sorgen.
Drauf gähnt er, seufzet, eilt zur Ruh,
Kriecht in sein Bett und deckt sich zu,
Und schläft bis an den Morgen.

## Der Wunſch einer Schäferinn.

Dort, wo im Thal die ſchlanken Erlen ſtehn,
Hielt mich mein Schäfer an, bey jenen friſchen Quellen,
Und ſprach: Geböteſt du, mich wider einzuſtellen!
Du würdeſt mich für Liebe ſterben ſehn.
Ach Liebe! koſtet es auch unſer beyder Leben;
So laß, o laß ihn doch ſich wieder herbegeben!

Un Berger plus beau que le jour
Me diſoit dans un bois, au lever de l'Aurore:
Iris, ſi tu voulois que j'y reviuſe encore,
Tu me verrois mourir d'amour:
Ah! m'en dût-il coûter ma vie avec la ſienne,
N'importe, Amour, faite qu'il y revienne.

Hiſtoire & Regles de la Poëſie Françoiſe p. 178.

## Die Vögel.

In diesem Wald, in diesen Gründen
Herrscht nichts, als Freyheit, Lust und Ruh.
Hier sagen wir der Liebe zu,
Im dicksten Schatten uns zu finden:
Da find ich dich mich findest du.

Hier paaren sich Natur und Liebe,
Die Jugend und die Fröhlichkeit,
Die Lust und die Gelegenheit,
Und macht Gelegenheit ja Diebe;
So wird der Raub der Lust geweiht.

Die Vögel lieben hier und singen.
Es liebt der in den Lüften schwebt;
Es liebt was kaum der Fittich hebt
Und suchet aus dem Nest zu dringen:
Weil alles nach der Freyheit strebt.

Die Nachtigall in diesen Sträuchen

Gleicht durch die süsse Stimme dir;
In ihrer Scherz-Lust gleicht sie mir:
Und sucht, uns beyden mehr zu gleichen,
Die sichern Schatten, so wie wir.

Die Lerche steiget in die Höhe.
Ihr buhlerischer Lust-Gesang
Verehrt und lobet lebenslang
Die freye Liebe , nicht die Ehe:
Die stete Wahl, und keinen Zwang.

Wie scherzt und hüpfet durch die Felder
Die oft gepaarte Wachtel-Brut!
Die frohen Schläge, die sie thut,
Erschallen in die nahen Wälder
Und tönen nur von Lust und Muth.

Wie buhlen dort die Turtel-Tauben:
Wer kann ihr Girren nicht verstehn?
Die Liebe macht es doppelt schön,
Und will und soll uns auch erlauben,
Das Schnäbeln ihnen abzusehn.

Haged. Ged. IV. Th.                    c

Der Sperling theilt sein kurzes Leben
In Zwitschern und in Lieben ein.
Man weiß, er liebet ungemein:
Will man sein Singen nicht erheben;
So wird er wohl zu trösten seyn.

Noch eh wir uns von hier entfernen,
Nimm itzt nebst mir doch den Entschluß,
Bey iedem Scherz, bey iedem Kuß
Den Vögeln etwas abzulernen,
Das dir und mir gefallen muß.

# Mirene.

Mirene stund an einer Quelle,
Bey welcher schöne Veilchen blühn,
Und sah um rasche Wasser-Fälle
Die ungezählte Herde ziehn.
Die zählte sie mit wenig Freude,
Und sprach: Kaum daß ichs dulden kann;
Bey allen Weibchen, die ich weide,
Treff ich nur einen Widder an.

Will meine Mutter mich nur hören,
Ihr Schafe, so gelob ich euch,
Ich will bald euer Wohl vermehren,
Und meines auch vielleicht zugleich.
Ich kenne schon aus eignem Triebe,
Wie ungerecht das Glück verfährt,
Wann es der Jugend und der Liebe
Die Freyheit und die Wahl verwehrt.

Nichts auf der Welt ist fast verliebter,
Als Damon, der sich mir geweiht:
Doch auf der Welt ist nichts betrübter,
Als seine trockne Zärtlichkeit.
Er folgt mir, wo ich geh und stehe
Und kennet noch nicht meine Brust.
Ein solches Lieben gleicht der Ehe:
Allein, ihm fehlt noch ihre Lust.

Er schneidet in die nahen Linden
Wohl zehnmal meines Namens Zug.
Die Mühe kann mich zwar verbinden,
Und ihm scheint auch mein Dank genug.
Mein Lob erklingt auf seiner Leyer;
Mich wecket oft sein Saiten = Spiel:
Hingegen wird er nimmer freyer,
Und ehret mich vielleicht zu viel.

Ich ehrt und liebt ihn selbst vor Zeiten:
Das aber that ich als ein Kind.
Nun wachs ich auf, und gleiche Leuten,
Die klüger und erfahrner sind.

Wahr ists: mir hat er sich verschrieben.
Soll ich daraus die Folge ziehn:
Ich müsse Damon ewig lieben,
Und keinen lieben, als nur ihn?

Will hier ein Schäfer sich erfreuen:
(Mich deucht, ich merk es ziemlich oft,)
So führet er mich zu den Reihen,
Und tanzt und küßt mich unverhoft.
Ein einzger scheint mir zu gefallen.
Verräth mir Damon seinen Neid,
Ihr Schäfer: ja, so gönn ich allen
Den Kuß, den Damon mir verbeut.

# Der Wettstreit.

Mein Mädchen und mein Wein
Die wollen sich entzweyn.
Ob ich den Zwist entscheide,
Wird noch die Frage seyn.
Ich suche mich durch Beyde
Im Stillen zu erfreun.
Sie giebt mir grössre Freude:
Doch öftre giebt der Wein.

# An eine Schläferinn.

Erwache, schöne Schläferinn,
Falls dieser Kuß nicht zu bestrafen:
Doch wenn ich dir zu zärtlich bin;
Schlaf, oder scheine mir zu schlafen.

Die Unschuld, die nur halb erwacht,
Wann Lieb und Wollust sie erregen,
Hat öfters manchen Traum vollbracht,
Den Spröde sich zu wünschen pflegen.

Was du empfindest, ist ein Traum:
Doch kann ein Traum so schön betrügen?
Giebst du der Liebe selbst nicht Raum:
So laß dich dann ihr Bild vergnügen.

## Die Verschwiegenheit der Phyllis.

Nein, nein, man fängt mich nicht so bald!
Ich sage keinem was ich denke.
Ich kenne schon der Schäfer Ränke,
Und bin nun sechszehn Sommer alt,
Und höre meine Schwester sagen:
Man müsse kein Geständniß wagen.

Mein Schäfer kennet mich noch nicht.
Wie wär es, wenn ich mich verriethe?
O liebt ich ihn; so wär es Güte:
Und liebt er mich; so ist es Pflicht.
Die Schäferinnen selbst bekennen,
Ich sey schon liebenswehrt zu nennen.

Er stahl so manchen Kuß allhier.
Ich weiß allein die Zahl von allen:
Ihm aber ist sie halb entfallen;
Und diß Geheimniß merk ich mir.

Doch sollt er nicht von meinen Küssen
Nach allem Recht die Anzahl wissen?

Er nenn es immer Gütigkeit,
Daß ich bey seinen Herden weide.
Ich nenn es eine Frühlings-Freude,
Und die ist keine Seltenheit.
Ja, hieß ichs mehr als ein Vergnügen;
So sag ichs nicht und bin verschwiegen.

Ich hab ihm jüngst ein grünes Band
Um Hut und Stab und Arm gebunden,
Wie sehr er diese Gunst empfunden,
Ist mir nicht gänzlich unbekannt.
Er aber hat es nicht erfahren,
Warum ich bat, es zu bewahren.

Um etwas, Liebe, bitt ich dich:
Laß ihn nicht diesen Busch beschreiten,
Du möchtest ihn vielleicht begleiten,
Und wahrlich dann verrieth ich mich.
Doch hast du das dir vorgenommen:
So laß ihn ja nicht heute kommen.

## Die alte und neue Liebe.

Ihr Heiligen der alten Zeit,
Treu, Ehrfurcht und Verschwiegenheit,
Und du, o wahre Zärtlichkeit!
Ihr lehret uns den Liebreiz fröhnen.
Nun ist die Treue nur verstellt,
Und die Verschwiegenheit entfällt,
Wenn ja die Ehrfurcht Gunst erhält.
Wer liebt nicht sich in seinen Schönen?

Von seiner Phyllis ferne seyn,
Ihr dennoch heisse Seufzer weihn,
Und diese Seufzer nicht bereun:
Das war die Lust des Schäfer=Lebens.
Das Seufzen ist uns unbewußt.
Man seufzet aber nur vor Lust
An einer nahen Phyllis Brust,
Und seufzet da nicht leicht vergebens.

Die Fessel küssen die man trägt,
Die uns ein Mädchen angelegt,
Das reizend Mund und Augen regt:
Das war die Kunst der ersten Zeiten.
Die Fessel und die Knechtschaft fliehn,
Und wo nur schöne Wangen blühn,
Um schöne Wangen sich bemühn:
Das nennt man izo Zärtlichkeiten.

Durch mehr als jährigen Bestand
Verehren was man artig fand
Und unsre Treu oft nicht erkannt:
Das war den Vätern vorgeschrieben.
Erwählen was nur Schönheit schmückt;
Geniessen was uns oft entzückt;
Verlassen was uns sonst beglückt:
Das ist der Enkel Art zu lieben.

# Alcetas an die Alster-Schwäne.

Wie sehr ist euch das Schicksal hold,
Ihr Schwäne; die ich fast beneide!
Ihr Säufer trinkt so viel ihr wollt,
Und bleibt auch dann der Schönen Freude.
Ich weiß es, Bachus schenkte mir
Den Epheu, welcher ihm gehöret,
Hätt ich so einen Hals, wie ihr,
Den ihr durch Wasser doch entehret.

# Die Wunder der Liebe.

Der Liebe Macht ist allgemein,
Ihr dient ein jeder Stand auf Erden,
Es kann durch sie ein König klein,
Ein Schäfer groß und edel werden.
Tyrannen raubt sie Stolz und Wut,
Den Helden Lust und Kraft zum Streiten;
Der Feigheit giebt sie starken Muth,
Der Falschheit wahre Zärtlichkeiten.

Der Einfalt schenkt sie den Verstand,
Den sie der Klugheit oft entwendet.
Ein Grillenfänger wird galant,
Wenn sie an ihm den Sieg vollendet,
Des strengen Alters Eigensinn
Verwandelt sie in Scherz und Lachen,
Und diese holde Lehrerinn
Kann auch die Jugend altklug machen.

Ein Spanier vergißt den Rang,
Unedlen Schönen liebzukosen:
Ein junger Franzmann den Gesang,
Den Wahn, das Selbstlob der Franzosen.
Wenn jenen Reiz und Schönheit körnt,
Entsaget er dem Hochmuths = Triebe:
Und dieser seufzet und erlernt,
Die Freyheit prahle, nicht die Liebe.

Sie giebt der deutschen Männlichkeit
Die sanfte Schmeicheley beym Küssen,
Den Heiligen die Lüsternheit,
Und auch den Juden ein Gewissen.
Sie fand, so oft sie sich nur wies,
Verehrer in den besten Kennern.
Nur sie entwarf ein Paradies
Den ihr geweihten Muselmännern.

Ja! deine siegende Gewalt,
O Liebe! wird umsonst bestritten.

Dir unterwirft sich Jung und Alt

An Höfen und in Schäfer-Hütten.

Doch meine Schöne hoft allein

Den Reizungen zu widerstehen.

O laß sie mir nur günstig seyn!

Wie wirst du dich gerächet sehen.

# Zweytes Buch.

# An die Freude.

Freude, Göttinn edler Herzen!
 Höre mich.
Laß die Lieder die hier schallen,
Dich vergrössern, dir gefallen:
Was hier tönet, tönt durch dich.

 Muntre Schwester süsser Liebe!
  Himmels = Kind!
Kraft der Seelen! Halbes Leben!
Ach! was kann das Glück uns geben,
Wenn man dich nicht auch gewinnt?

 Stumme Hüter todter Schätze
  Sind nur reich.
Dem, der keinen Schatz bewachet,
Sinnreich scherzt und singt und lachet,
Ist kein karger König gleich.

                              D 2

Gieb den Kennern, die dich ehren,

Neuen Muth

Neuen Scherz den regen Jungen,

Neue Fertigkeit den Jungen,
Und  den Alten neues Blut.


Du erheiterst holde Freude!

Die Vernunft.

Flieh,  auf ewig die Gesichter

Aller finstern Splitter = Richter.

Und die ganze Heuchler = Zunft!

# Die Helden.

Der Aerzte Haubt, die sich zu Pferde zeigen,
Ein Chiron sprach zum durstigen Achill:
Der Thetis sey das Wasser-Trinken eigen!
Ihr Sohn trinkt Wein, wenn er mir folgen will. (1)

Ihm folgt' Achill und leerte ganze Schläuche
Auf Brüderschaft mit andern Helden aus.
Geweihter Wein floß auf Patroclus Leiche,
Noch bessrer Wein floß beym Begräbniß-Schmauß. (2)

War Calchas nicht ein hocherfahrner Zecher
Und, halb berauscht, ein Held im Prophezeyn?
Er trank, er rieth, er weissagt' aus dem Becher
Und fand, wie wir, die Wahrheit in dem Wein. (3)

Was that Ulyß, der, durch ein Abentheuer,
Alcinous, zu deinem Jahr-Schmaus kam?
Der weise Mann erwärmte sich am Feuer,
Bis man auch ihn an deine Tafel nahm. (4)

d 3

Als Telemach, den Vater aufzusuchen,
Zum Nestor kam, und diesen räuchern sah,
Sprach Phylos Fürst: Trinkt zu den Opfer = Kuchen
Den Priester-Wein, aufs Wohl von Ithaca! (5)

Kaum hatt' er sich nach Sparta hinbegeben, (6)
So redte dort ihn Menelaus an:
Willkommen, Prinz! versucht von unsern Reben!
Herrscht väterlich und trinkt als ein Tyrann!

Minerva rieth mit warnenden Geberden
Dem Telemach die wilde Trinksucht ab,
Und trank doch selbst, um nicht erkannt zu werden,
Die Stutzer aus, die ihr Atrides gab.

Cambyses dankt und opfert dir, o Sonne!
Nicht, weil dein Lauf durch Stier und Wagen streift;
Er nannte dich die Stifterinn der Wonne,
Nur weil durch dich die edle Traube reift. *

In Spanien, blieb, bey der Liebe Winken,
Ein Scipio dem süssen Wein getreu,

Und gab gar bald ihn ungestört zu trinken,
Das schönste Kind der Kriegs - Gefangnen frey. (7)

Roms Phocion, das Muster alter Strenge,
Auch Cato hat zu seinem Trunk gelacht.
Er heiligte, bey der Geschäfte Menge,
Den Tag dem Staat und seinem Wein die Nacht. (8)

Fürst Hermann trank, wie deutsche Helden pflegen,
Wann Land und Hof und auch Thußnelde schlief,
Dem Morgen = Stern aus seinem Helm entgegen,
Eh ihn der Tag in Feld und Lager rief.

Die Ritterschaft des Artus zu verbinden, (9)
Ersann er selbst Getränke voller Kraft;
Die Königinn, um gleichfalls zu erfinden, (10)
Erfand, beym Spiel, des Königs Hahnreyschaft.

Was that der Held, der einst mit Haut und Knochen
Sechs Pilger fraß, der Fürst Gargantua?
Er war kaum halb der Mutter Ohr entkrochen,
So rief er schon: Ist nichts zu trinken da? (11)

(1) Die Erziehung des Achilles, eines Sohnes der Meer-Göttinn Thetis, ward dem Centaur Chiron aufgetragen, der ein berühmter Wund-Arzt gewesen seyn soll. Seine Anrede und Ermahnung an den jungen Helden findet sich in der Ode des Horaz: Horrida tempestas &c.

(2) S. das 23ste Buch der Ilias.

(3) Calchas war ein angesehener Priester und Wahrsager der Griechen.

(4) S. das siebende Buch der Odyssee.

(5) Als Telemach und Minerva, in der Gestalt des Mentors, in Pylos ankamen, war Nestor mit einem Opfer beschäftiget, das er dem Neptun angestellet hatte, wie aus dem dritten Buche der Odyssee zu ersehen ist.

(6) S. das vierte Buch der Odyssee.

* Von den Persern sagt Pelloutier in der Histoire des Celtes T. II. p 226. Leur grande Fête étoit celle qu'ils célébroient à l'honneur du Soleil. Le Roi méme y dépouilloit toute sa gravité. Il lui étoit permis de s'enyvrer pour la mieux solemniser, & ce n'étoit que dans ce seul jour qu'on le voyoit danser publiquement. S. die von ihm angeführte Stelle aus dem Athenaeus. (LX. Cap. 10.)

(7) S. den Valer. Maxim. im 4ten Buche, C. 3. und im 6ten, C. 9.

(8) S. den Plutarch, im Leben des Cato, den er mit dem Phocion vergleichet, und dem Plinius, im 12ten Briefe des 3ten Buches.

(9) Der auch den Juden nicht unbekannte König Artus oder Arthur ist Stifter des uralten Ritter = Ordens von der runden Tafel gewesen. s. Gryphii Entwurf der Ritter = Orden, S. 159. u. f.

(10) BVCHANANVS, Rerum Scot. L. V. p. 155. Nec putatur Vanora, uxor Arcturi, novorum confiliorum fuisse ignara, ut quæ stupri consuetudinem cum Modredo crederetur habere.

(11) Von seiner seltsamen Geburt und wie er sechs Pilger im Salat verschluckt hat, kann Rabelais im 6ten und 38sten Cap. des ersten Buches seiner Gargantua nachgelesen werden.

# Der Wein.

Aus den Reben
Fleußt das Leben:
Das ist offenbar.
Ihr, der Trauben Kenner!
Weingelehrte Männer!
Macht dieß Sprichwort.währ.

Niemals glühten
Rechabiten,
Edler Most, von dir!
Aber, Wein-Erfinder,
Noah, deine Kinder
Zechten so wie wir.

Ueberzogen
Regenbogen.
Gleicht das Firmament:
So ward deiner Freude

Mehr als Augenweide,
Ihr ward Wein gegönnt.

Deinentwegen
Kam der Segen,
Wuchs der erste Wein.
Nach den Wasser-Fluthen
Konnte nichts den Guten
Grössern Trost verleihn.

# Der schlechte Wein.

Wein! den die Bosheit ausgedacht,
Des Wassers Ruhm empor zu bringen,
Der aus Verzweiflung trunken macht,
In dem wir Gift und Tod verschlingen,
In dem des Hefens Aufruhr tobt,
Den niemand als der Wirth uns lobt,
Den Wirth und Wirthinn spart: von dir will ich itzt
     singen.

Ein harter Fluch beschwert das Land,
Wo dieser Weinstock aufgeschossen;
Es hat in dem bestraften Sand
Ein Sohn des Vaters Blut vergossen,
Und, falls mich kein Gedicht berückt,
So ist der Winzer gleich erstickt,
Der seiner Beeren Kost zum erstenmal genossen.

Auf, auf, ihr Keile! zeigt euch bald!

Auf, auf, entzündet euch, ihr Blitze!

Vereint die rächende Gewalt;

Doch treft nur dieses Weinbergs Spitze,

Und macht, daß dieser Theil der Welt,

Den diese Pflanze recht verstellt,

Nicht ferner Heerlinge so schlimmer Art besitze!

# Wett=Trunk und Wett=Lauf.

Glaub, Anacharſis hatte Recht,
Der, weil er ſich zuerſt bezecht,
Begehrte, daß man ihm des Wett=Trunks Preis ertheilte.
Was, ſprach er, trug nicht der den Lohn
Im Wett=Lauf iederzeit davon,
Der deſſen Ziel zuerſt ereilte?

    Freund, ſchien der Syracuſer Wein
Dir geſtern gleich zu ſtark zu ſeyn,
Der dich noch eh, als mich, durch ſeine Kraft erhitzet;
So ſchäme dich der Züge nicht:
Du weißt was Anacharſis ſpricht,
Und was er ſpricht, iſt was dich ſchützet.

Anacharſis Scytha apud Periandrum de bibendo præmio
conſtituto, tanquam viciſſet, id ſibi dari poſtulavit, quo-
niam primus omnium eſſet inebriatus: eum namque finem
eſſe victoriæ quam bibendo quærerent, velut & currendi
cum metam attigerunt. ATHENEVS Caſauboni, Lib.
X. Cap. XI. pag. 437. 438.

# Das Daseyn.

Ein dunkler Feind erheiternder Getränke,
Ein Philosoph trat neulich hin
Und sprach : Ihr Herren, wißt, ich bin.
Glaubt mir, ich bin. Ja, ja, Warum? Weil ich gedenke.

Ein Säufer kam und taumelt ihm entgegen,
Und schwur bey seinem Wirth und Wein:
Ich trink; o darum muß ich seyn.
Glaubt mir, ich trink; ich bin. Wer kann mich wider-
legen?

## Die Ursache der Kriege.

Mein! sage mir, warum die Fürsten fechten?
Fragt Görgel den Gevatter Hein.
Der lacht und spricht: Wenn sie, wie wir gedächten;
Sie stellten alle Händel ein.
Wenn sie, wie wir, nur oft zusammen zechten;
Sie würden Freund und Brüder seyn.

Der

# Der ordentliche Hausstand.

Crispin geht stets berauscht zu Bette,
Und öfters, wann der Tag schon graut.
Sein Weib, die lächelnde Finette,
Lebt mit dem Nachbar recht vertraut.
Ihr ganzes Haus = und Wirthschafts = Wesen
Ist ordentlich und auserlesen.

Kaum rennt Crispin zum neuen Schmause
Und wittert angenehmen Wein:
So schleicht sein Weibchen aus dem Hause
Und führt den Nachbar selbst hinein.
Ihr ganzes Haus= und Wirthschafts=Wesen
Ist ordentlich und auserlesen.

Er lobet und beschreibt ihr klüglich
Den wohlgenoßnen Reben = Saft:
Sie aber rühmt ihm unverzüglich
Des Nachbars gute Nachbarschaft.
    Haged. Ged. IV. Th.                    e

Ihr ganzes Haus- und Wirthschafts - Wesen
Ist ordentlich und auserlesen.

Die Nachmittags- und Abend - Stunden
Bringt sie mit ihrem Nachbar zu,
Und wann die Nacht sich eingefunden,
Befördert sie des Mannes Ruh.
Ihr ganzes Haus- und Wirthschafts - Wesen
Ist ordentlich und auserlesen.

Der gute Mann weiß nichts vom Neide:
Die gute Frau darf sich erfreun.
Er gönnt Finetten ihre Freude;
Sie gönnt Crispinen seinen Wein.
Ihr ganzes Haus- und Wirthschafts - Wesen
Ist ordentlich und auserlesen.

Die Weiber, die den Männern fluchen,
Wenn sie zu oft zu Weine gehn,
Die sollten dieses Haus besuchen
Und der Finette Beyspiel sehn.
Ihr ganzes Haus- und Wirtschafts - Wesen
Ist ordentlich und auserlesen.

Den Männern, die auf Weiber schmählen,

Wenn sie der Nachbar sittlich macht,

O denen kann Crispin erzehlen,

Der Wein ertränk den Verdacht.

Sein ganzes Haus- und Wirthschafts-Wesen

Ist ordentlich und auserlesen.

## Mezendore.

Herr Nicolaus Klimm erfand
Mehr Länder, als ich Reime,
So gar ein unterirdisch Land
Vernünftger Thier' und Bäume.
Die Ober= und die Unterwelt
Bewunderten den grossen Held,
Er pranget im Register
Der Kaiser und der Küster.

Des Landes Name klinget fein,
Und schmeichelt recht dem Ohre.
Es heisset, (was kann schöner seyn?)
Es heisset Mezendore.
Hier hat das thierische Geschlecht
Und ieder Baum das Bürger=Recht,
Wenn er, wie sichs gehöret,
Die Obrigkeit verehret.

Der Löwe bleibet allemal
Monarch des ganzen Staates.
Die Elephanten trift die Wahl
Zu Gliedern seines Rathes.
Ein luftiger Chamäleon
Trägt stets das Canzler = Amt davon,
Und was er angefangen,
Vollführen Füchs' und Schlangen.

Die Ritterschaft bestehet hier
Aus Straußen und aus Pfauen.
Das Oechslein und das andre Thier
Läßt sich als Bürger schauen.
Das Schaf, der Hamster und das Schwein
Sind Bauern, oder könntens seyn.
Die sich dem Lehr=Amt weihen,
Sind trockne Papageyen.

Das Krieges=Heer trotzt auf die Treu
Geübter Tieger Schaaren,
Das leichte Hirsch = Volk dient dabey

e 3

Statt streifender Husaren.
Die Flotten führt das Wasser-Pferd,
Der Raub-Fisch mit dem scharfen Schwerdt,
Den Sänger ** oft begleiten,
Hilft ihrer See-Macht streiten.


Die Cammer nährt aus weiser Huld
Zehn hochbetraute Bären,
Den Anlauf ieder alten Schuld
Gebietrisch abzuwehren.
Der Habicht nimmt die Steuren ein:
Den Cohlen muß der Reiche leihn:
Zu Pächtern setzt man Raben
Von ungemeinen Gaben.


Das Richter-Amt wird hier bestellt
Durch Menschen gleiche Bäume.
Die Birke straft die iunge Welt,
Der Lorbeer schlechte Reime:
Und weil hier Frost und Nüchternheit
Nur gar zu oft den Dichtern dräut;

So heissen sie die Reben
Sich und den Vers beleben.

Die Gänse schnattern vor Gericht
Lautschallende Recesse,
Damit der Kauz, als Schreiber, nicht
Den kleinsten Satz vergesse.
Allein, vor niederm Ding und Recht
Erscheinen Aelster, Staar und Specht
Die zanken sich und schreyen.
Auf Kosten der Parteyen.

Allhier sind die Grammatici
Streitbare Ziegenböcke;
Die dünken sich kein schlechtes Vieh
Das zeigt ihr stolz Geblöcke;
Ihr hocherfahrner langer Bart
Hegt auch kein Haar gemeiner Art
Und ihre Hörner siegen
In scharfen Wörter-Kriegen.

Der Unterthanen Unterschied
In Thieren, Bäumen Pflanzen

e 4

Ist, weil der Staat nach Würden blüht,

Einstimmig in dem Ganzen.

Was hier ein Amt zu führen hat,

Dient sich und auch vielleicht dem Staat;

Der scheint bekanntern Reichen

Hierinnen fast zu gleichen.

\*

\* S. des unterirdischen Kaisers, und Küsters an der Kreutz-Kirche zu Bergen, Nicolai Klimms, unterirdische Reisen, S. 262. 263. 264.

\*\* Der Sänger oder der Hemmefisch ist die Echeneis oder die Remora der Alten.

# Die Vorzüge der Thorheit, in einem Rund-Gesange.

Den Thoren ist ein Glück beschieden,
Das vielen klugen Leuten fehlt.
Die Herren sind mit sich zufrieden
Und haben immer wohl gewählt.
Was hilft es auch, nach Weisheit schnappen,
Die oft dem Wirbel wehe thut?
Den Thoren stehen ihre Kappen
So zierlich als ein Doctor-Hut.

　　Der Thorheit unversährte Rechte
Erstrecken sich auf iedes Haubt:
Es ist im menschlichen Geschlechte
Ihr Anhang grösser, als man glaubt.
Doch wenn sie nicht Vergnügen brächte:
So wär ihr schon die Macht geraubt.

Der Thor, der allen Leuten glaubet;
Der Thor, der keinem Menschen traut;
Der, dem die Kargheit nichts erlaubet;
Der sich sein Tollhaus fürstlich baut;
Der Thor, der ieden Hof verachtet;
Der Thor, der nichts, als Höfe, liebt:
Ein ieder, wann er sich betrachtet,
Sieht etwas, das ihm Hochmuth giebt.

Der Thorheit unverjährte Rechte
Erstrecken sich auf iedes Haubt:
Es ist im menschlichen Geschlechte
Ihr Anhang grösser, als man glaubt.
Doch wenn sie nicht Vergnügen brächte:
So wär ihr schon die Macht geraubt.

Ein Leitstern lichtbedürftger Künste,
Ein junger Metaphysicus,
Webt ein durchsichtiges Gespinnste
Und stellt und heftet Schluß an Schluß.
So glaubt er dir, o Wolf, zu gleichen,
Und hat dennoch, du grosser Mann!

Von dir nur die Verbindungs = Zeichen,
Und sonst nichts, was dir gleichen kann.

Der Thorheit unverjährte Rechte
Erstrecken sich auf iedes Haubt:
Es ist im menschlichen Geschlechte
Ihr Anhang grösser, als man glaubt.
Doch wenn sie nicht Vergnügen brächte:
So wär ihr schon die Macht geraubt.

Ein Schnarcher voller Schul = Geschwätze
Hält sich für einen Kirchen = Held,
Und gönnet dem Naemanns Krätze,
Dem sein Systema nicht gefällt.
Doch halt = = Ihr kennt der Eifrer Weise:
Ihr Anhang horcht und rächet sich.
O singt nicht, oder singt ganz leise;
Denn dies Geschlecht ist fürchterlich.

Der Thorheit unverjährte Rechte
Erstrecken sich auf iedes Haubt:
Es ist im menschlichen Geschlechte

Ihr Anhang grösser, als man glaubt.
Doch wenn sie nicht Vergnügen brächte:
So wär ihr schon die Macht geraubt.

Nicander wird durch vieles Klügeln
So klug als ein geheimer Rath.
In ihm kann selbst van Hoey sich spiegeln:
Er kennet mehr als einen Staat.
Er ist des deutschen Ruhms Vertreter:
Und wär er nicht geheimnißvoll;
So lehrt' er euch, ihr Landes = Väter,
Wie ieder von euch herrschen soll.

Der Thorheit unverjährte Rechte
Erstrecken sich auf iedes Haubt:
Es ist im menschlichen Geschlechte
Ihr Anhang grösser, als man glaubt.
Doch wenn sie nicht Vergnügen brächte:
So wär ihr schon die Macht geraubt.

Ein Dom = Herr schöpft aus seiner Pfründe
Bald rothen und bald weissen Wein.

Das scharfe Salz gelehrter Gründe
Kann nimmermehr so schmackhaft seyn.
Er spart sich dem gemeinen Wesen,
Und glaubet, was ein Alter schrieb:
Den Augen schadet vieles Lesen;
Und sein Paar Augen ist ihm lieb.

Der Thorheit unverjährte Rechte,
Erstrecken sich auf jedes Haubt:
Es ist im menschlichen Geschlechte
Ihr Anhang grösser, als man glaubt.
Doch wenn sie nicht Vergnügen brächte:
So wär ihr schon die Macht geraubt.

Die Sprache nach der Kunst zu zäumen
Uebt viele Dichter lebenslang.
Sie haschen blindlings nach den Reimen
Und stimmen ihrer Schellen Klang.
Vernunft und Wahrheit, seyd gebeten,
(Dafern man ja an euch gedenkt)
Den stolzen Reimen nachzutreten,
Mit welchen uns Rufin beschenkt.

Der Thorheit unverjährte Rechte
Erstrecken sich auf iedes Haubt:
Es ist im menschlichen Geschlechte
Ihr Anhang grösser, als man glaubt.
Doch wenn sie nicht Vergnügen brächte:
So wär ihr schon die Macht geraubt.

Ein Wuchrer, den der Geitz den Schätzen,
Den Flüchen und der Hölle weiht,
Geneußt auf Erden kein Ergötzen,
Als seines Mamons Sicherheit.
Er tobet, daß die Fenster klingen,
Wann seiner Habsucht was entgeht:
Doch in vergnügter Eintracht singen,
Ist ihm ein Scherz, der übel steht.

Der Thorheit unverjährte Rechte
Erstrecken sich auf iedes Haubt:
Es ist im menschlichen Geschlechte
Ihr Anhang grösser, als man glaubt.
Doch wenn sie nicht Vergnügen brächte:
So wär ihr schon die Macht geraubt.

Ihr Heuchler, müßt es nicht vergönnen,
Daß man euch unempfindlich heißt.
Erlaubet uns, euch recht zu kennen;
So kennt man euren Liebes=Geist.
Ihr krümmet seufzend eure Köpfe:
Doch euer Welt=Haß ist verstellt.
Ihr seyd empfindliche Geschöpfe:
Ihr seyd nur Thoren vor der Welt.

Der Thorheit unverjährte Rechte
Erstrecken sich auf iedes Haubt:
Es ist im menschlichen Geschlechte
Ihr Anhang grösser, als man glaubt.
Doch wenn sie nicht Vergnügen brächte:
So wär ihr schon die Macht geraubt.

Ihr unberufnen Welt=Bekehrer!
Entfernt euch, wo die Freude singt.
Seyd euch zur Last, beredte Lehrer:
Nur schweiget, wo dieß Glas erklingt.
Thut ihr das oft und ohne Zanken;
So mindert sich der Thoren Zahl,

Und wir besingen, euch zu danken,
Der Thorheit Lob nur noch einmal.

Der Thorheit unverjährte Rechte
Erstrecken sich auf iedes Haubt:
Es ist im menschlichen Geschlechte
Ihr Anhang grösser, als man glaubt.
Doch wenn sie nicht Vergnügen brächte:
So wär ihr schon die Macht geraubt.

# Lob der Zigeuner.

Uraltes Land-Volk, eure Hütten
Verschont der Städte Stolz und Neid:
Und fehlt es euch an feinen Sitten;
So fehlts euch nicht an Fröhlichkeit.
Ihr scherzt auf Gras und unter Zweigen,
Ohn allen Zwang und ohne Zeugen.

    Ihr übet euch in steten Reisen:
Die Welt ist euer Vaterland.
Man lobte dieß an alten Weisen:
Und nur in euch wirds nicht erkannt.
Warum? Ihr gleichet nicht den Reichen,
Die prächtig durch die Fremde streichen.

    Zu grosse Furcht, zu grosses Hoffen
Macht oft die Klügsten unruhvoll.
Euch steht das Buch des Schicksals offen:
Ihr weissagt, was geschehen soll.

Haged. Ged. IV. Th.          f

Will man geheime Dinge wissen;
So wird man euch befragen müssen.

Es wird der Muth euch angebohren:
Wer kennt nicht eure Streitbarkeit?
Von euch wird keine Schlacht verlohren,
Als wo ihr übermannet seyd.
Dann suchet ihr zwar nicht zu fliehen;
Doch zierlich euch zurück zu ziehen.

Man weis, ihr zählet wenig Freunde!
Allein ihr kennt den Lauf der Welt.
Die Größten haben ihre Feinde:
Verdiensten wird stets nachgestellt.
Wie mancher Römer wird gepriesen,
Den die Gewalt, wie euch, verwiesen!

Ihr rennet nicht nach hohen Ehren:
Ihr wünscht euch nicht an Titeln reich.
Kein Zwiespalt in geweihten Lehren,
Kein Feder-Krieg verhetzet euch.
Ihr seyd (was kann den Vorzug rauben?)
Von einer Farb und einem Glauben.

# Die Verleumdung.

Stolzer Schönen Grausamkeiten
Sind noch immer ungemein.
Auch die Spröden unsrer Zeiten
Können ewig spröde seyn.
Dennoch sagt und glaubet man,
Daß man sie erbitten kann.

Unempfindlichkeit und Tugend
Sind der Doris Eigenthum;
Beyde schmücken ihre Jugend
Und die Jugend ihren Ruhm.
Dennoch sagt und glaubet man,
Daß man sie erbitten kann.

Dieser Vorzug lautrer Ehre,
Diese Strenge, diese Zucht
Stammen aus der Mutter Lehre,
Sind nur ihres Beyspiels Frucht.

f 2

Dennoch sagt und glaubet man,
Daß man sie erbitten kann.

Redet nicht von Scherz und Küssen,
Wo ihr Martha kommen seht:
Ihr empfindliches Gewissen
Hasset, was so weltlich steht.
Dennoch sagt und glaubet man,
Daß man sie erbitten kann.

Liebe kann zwar Huld erwerben;
Aber bey Mirenen nicht:
Weil sie nimmer ohn Entfärben
Von verliebten Dingen spricht.
Dennoch sagt und glaubet man,
Daß man sie erbitten kann.

Sylvia wird hoch gepriesen:
Denn sie hat in kurzer Zeit
Zehn Verehrer abgewiesen,
Und den eilften hart bedräut.
Dennoch sagt und glaubet man,
Daß man sie erbitten kann.

Edle Freyheit, mein Vergnügen!
Singet Chloris tausendmal!
Und es ist, sie zu besiegen,
Schwerer als die Kaiser - Wahl.
Dennoch sagt und glaubet man,
Daß man sie erbitten kann.

Tiefgesuchte Weisheit - Schlüsse
Sind Elmirens Zeitvertreib.
Der Begriff gemeiner Küsse
Reizen kein gelehrtes Weib.
Dennoch sagt und glaubet man,
Daß man sie erbitten kann.

Iris tändelt, scherzt und singet,
Höhnt und lacht der Leidenschaft.
Was auch sonst ein Herz bezwinget,
Hat an ihrem keine Kraft.
Dennoch sagt und glaubet man,
Daß man sie erbitten kann.

Flavia will nichts gestatten,
Was den Schein des Paarens hat:
Und sie zürnt auf ihren Schatten,
Weil er ihr zu sehr sich naht.
Dennoch sagt und glaubet man,
Daß man sie erbitten kann.

O die Welt kömmt auf die Neige?
Auch der Unschuld schont man nicht:
Weil der Unschuld oft ein Zeuge
Ihrer Lauterkeit gebricht.
Daher sagt und glaubet man,
Daß man sie erbitten kann.

# Unverdiente Eifersucht. *

Neulich sah man aus den Sträuchen
Den verschwiegenen Elpin
Heimlich von der Weide schleichen,
Heimlich in die Waldung fliehn.
Die Begierde dort zu sehn,
Warum dieser Gang geschehn,
Trieb Myrtillen nachzugehn.

Ach, Elpin ist zu beneiden!
Fiel dem schlauen Schäfer ein:
Ja, ihr folgt ihm süsse Freuden!
In den lustgewohnten Hayn,
Wo in jener Schatten Nacht
Ihm vielleicht die Hirtinn lacht,
Die mein Herze sehnend macht.

Mitten unter hohen Fichten
Traf Myrtill den Flüchtling an,

Der bereits in stillem Dichten
Voller Liebe saß und sann,
Bis ein fertiger Gesang
Muthig durch die Lüfte drang
Und den Hall zum Nachruf zwang.

Muster, sang er, wahrer Güte!
Herz, das Treu und Huld belebt!
Gönne mir, daß mein Gemüte
Einsam deinen Werth erhebt.
Sag ich Neidern und der Welt
Minder als dein Lob enthält:
So vernehm es Wald und Feld.

Mit wie zärtlichem Umfangen
Hat dein Arm mich oft ergetzt!
Und wie oft hat deine Wangen
Mein vergnügter Mund genetzt!
Selten hab ich was begehrt,
Das, so bald ich mich erklärt,
Du mir nicht mit Lust gewährt.

O mit welchen treuen Küssen
Drücktest du mich an dein Herz!
Auch in eignen Kümmernissen
Scherztest du bey meinem Scherz.
Nur dein Lächeln und dein Kuß,
Die ich stets verehren muß,
Stillten allen Ueberdruß.

Deine kluge Huld erblicken,
Deiner Liebe Regung sehn,
Das allein darf mich entzücken,
Das allein bleibt wunderschön:
Schön in deiner Seltenheit,
Schön in meiner Dankbarkeit,
Schön auf unsre Lebens-Zeit.

Wahrheit, Zeuginn meiner Triebe!
Leiste selber die Gewähr.
Sage: Für so grosse Liebe
Fällt die Gegen-Pflicht nicht schwer.
Sag ihr stündlich, daß ihr Bild,

f 5

Das mein ganzes Herze füllt,
Mehr bey mir, als alles, gilt.

Eil ich, wann es Tag will werden,
In die herdenvolle Flur;
O so zeigen mir die Heerden
Gleiche Wirkung der Natur!
Was auch ich von ihr erhielt,
Was die Zucht der Lämmer fühlt,
Wann sie mit den Schafen spielt.

Nein: ich will mich nicht entfernen,
Weil mein Abschied sie betrübt;
Nein: ich will von ihr erlernen,
Wie man unaussprechlich liebt.
Ja ich will dir, kühler Hayn!
Hiemit ihren Namen weihn,
Dieser Fichte Schmuck zu seyn.

Name, wachse mit den Rinden!
Wachse, Denkmal meiner Hand!
Werd auch in entlegnen Gründen

Jeder Hirten = Schar bekannt!
Name, den kein Vorzug ziert,
Den von allen, die er rührt,
Keiner mehr, als ich verspühret.

Endlich eilt Elpin zurücke,
Da den lauschenden Myrtill
Dessen neu= besungnes Glücke
Oft zur Mißgunst reizen will.
Scheelsucht, Ungeduld und Wahn
Heißt ihn, sich der Gegend nahn,
Wo Elpin den Schnitt gethan.

Sein Verdacht aus tausend Sachen
Zielte schon auf langen Gram;
Doch er selber mußte lachen,
Als er zu der Fichte kam:
Denn so bald er sie besah,
Stand der Name Silvia,
Seines Freundes Mutter, da.

* Diese Ode ist im Jahr 1729. durch eine wirkliche Begebenheit veranlaßet worden.

# Gränzen der Pflicht.

Aus Beyfall und gewohnten Gründen
Nur Menschen recht vernünftig finden,
  Das will die Pflicht:
Doch manche Menschen, die wir kennen,
Viel klüger, als die Thiere, nennen,
  Das will sie nicht.

Die seltnen Fürsten Götter heissen,
Die sich der Menschen-Huld befleissen,
  Das will die Pflicht:
Doch die mit Götter-Namen zieren,
Die weibisch oder wild regieren,
  Das will sie nicht.

Nicht widersprechen und sich schmiegen,
Wann grosse Männer prächtig lügen,
  Das will die Pflicht:
Doch glauben, was sie uns erzehlen,

Doch glauben, wo Beweise fehlen,
　　Das will sie nicht.

Der Neuern Kunst und Witz verehren,
Zumal, wann sie durch Muster lehren,
　　Das will die Pflicht:
Allein den grossen Geist der Alten
Für unsrer Zeiten Antheil halten,
　　Das will sie nicht.

Der Welt das Wasser anzupreisen,
Erlaubt man Aerzten oder Weisen,
　　Das will die Pflicht:
Allein des Vorrangs dich berauben,
Du freudenvoller Saft der Trauben:
　　Das will sie nicht.

Die frommen Blicke nicht verschmähen,
Wo wir nur Zucht und Unschuld sehen,
　　Das will die Pflicht:
Doch deren Vorzugs-Recht verkennen,

In welchen Luſt und Jugend brennen,
Das will ſie nicht.

Die ſcharfen Mütter nicht belachen,
Die ſchlaue Töchter ſtets bewachen,
Das will die Pflicht:
Allein der Töchter Liſt verrathen,
Die das thun, was die Mütter thaten,
Das will ſie nicht.

Den Alten, die uns beſſern können,
Mehr Zehenden an Jahren gönnen,
Das will die Pflicht:
Allein zu ihrem längern Leben
Von unſerm eine' Stunde geben,
Das will ſie nicht.

# Die Aussöhnung.

### Bavius.

Als dein Geschmack nur meine Verse wählte
Und ich bey dir noch keinem Witzling wich,
Da war gewiß, wann ich sie überzählte,
Kein neuer Fürst halb so vergnügt als ich.

### Maevius.

Als noch dein Neid, o könntest du erröthen!
Nicht gar zu frey von meiner Muse sprach,
Da setzt ich mir die gallischen Poeten,
Da setzt ich dir die deutschen Dichter nach.

### Bavius.

Mir ist es leicht Bewundrer zu erwerben
Und selbst Strophill nimmt mich zum Muster an.
Ich will mit Lust, in Elegien, sterben,
Denn ich nur ihn unsterblich machen kann.

### Maevius.

Mich lobt Gelaß, ich lob auch ihn mit Freuden.
Wir nennen uns den Kern gelehrter Welt,
Und, so wie du, will ich zweymal verscheiden,
Wenn nur mein Tod ihm seinen Ruhm erhält.

### Bavius.

Wie? wenn Minerv uns wiederum verbände,
Und ich, den Bund auf ewig einzugehn,
Aufs neu in dir den Geist, die Kenntniß fände,
Die ich seitdem nur im Strophill gesehn.

### Maevius.

Mir schien Gelaß der Sonne selbst zu gleichen.
Ich fand in dir nur wüste Dunkelheit!
Doch da wir uns die Hand von neuem reichen,
Bleibt dir mein Witz, selbst wider ihn, geweiht.

# An den verlohrnen Schlaf.

Wo bist du hin du Tröster in Beschwerde,
Mein güldner Schlaf?
An dem ich sonst die Gröffesten der Erde
Weit übertraf.
Du hast mich oft an Wassern und in Büschen
Sanft übereilt.
Und konntest mich mit beßrer Rast erfrischen,
Als mir vorißt der weiche Pfühl ertheilt.

Allein bedeckt vom himmlischen Gewölbe
Schlief ich dann ein.
Die stolze Thems, die Saal und Hamburgs Elbe
Kann Zeuginn seyn.
Dort hab ich oft, in längstvergrünten Jahren,
Mich hingelegt
Und hoffnungsreich, in Sorgen unerfahren,
Der freyen Ruh um ihren Strand gepflegt.

Wie säuselten die Lüfte so gelinde
Zu jener Ruh!
Wie spielten mir die Wellen und die Winde
Den Schlummer zu!
Mich störte nicht der Ehrsucht reger Kummer,
Der vielen droht;
Ich war, vertieft im angenehmsten Schlummer,
Für alle Welt, nur nicht für Phyllis, todt.

Sie eilte dort in jugendlichen Träumen,
Mir immer nach;
Bald in der Flur, bald unter hohen Bäumen,
Bald an den Bach.
Oft stolz im Putz, oft leicht im Schäfer-Kleide,
Mit offner Brust,
Stets lächelnd hold im Ueberfluß der Freude:
Schön von Gestalt, noch schöner durch die Lust.

Mein alter Freund, mein Schlaf, erscheine wieder!
Wie wünsch ich dich!
Du Sohn der Nacht, o breite dein Gefieder
Auch über mich;

Verlaß dafür den Wuchrer, ihn zu strafen,
Den Trug ergetzt:
Hingegen laß den wachen Codrus schlafen,
Der immer reimt und immer übersetzt.

G 2

# Drittes Buch.

## Aufmunterung zum Vergnügen.

Erlernt von munteren Herzen
Die Kunst beglückt zu scherzen,
Die Kunst vergnügt zu seyn,
Versucht es.   Laßt uns singen,
Das Alter zu verjüngen,
Die Jugend zu erfreun.
Macht neue Freundschafts-Schlüsse!
Ihr Kinder, gebt euch Küsse!
Ihr Väter gebt euch Wein!

## Anacreon.

In Tejos und in Samos
Und in der Stadt Minervens
Sang ich von Wein und Liebe,
Von Rosen und vom Frühling,
Von Freundschaft und von Tänzen;

Doch höhnt ich nicht die Götter,
Auch nicht der Götter Diener,
Auch nicht der Götter Tempel,
Wie hieß ich sonst der Weise?

　　Ihr Dichter voller Jugend,
Wollt ihr bey froher Muße
Anacreontisch singen;
So singt von milden Reben,
Von Rosenreichen Hecken,
Vom Frühling und von Tänzen,
Von Freundschaft und von Liebe;
Doch höhnet nicht die Gottheit,
Auch nicht der Gottheit Diener,
Auch nicht der Gottheit Tempel,
Verdienet selbst im Scherzen,
Den Namen echter Weisen.

# Chloris. *

In jenem zarten Alter,
Als ich mit meinem Schäfchen
Mich noch zu messen pflegte
Und älter war, doch kleiner,
Als mein getreues Schäfchen,
Da folgt ich schon der Chloris,
Wie mir mein treues Schäfchen.
Auch schon in jenen Zeiten
War sie in meinen Augen
Mehr als ein sterblich Mädchen.
Und ist noch eine Göttin,
Und mir die schönste Göttin,
Die iemals sichthar worden.
Einst sagt ich ihr ich liebe;
Ich liebe dich, o Chloris.
Dieß war des Herzens Sprache,
Dieß sagten meine Seufzer;
Die kindisch blöde Zunge

Ließ Herz und Seufzer reden
Und fand ich keine Worte.
Doch mich verstand die Schöne
Und schenkte mir ein Mäulchen,
Ein unvergeßlich Mäulchen.
Und sprach zu mir:  Du Kleiner,
Du kennst noch nicht die Liebe.
Seitdem entbrannte Chloris,
Jedoch für andre Schäfer.
Seitdem fieng mancher Schäfer
Aus Chloris Augen Feuer.
Seitdem kam ich ins Alter,
In dem wir Menschen lieben,
Wie unsre Väter liebten.
Es reiften meine Jahre,
Es gab mir ieder Frühling
Mehr Zärtlichkeit und Wünsche.

Noch itzt verehr ich Chloris;
Mir aber ist sie spröde
Und wünscht nicht zu erfahren,

Ob ich die Liebe kenne,

Und jener süssen Stunde

Und ihres kleinen Schäfers

Und ihres holden Kusses

Vergißt die stolze Schöne.

Nur ich kann ihrer Lippen,

Die sie mir lächelnd reichte,

Nur ich kann ihres Kusses

Und ihrer nicht vergessen.

* S. das Sonnet des Zappi: In quella età ch'io mi-
surar solea, in seinen Rime, P. I, p, 44. in des Abts
Antonini Rime de' più illustri Poeti Italiani, P. II.
p. 167. den Rime degl' Arcadi, T. III. p. 201. und im
Voyage histor. d'Italie, T. II. p. 82. Es wird im sie-
benden Bande der Bibliotheque Italique, p. 71. der,
unter dem Schäfer = Namen Nadasto Licoate bekannte, Abt Ranieri Zucchetti, als Verfasser dieses Sonnets angegeben.

# Der Traum.

Ich schlief in einem Garten,
Den Ros' und Myrthe zierten,

In dem drey holde Schönen

Den halb entblösten Busen

Mit frischen Blumen krönten,

Die iede singend pflückte.

Bald gaukelten die Spiele

Des Stifters leichter Träume

Mir um die Augenlieder,

Und mich versetzten Morpheus

Und Phantasus, sein Bruder,

Ans Ufer von Cythere.

Der bunte Frühling färbte

Die Bluhmen dieser Insel;

Der leichte Zephyr küßte

Die Pflanzen dieser Insel;

Und sein Gefolge wiegte

Die Wipfel dieser Insel,

Wie manches Feld von Rosen,

Wie mancher Busch von Myrthen

War hier der Venus heilig!

Der Göttin sanfter Freuden,

Der Freuden voller Liebe,

Der Liebe voller Jugend.

Ich sah die Huld-Göttinnen,

Geführt vom West und Frühling,

Gefolgt von Zärtlichkeit,

Mit Rosen sich umkränzen,

Sich Mund und Hände reichen

Und ohne Gürtel tanzen

Und bey den Tänzen lachen.

Hier fand ich auch den Amor,

Der seine Flügel sonnte,

Die ihm vom Thau befeuchtet

Und so beträpfelt waren,

Als da er seinen Dichter

Anacreon besuchte.

Er wollte von mir wissen,

Wer von den holden Dreyen

Bey mir den Vorzug hätte,

Als mich von jenen Schönen,

Die sich die Bluhmen pflückten,

Die Schönste lächelnd weckte.

# Die Empfindung des Frühlings.

Du Schmelz der bunten Wiesen!
Du neu-begrünte Flur!
Sey stets von mir gepriesen,
Du Schmelz der bunten Wiesen!
Es schmückt dich und Cephisen
Der Lenz und die Natur,
Du Schmelz der bunten Wiesen!
Du neu-begrünte Flur!

Du Stille voller Freuden!
Du Reizung süsser Lust!
Wie bist du zu beneiden,
Du Stille voller Freuden!
Du mehrest in uns beyden
Die Sehnsucht treuer Brust.
Du Stille voller Freuden!
Du Reizung süsser Lust!

Ihr schnellen Augenblicke,
Macht euch des Frühlings werht!
Daß euch ein Kuß beglücke,
Ihr schnellen Augenblicke;
Daß uns der Kuß entzücke,
Den uns die Liebe lehrt.
Ihr schnellen Augenblicke!
Macht euch des Frühlings werht.

## Die Land = Lust.

Geschäffte, Zwang und Grillen,
Entweiht nicht diese Trift:
Ich finde hier im Stillen
Des Unmuths Gegengift.
Ihr Schwätzer, die ich meide,
Vergeßt mir nachzuziehn:
Verfehlt den Sitz der Freude,
Verfehlt der Felder Grün.

Es webet, wallt und spielet
Das Laub um jeden Strauch,
Und jede Staude fühlet
Des lauen Zephyrs Hauch.
Was mir vor Augen schwebet,
Gefällt und hüpft und singt;
Und alles, alles lebet
Und alles ist verjüngt.

Ihr Thäler und ihr Höhen,
Die Lust und Sommer schmückt,
Euch, ungestört, zu sehen
Ist, was mein Herz erquickt,
Die Reizung freyer Felder
Beschämt der Gärten Pracht
Und in die offnen Wälder
Wird ohne Zwang gelacht.

Die Saat ist aufgeschossen
Und reizt der Schnitter Hand;
Die blättervollen Sprossen
Beschatten Berg und Land.

Die Vögel, die wir hören,
Genießen ihrer Zeit:
Nichts tönt in ihren Chören,
Als Scherz und Zärtlichkeit.

Wie thront auf Moß und Rosen
Der Hirt in stolzer Ruh!
Er sieht die Herde Grasen
Und spielt ein Lied dazu.
Sein muntres Lied ergetzet
Und scheut die Kenner nicht;
Natur und Lust ersetzet
Was ihm an Kunst gebricht.

Aus Dorf und Büschen dringet
Der Jugend Kern hervor
Und tanzt und stimmt und singet
Nach seinem Haber = Rohr,
Den Reihen = Tanz vollenden
Die Hirten, auf der Hut,
Mit treu = vereinten Händen.
Mit Sprüngen voller Muth.

Haged. Ged. IV. Th.　　　　　 H

Wie manche frische Dirne
Schminkt sich aus jenem Bach;
Und giebt an Brust und Stirne
Doch nicht den Schönsten nach.
Gesundheit und Vergnügen
Belebt ihr Aug und Herz,
Und reizt in ihren Zügen
Und lacht in ihrem Scherz.

In jährlich neuen Schätzen
Zeigt sich des Landmanns Glück,
Und Freyheit und Ergetzen
Erheitern seinen Blick.
Verleumdung, Stolz und Sorgen,
Was Städte sclavisch macht.
Das schwärzt nicht seinen Morgen,
Das drückt nicht seine Nacht.

Nichts darf den Weisen binden.
Der alle Sinnen übt,
Die Anmuth zu empfinden,
Die Land und Feld umgiebt.

Ihm prangt die fette Weide
Und die bethaute Flur;
Ihm grünet Luft und Freude,
Ihm mahlet die Natur.

# Das Kind.

Als mich die Mama
Hänschen küssen sah,
Strafte sie mich ab.
Doch sie lachte ja,
Als ihr der Papa
Heut ein Mäulchen gab.

Warum lehrt sie mich:
Mädchen! machs wie ich?
Sieh was andre find.
Nun ich solches thu,
Schmählt sie mich dazu:
Ach ich armes Kind!

H 2

Schwestern! sagt mirs fein:
Ist mir, weil ich klein,
Noch kein Kuß vergönnt?
Seht! ich wachse schon,
Seit des Nachbars Sohn
Mich sein Schätzchen nennt.

## Die Alte.

Zu meiner Zeit
Bestand noch recht und Billigkeit.
Da wurden auch aus Kindern Leute;
Da wurden auch aus Jungfern Bräute:
Doch alles mit Bescheidenheit.
Es ward kein Liebling zum Verräther,
Und unsre Jungfern freyten später:
Sie reizten nicht der Mütter Neid.
O gute Zeit!

Zu meiner Zeit
Befliß man sich der Heimlichkeit.

Genoß der Jüngling ein Vergnügen,
So war er dankbar und verschwiegen:
Und itzt entdeckt ers ungescheut.
Die Regung mütterlicher Triebe,
Der Fürwitz und der Geist der Liebe
Fährt oftmals schon ins Flügel-Kleid.

   O schlimme Zeit!

   Zu meiner Zeit
Ward Pflicht und Ordnung nicht entweiht.
Der Mann ward wie es sich gebühret,
Von einer lieben Frau regieret.
Trotz seiner stolzen Männlichkeit!
Der Fromme herrschte nur gelinder!
Uns bleibt der Hut und ihm die Kinder.
Das war die Mode weit und breit.

   O gute Zeit!

   Zu meiner Zeit
War noch in Ehen Einigkeit.
Itzt darf der Mann uns fast gebieten,
Uns wiedersprechen und uns hüten,

Wo man mit Freunden sich erfreut.
Mit dieser Neuerung im Lande,
Mit diesem Fluch im Ehestande
Hat ein Comet uns längst bedräut.

O schlimme Zeit!

## Der Jüngling.

Mein Mädchen mit dem schwarzen Haare
Vollendet heute sechszehn Jahre,
Und ich nur achtzehn: Welch ein Glück
Die Sehnsucht weckt uns ieden Morgen
Und die Unwissenheit der Sorgen
Versüßt uns ieden Augenblick.

Wir wachsen und mit uns die Triebe:
Denn unsrer Jugend gönnt die Liebe
Viel Unschuld; aber nicht zu viel.
Verstand kömmt freylich nicht vor Jahren;
Allein was wir bereits erfahren
Ist gleichwohl auch kein Kinder-Spiel.

Der Liebreiz, der uns früh verbunden,
Beschäftigt unsre frohen Stunden
Und bringt dich wieder, güldne Zeit,
Zwar lehren wir und lernen beyde;
Doch unsre Wissenschafft ist Freude
Und Unsre Kunst Gefälligkeit.

Ich will die besten Blumen pflücken,
Euch, Wunder der Natur, zu schmücken:
Dich freyes Haar! dich schöne Brust!
Wir wollen, diesen Tag zu feyern,
Den allerschönsten Bund erneuern,
Den Bund der Jugend und der Lust.

Dann soll ein Bad in sichern Flüssen,
Auf dieses Bad ein frisches Küssen,
Auf frische Küsse süsser Wein;
Auf Wein ein Tanz, bey Spiel und Liedern,
Mit regen Schwestern, muntern Brüdern:
Das alles soll mich heut erfreun.

So fröhlich soll der Tag verstreichen!
Ihm soll kein Tag an Freude gleichen.
Nichts übertreff' ihn, als die Nacht!
Die Zeit erwünschter Finsternisse,
Die wacher Schönen stille Küsse
Den Müttern unerforschlich macht.

# Der Alte.

Ich werde viel älter und Schwermuth und Plage
Droht meiner schon sinkenden Hälfte der Tage:
Kaum wallet noch weiter mein zögerndes Herz
Bey winkenden Freuden, bey lockendem Scherz.

Die schmeichelnde Falschheit der lächelnden Erben
Verheißt mir das Leben und wünschet mein Sterben:
Ein fingernder Doctor besalbt mir den Leib:
Bald lärmet der Pfarrer, bald predigt mein Weib.

Die warnenden Kenner der Wetter und Winde,
Die stündlichen Forscher: Wie ich mich befinde?
Die thränenden Augen, die keichende Brust
Entkräften den Liebreiz, verscheuchen die Lust.

S.H. Grim delin.                    I.R. Holzhalb sculp.

Nun soll mich doch einmal mein Leib-Arzt nicht stören.
Verjüngende Freunde, hier trink ich mit Ehren!
Weib, Pfarrer und Erben, nur nicht zu genau!
Hier frag ich nicht Pfarrer, nicht Erben, noch Frau.

Im Beysenn der Alten verstellt sich die Jugend:
Sie trinkt nur bey Tropfen: sie durstet vor Tugend:
Ich ehrlicher Alter verstelle mich auch,
Bezeche den Jüngling und leere den Schlauch.
Mein Auge wird heller: wer höret mich keichen?
Ich suche der muthigen Jugend zu gleichen;
Und will, auch im Alter, bey Freunden und Wein,
Kein Tadler der Freuden, kein Sonderling seyn.

# Der verliebte Bauer.

Rühmt mir des Schulzens Tochter nicht;
Nein! Sagt nur, sie ist reich.
Im ganzen Dorf ist kein Gesicht
Der flinken Hanne gleich
Das Mensch gefällt auch ungeputzt!

Ich sag es ohne Scheu:
Troß mancher, die in Flittern stußt;
Sie sey auch wer sie sey.

Wie frey und weiß ist ihre Stirn
Und roth und frisch ihr Mund!
Wie glatt der Haarzopf meiner Dirn
Und ihre Brust wie rund;
Ihr Aug ist schwarz wie reifer Schlee:
Schier komm ich auf den Wahn,
Wann ich ihr lang ins Auge seh,
Sie hat mirs angethan.

Ihr wißt, wie wir im Rosenmond
Die Meyen hier gepflanzt;
Da ward der Füße nicht geschont,
Da hat sichs gnug getanzt.
Des Schaffers Tenne knarrte recht,
Wir schäkerten uns satt:
Der Hüfner Heins und Hans, der Knecht,
Und Hartwig aus der Stadt.

Den Vorreihn, Nachbarn, ließ man ihr:
Flugs rief sie mich herbey.
Beym Element! wie flogen wir
Nach Killians Schallmey.
Wann Hanne nur im Schaufeln schwebt,
Wie muthig steigt ihr Schwung!
Und wann sie sich im Tanzen hebt,
Wie schön ist ieder Sprung!

Allein beym Kehraus glitzschte sie;
Doch ich ergriff sie stracks:
Und dafür sah ich auch ein Knie,
Das war so weiß als Wachs.
Des Pfarrers Muthe schimpft aus Neid
Und zwackte mich gar an.
Ich sprach: Mensch, laßt mich ungeheyt
Und kneipt den Leyermann.

Mein Liebchen gieng mit mir ins Feld:
Ich half ihr übern Zaun,
Da hab ich mich nicht mehr verstellt,
Sie war bey guter Laun.

Wir lagerten uus drauf ins Gras
Wie Nachbars Kinder thun:
Doch ich empfand ich weiß nicht was,
Das ließ mich gar nicht ruhn.

Gnug, daß sie mich ihr Büschen hieß,
Mir Hand und Guschel reicht'
Und mir ein saftig Schmätzchen ließ,
Dem auch der Most nicht gleicht.
Ihr schmuzelt? Denket, was ihr wollt.
Glaubt, daß sie euch nur neckt,
Und daß ihr nicht erfahren sollt,
Was Hannens Mieder deckt.

Die Edelfrau ist zart und fein;
Mein Mensch ist wohl so schön.
Sollt ich nur ihr Leibeigner seyn,
Den Dienst wollt ich versehn.
Ihr, die ihr gern was neues wißt,
Das euch die Ohren kraut;
Hört, was ihr alle wissen müßt:
Sie ist schon meine Braut.

Der Herr Magister merkt schon was:
Bring ich den Decem hin,
So fragt er mich ohn Unterlaß:
Ob ich verplempert bin?
Und wann sie in die Kirche tritt,
So singt er, glaubt es mir,
Noch weniger als sonsten mit,
Und schielt und gaft nach ihr.

Die Hochzeit soll auch bald geschehn,
Noch vor der Erndte Zeit.
Da sollt ihr manchen Luftsprung sehn,
Der Leib und Seel erfreut.
Die ganze Dorfschaft komme mir,
Sie soll willkommen seyn;
Und ich versprech euch Kirmiß = Bier
Und guten Firne = Wein.

# Zemes und Zulima.

### Zemes.

Als noch dein Mund um meine Lippen scherzte,
Als nur mein Arm den weissen Hals umfing,
Da schien es mir, wann ich dich zärtlich herzte,
Das mich, an Glück, kein Sophi übergieng.

### Zulima.

Eh Zulima (du solltest noch erröthen!)
In deiner Wahl zuletzt Aminen wich,
Da hielte sie die Tochter des Propheten,
Fatimen selbst, nicht halb so groß als sich.

### Zemes.

Nun fesselt mich die Schönste der Circassen,
Amine nur, ihr Lied und Saiten-Spiel,
Und ohne Furcht mögt ich für sie erblassen,
Entfernt mein Tod nur ihrer Tage Ziel.

## Zulima.

Ich wußte längſt mir Selim zu erwerben,
Des Achmets Sohn, den ſchönſten Muſulmann;
Mit tauſend Luſt will ich auch zweymal ſterben,
Wenn ihm mein Tod das Leben friſten kann.

## Zemes.

Wie? wenn die Lieb uns wiederum verbände,
Wenn, ich den Bund auf ewig einzugehn,
In Zulima das Glück, die Reitzung fände,
Die ich in dir, Amine ſonſt geſehn?

## Zulima.

Mir ſtrahlt kein Stern ſo ſchön als Selims Blicke
Und du biſt wild, ſo wie das ſchwarze Meer;
Und doch iſt mir, wenn ich nur dich beglücke,
Das Leben ſüß und auch der Tod nicht ſchwer.

# Die Vergötterung.
## An Phyllis.

Holde Phyllis, die Göttinnen
(Traue mir die Wahrheit zu)
Waren anfangs Schäferinnen
Oder Mädchen, so wie du.
Eine, die mit blauen Augen
Mehr als Männer-Witz verband,
Konnte zu Minerva taugen
Und erwarb den Götter-Stand.

Dichterinnen hiessen Musen
Und entzückten Herz und Ohr.
Reifer Schönen volle Busen
Bildete die Ceres vor.
Die durch Jugend uns ergetzte
Schien, mit Recht, des Tempels wehrt,
Den man ihr, als Heben, setzte,
Die der stärkste Held verehrt. *

S.H.Grimm del.                    I.R.Holzhalb.D. fculp.

Ein ward, in spröder Bläße
Und in strenger Häuslichkeit,
Hüterinn der Feuer-Esse
Und die Vesta jener Zeit.
Die durch Reiz und Unglücks-Fälle
Sich den Raub der Grobheit sah
Ward in ihres Ehestands Hölle
Kläglich zur Proserpina.

Majestätische Geberden,
Hoheit, die sich nie vergoß,
Liessen die zur Juno werden,
Die so grossen Geist besaß.
Krone, Scepter, Wolken, Pfauen
Mußten ihren Muth erhöhn;
Zum Exempel aller Frauen,
Die das Regiment verstehn. **

Ihr so wohlgepaarten Beyde:
Schönheit und Empfindlichkeit!
Und auch du, o süsse Freude!
Haged. Ged. IV. Thl.                    J.

Mund, der lächelnd Lust gebeut;

Rosen aufgeblühter Wangen;

Schlaue Blicke lockigt Haar!

Ihr nur stellet dem Verlangen

Venus oder Phyllis dar.


Phyllis! Ja in jenen Zeiten,

In der alten Götter = Welt,

Wären deinen Trefflichkeiten

Gleichfalls Opfer angestellt:

Gleichfalls würden deinen Wangen

Tauben oder Schwäne ziehn,

Dich die Liebes Götter tragen

Und mit dir nach Paphos fliehn.


\* Einigen Lesern sind gewisse Anmerkungen nöthig und hoffentlich angenehm, die in Ansehung anderer überflüßig seyn würden; als bey diesen Zeilen: daß die Alten Weisheit und Wissenschaft in der Minerva, das Getreide und die Fülle in der Ceres, die weibliche Jugend aber in der Hebe verehret haben, welche mit dem Hercules, als der männlichen Stärke, vermählet worden. Wie sehr, übrigens, auch bey Gedichten, die in einer lebendigen Sprache geschrieben worden, Anmerkungen und Nachrichten zum Nutzen und Vergnügen des Lesers gereichen, und

wie oft sie ihm unentbehrlich fallen, das wird wohl
niemand leugnen wollen, der diejenigen kennet,
welche man dem Boileau, dem Regnier, den Epitres diverses und unlängst dem Tassoni hinzugefüget hat. Ich sehe nicht den geringsten Grund, warum dergleichen Erläuterungen allein der ungebundenen Rede gewidmet seyn sollen. Dieses erinnere ich
hier einmal für allemal, in Ansehung meiner, hoffentlich nicht zu häufigen, Anmerkungen.

** Juno war die Königinn der Götter, die keusche Vesta
Göttinn des Feuers. Die schöne Proserpina entführ-
ret dem Regenten der Höllen und ungebrauchten
Schätze.

# Der Kuß.

Wie unvergleichlich ist
Die Schöne, die recht küßt!
In ihren Küssen steckt
Was tausend Lust erweckt.

Den Mund gab die Natur
Uns nicht zur Sprache nur:
Das, was ihn süsser macht,
Ist, daß er küßt und lacht.

Ach, überzeuge dich
Davon, mein Kind! durch mich
Und nimm und gieb im Kuß
Der Freuden Ueberfluß.

## Die Freundschaft.

Du Mutter holder Triebe,
O Freundschaft! dir zur Ehre,
Dir, Freundschaft, nicht der Liebe,
Erschallen unsre Chöre
Und Phyllis stimmt mit ein:
Doch sollte das Entzücken
Von Phyllis Ton und Blicken
Nichts mehr als Freundschaft seyn?

# Elpin.

Weil nach des Schicksals bestem Schluß
Die junge Welt sich lieben muß,
So wird Elpin verliebt.
Auch er fand, daß es artig sey,
Wenn man, bey süsser Schmeicheley,
Den Schönen Küsse giebt.

Noch hatt er nur um Pfand geküßt;
Was feuerreich im Küssen ist
War ihm nur halb bewußt:
Doch wann er bey der Chloe stund,
Ward er bald roth wie Chloens Mund,
Bald weiß wie ihre Brust.

Er untersucht sich tausendmal
Und spüret Lust und spüret Qual,
So oft er sich befragt.
Einst, als er seufzt und ihr sich naht,

Wird ihm der Kuß, um den er bat,
Und auch die Hand versagt.


   Nach langen Klagen schläft er ein;
Die Liebe will ihm günstig seyn,
Der er die Träume weiht.
Mit ihren Flügeln weckt sie ihn
Und spricht, Ich wünsche dir, Elpin,
Nur List und Wachsamkeit.

# Viertes Buch.

# Die Schönheit.

Wie lieblich ist des heitern Himmels Wonne,
Der reine Mond, der hellen Sterne Heer,
Aurorens Licht, der Glanz der güldnen Sonne!
Und doch ergezt ein schön Gesicht weit mehr.
Der Tropfen Kraft, die Wald und Feld verjüngen,
Belebt sie kaum, wie uns ein froher Kuß,
Und nimmer kann ein Vogel süsser singen,
Als uns ein Mund, den man verehren muß.

Eleonor! auf deren zarten Wangen
Der Jugend Blüth in frischen Rosen lacht,
Und Zärtlichkeit, Bewundrung und Verlangen
Dir, und nur Dir so zeitig eigen macht;
Ob Psyche gleich die Liebe selbst regierte,
Als sie, mit Recht, des Gottes Göttinn hieß;
So glaub ich doch, daß ihn nichts schöners rührte,
Als die Natur in Deiner Bildung wies.

i 5

Dein Auge spielt und Deine Locken fliegen
Sanft, wie die Luft im Strahl der Sonne wallt;
Gefälligkeit und Anmuth und Vergnügen
Sind ungetrennt von Deinem Aufenthalt.
Dir huldigen die Herzen muntrer Jugend,
Das Alter selbst beneidet deinen Witz.
Es werd, in Dir, der angenehmsten Tugend,
Und nirgend sonst der angenehmste Sitz.


Man schmeichelt mir, daß, in zufriednen Stunden,
Eleonor auch meine Lieder singt,
Und manches Wort, daß viele nicht empfunden,
Durch ihre Stimm' in aller Herzen dringt.
Gewähre mir, den Dichter zu beglücken,
Der edler nichts als Deinen Beyfall fand,
Nur einen Blick von deinen schönen Blicken,
Nur einen Kuß auf Deine weisse Hand.

## An die Liebe.

Tochter der Natur,
Holde Liebe!
Uns vergnügen nur
Deine Triebe.
Gunst und Gegen-Gunst
Geben allen
Die beglückte Kunst
Zu gefallen.

## Die erste Liebe.

O wie viel Lehren, wie viel Zeit
Hab ich, als kaum beseelt verlohren,
Eh mich die Gunst der Zärtlichkeit
Begeistert und für dich erkohren!
Nun mich dein süsser Kuß erfreut,
O nun belebt sich meine Zeit!
Nun bin ich erst gebohren!

## Der Wink.

Ist gleich dein Wink verstohlen:
So find ich doch mein Glücke
In iedem deiner Blicke,
Der meine Hoffnung nährt.
Laß ihn oft wiederholen,
Dir fehle nur die Stunde,
In der von deinem Munde
Ein Kuß mir mehr erklärt.

## Die Verliebten.

Ihr, deren Witz die Sehnsucht übt
Und immer seufzet, harret, liebt,
Wie spät erreicht ihr, unbetrübt,
　　　Der Liebe Freuden!


　　Furcht, Knechtschaft, Unruh und Verdacht,
Der wüste Tag, die öde Nacht
Sind, bis die Lieb euch glücklich macht,
　　　Nicht zu vermeiden.

S. H. Grimm Delin.                                    I. R. Holzhalb Sculp.

Wie groß muß ihr Vergnügen seyn!
Wie sehr muß ihr Genuß erfreun,
Wenn edle Seelen ihre Pein
So willig leiden!

## Hoheit und Liebe.

Monarch im Reiche stolzer Thoren,
Dich, hohes Glück, verehr ich nicht!
Mir ward in Phyllis mehr gebohren,
Als alles, was dein Tand verspricht.
Der Traum der Wachenden, die Ehre,
Der Sklaven-Stand der Eitelkeit,
Schließt dein Gefolg an Höf' und Heere,
Bis es der letzte Schlaf befreyt.

Das Recht, mein Herze zu entzücken
Und meiner Wünsche Ziel zu seyn,
Räum ich nur meiner Phyllis Blicken,
Nur Ihrer seltnen Schönheit ein.
Wie stolz war ich, Sie zu gewinnen!
Auch dieser Ruhm verewigt sich.

Beneidet Sie, ihr Königinnen!
Und, Könige! beneidet mich.


    O Phyllis, Seele meiner Lieder!
Mich reizt kein himmelhoher Flug.
Mich liebest Du, Dich lieb ich wieder,
Sind wir nicht beyde froh genug?
An treuer Brust, an treuer Seiten
Macht uns die Liebe groß und reich.
Ach sey, an wahren Zärtlichkeiten,
Unendlich jener Taube gleich!


    Den Adler sah die Turteltaube,
Die in der Stille girrt und liebt,
Wie ihn Gewalt und Muth zum Raube
In königlichen Thaten übt.
Sie sah ihn Sieg und Ehre finden,
Dem Kranich stolz entgegen ziehn,
Sich heben, kämpfen, überwinden,
Und alle Vögel vor ihm fliehn.

Sie sprach: Ich will dich nicht beneiden:
Sey immer groß und fürchterlich.
Geprüfter Liebe süsse Freuden!
Nur ihr allein beglücket mich.
Mir will ich keinen Sieg erwerben,
Als den mein Gatte mir gewährt.
Mit ihm zu leben und zu sterben
Ist alles was mein Wunsch begehrt.

## Der Wunsch.

Du holder Gott der süßsten Lust auf Erden,
 Der schönsten Göttinn schöner Sohn!
Komm, lehre mich die Kunst, geliebt zu werden;
 Die leichte Kunst zu lieben weiß ich schon.

Komm ebenfalls und bilde Phyllis Lachen,
 Cythere! gieb ihr Unterricht;
Denn Phyllis weiß die Kunst verliebt zu machen;
 Die leichte Kunst zu lieben weiß sie nicht.

**144**      **Oden und Lieder.**

# Der erste May.

Der erste Tag im Monat May *

Ist mir der glücklichste von allen.

Dich sah ich und gestand dir frey,

Den ersten Tag im Monat May,

Daß dir mein Herz ergeben sey.

Wenn mein Geständniß dir gefallen;

So ist der erste Tag im May

Für mich der glücklichste vor allen.

* Dieses Triolet ist durch ein französisches veranlasset
worden, welches dem Ranchin zum Verfasser hat:

> Le premier jour du mois de Mai
> Fut le plus beau jour de ma vie.
> Le beau dessein que je formai
> Le premier jour du mois de Mai!
> Je vous vis & je vous aimai.
> Si ce dessein vous plut, Silvie,
> Le premier jour du mois de Mai
> Fut le plus beau jour de ma vie.

S. Nouveau Recueil des Epigrammatistes François,
par Mr B. L. M. Tome II. p. 128. Menage nennet
es un Triolet si joli qu'on peut l'appeller le Roi
des Triolets, in den Menagiana T. II. p. 350. K.
D. S. M. scheinet nicht weniger mit demselben zu-
frie=

frieden zu ſeyn. Rien, ſagt er, n'eſt plus ſimple,
plus naïf & plus tendre que ce Triolet. Avec quel
bonheur tous ſes Refrains ne ſont-ils pas enchevêtrés
les uns dans les autres? Auſſi quel charme n'a-t-on
pas de voir tant de Naturel au milieu de tant de
difficultés? in ſeinen Reflexions ſur la Poëſie en
général ſur l'Eglogue &c. p. 267.

# Der Frühling.

Der mahleriſche Lenz kann nichts ſo ſinnreich bilden,

Als jene Gegenden von Hainen und Gefilden;

Der Anmuth Ueberfluß erquickt dort Aug und Bruſt:

  O Licht der weiten Felder!

  O Nacht der ſtillen Wälder!

  O Vaterland der erſten Luſt!


Dort läßt ſich wiederum in grünenden Tropheen,

Des Winters Untergang, der Flor des Frühlings ſehen;

Sein ſchmeichelnder Triumph beglücket iede Flur:

  Die frohen Lerchen fliegen

  Und ſingen von den Siegen

  Der täglich ſchöneren Natur.

Der Bach, den Eis verschloß und Sonn' und West ent-
                    siegeln,
In dem sich Luft und Baum und Hirt und Heerde spiegeln,
Befruchtet und erfrischt das aufgelebte Land.

    Dort läßt sich alles sehen,
    Was Flaccus in den Höhen
    Des quellenreichen Tiburs fand. *


Fast ieder Vogel singt; es schweigen Nord und Klage!
Wie schön verbinden sich, zum Muster guter Tage,
Die Hoffnung künftger Lust, der itzigen Genuß!

    Ihr stolzen, güldnen Zeiten!
    Sagt, ob, an Fröhlichkeiten,
    Auch diese Zeit euch weichen muß.


An Reizung kann mir nichts den holden Stunden gleichen,
Da bey dem reinen Quell und in belaubten Sträuchen
Die alte Freundschaft scherzt, die iunge Liebe lacht.

    Am Morgen keimt die Wonne
    Und steiget mit der Sonne
    Und blüht auch in der kühlen Nacht.


Es spielen Luft und Laub; es spielen Wind und Bäche;

Dort duften Blum und Gras; hier grünen Berg und
$\qquad$ Fläche:

Das muntre Landvolk tanzt; der Schäfer singt und ruht:

$\qquad$ Die sichern Schafe weiden,

$\qquad$ Und allgemeine Freuden

$\qquad$ Erweitern gleichfals mir den Muth.


Es soll den Wald ein Lied von Phyllis Ruhm erfreuen;

Den Frühling will ich ihr und sie dem Frühling weihen.

Sie sind einander gleich, an Blüht und Lieblichkeit.

$\qquad$ Ihr frohnen meine Triebe,

$\qquad$ Ihr schwör' ich meine Liebe,

$\qquad$ Fürs erste bis zur Sommers-Zeit.


* Tibur supinum. HOR. Carm. Lib. III. 4. Udum
Tibur. Lib. III. 29. Et præceps Anio, & Tiburni
lucus, & uda Mobilibus pomaria rivis. Lib. I. 7.
S. Addisons Remarks on several Parts of Italy,
S. 212. u. f.

# Die Rose.

Siehst du jene Rose blühen,
Schönste! so erkenne dich:
Siehst du Bienen zu ihr fliehen,
Phyllis! so gedenk an mich.
Deine Blühte lockt die Triebe
Auf den Reichtum der Natur,
Und der Jugend süsse Liebe
Raubt dir nichts, und nährt sich nur.

# Die Jugend.

Sollt auch ich durch Gram und Leid
Meinen Leib verzehren,
Und des Lebens Fröhlichkeit,
Weil ich leb, entbehren?
Freunde, nein! es stehet fest,
Meiner Jugend Ueberrest
Soll mir Lust gewähren.

Quellen tausendfacher Lust:
Jugend! Schönheit! Liebe!
Ihr erweckt in meiner Brust
Schmeichelhafte Triebe.
Kein Genuß ergrübelt sich;
Ich weiß gnug, indem ich mich
Im Empfinden übe.

Hab ich doch, wie Phyllis küßt,
Heute noch erfahren,
Phyllis, die so reizend ist
Und von achtzehn Jahren,
Freundlich, sinnreich, schlau zur Lust,
Weiß von Stirne, Hals und Brust,
Schwarz von Aug' und Haaren.

Der mein Thun zu meistern denkt
Predigt tauben Ohren.
Schmähen hat mich nie gekränkt:
Wo ist der geboren,
Welcher allen wohlgefällt?

f 3

Und woraus besteht die Welt?
Mehrentheils aus Thoren.

 Wer den Wehrt der Freyheit kennt,
Nimmt aus ihr die Lehre,
Daß, was die Natur vergönnt,
Unser Wohl vermehre:
Rückt das Ende nun heran;
O so wird ein freyer Mann
Andrer Welten Ehre!

# Der Zorn eines Verliebten.
## Aus Priors Gedichten.

Brief und Wink verhiessen mir
Schon um Zwey die liebste Schöne;
Doch der Zeiger ging auf Vier,
Und mir fehlte noch Climene.

 So Geduld als Zeit verstrich
Und ich schwur, den Trug zu rächen;
Aber endlich wies sie sich,
Endlich hielt sie ihr Versprechen.

Wie so schön, sagt' ich aus Hohn,
Hast du alles wahrgenommen!
Nur zwo Stunden wart ich schon:
Konntest du nicht später kommen?

Eines Frauenzimmers Uhr
Braucht nicht Ziefer, braucht nicht Räder:
Schmückt sie Kett' und Siegel nur,
Was bedarf sie dann der Feder?

Da mein Eifer Raum gewann,
Wollt ich sie noch schärfer lehren;
Doch, was lärmst du? hub sie an:
Wird man mich denn auch nicht hören?

Ach! was hab itzt vor Schmerz
Von der Rosen-Knosp' erlitten,
Die mir, recht bis an das Herz,
Von der Brust hinabgeglitten!

O wie drückt michs! Himmel, wie!
Hier, hier, in der linken Seite.

I 4

Sieh nur selbst: mir glaubst du nie;
Doch was glaubt ihr klugen Leute!

Sie entblößte Hals und Brust,
Mir der Knospe Druck zu zeigen:
Plötzlich hieß der Sitz der Lust
Mich und die Verweise schweigen.

## Nutzen der Zärtlichkeiten.

Unmuth und Beschwerden
Würden uns auf Erden
Unerträglich werden,
Unvergeßlich seyn;
Könnten nicht, zu Zeiten,
Treue Zärtlichkeiten
Den Verdruß bestreiten,
Und das Herz befreyn.

Lächelt, muntre Schönen,
Unsern Ernst zu höhnen;
Singt in süssen Tönen;

Jeder Ton entzückt!

Bürden, die dem Leben

Qual und Schwermuth geben,

Kann ein Scherz oft heben:

Auch der Scherz beglückt!

Land und Volk regieren,

Ganze Heere führen,

Sich mit Purpur zieren,

Hemmt die Sorgen nie.

Seht der Hirten Freuden,

Die auf sichern Weiden

Grosse nicht beneiden:

Wie vergnügt sind die!

Mächtigen und Reichen

Will kein Schäfer gleichen;

Ihrer Vorzugs = Zeichen

Lacht der Hirten Zunft.

Eintracht, Spiel und Scherzen

Schützen ihre Herzen

Vor den eitlen Schmerzen

Stolzer Unvernunft.

# Phryne.

Als Phryne mit der kleinen Hand
Noch um der Mutter Busen spielte,
Nichts als den keimenden Verstand
Und den Beruf der Sinnen fühlte;
Da kam ihr schon, an jener Brust,
Das erste Lallen erster Lust.

Sie hatte kaum das Flügel = Kleid
Und einen bessern Putz empfangen;
So scherzten Witz und Freundlichkeit
In beyden Grübchen ihrer Wangen;
So stiegen aus der zarten Brust
Die regen Seufzer iunger Lust.

O wie beglückt schien ihr das Jahr,
Das nun sie in Gesellschaft brachte,
Wo sie so oft die Schönste war,
So reizend sprach und sang und lachte!
Wie wuchsen sie und ihre Brust,
Und die Geschwätzigkeit der Lust!

Sie ward mit Anstand stolz und frey,
Und ihre Blicke pries die Liebe;
Der Spiegel und die Schmeicheley
Vermehrten täglich ihre Triebe,
Und ihr gerieth, bey reifer Brust,
Die sanfte Sprache schlauer Lust.


Die Oper, das Concert, der Ball,
Erhitzten ihren Muth zum Scherzen.
Nur Phryne wies sich überall
Als Meisterinn der jungen Herzen,
Und faßte mit belebter Brust,
Die ganze Rede-Kunst der Lust.


Doch wahre Sehnsucht nimmt sie ein;
Die Stolze läßt sich überwinden.
Ihr Scherz verstummt, ihr Muth wird klein,
Sie lechzt, und kann nicht Worte finden.
Denn ach! es wallt in ihrer Brust
Das Unaussprechliche der Lust.

# Das Glück und Melinde.
## Aus einem Sonnet des Girolamo Gigli *

○

Ich sahe jüngst das Glück, und durft ihm kühnlich sagen:
Bereue deinen falschen Tand;
Dein flatterhafter Unbestand
Berechtigt alle Welt zu klagen.
Was du am Morgen kaum verliehn,
Darfst du am Abend schon entziehn.

Das Glück versetzte mir: Wir kurz ist aller Leben!
Unendlich ist der Güter Wahl,
Unendlich meiner Sklaven Zahl:
Sollt ich nicht iedem etwas geben?
Dient, was ich einem nehmen muß,
Nicht gleich dem andern zum Genuß?

Ich wandte mich darauf zur scherzenden Melinde,
Und sprach: Dem Glück steh alles frey!
Wenn ich nur dich, mein Kind, getreu
Und mir so hold als schön befinde,

Und wenn dein Mund, der mich ergetzt,

Nur mich der Küsse würdig schätzt.

So wohl belehrt ich sie; doch gab sie ihrem Lehrer

Mit Lächeln den Bescheid zurück:

Ich bin ja reizend, wie das Glück,

Ich habe, wie das Glück, Verehrer;

Und warum sollt ich denn allein

Dem Glück im Wechsel ungleich seyn?

* S. Crescimbeni Istoria della volgar Poësia, Vol. II. L IV. p. 531.

## Doris und der Wein.

O Anblick, der mich fröhlich macht!

Mein Weinstock reift und Doris lacht,

Und, mir zur Anmuth, wachsen beyde.

Ergetzt der Wein ein menschlich Herz,

So ist auch seltner Schönen Scherz

Der wahren Menschlichkeit ein Grund vollkommner

Freude.

Was die Empfindung schärft und übt,

Was Seelen neue Kräfte giebt,

Wird unsre heisse Sehnsucht stillen.
Wie reichlich will die mildre Zeit,
Die sonst so sparsam uns erfreut,
Den tiefsten Kelch der Lust für unsre Lippen füllen.

Der Wein, des Kummers Gegengift,
Die Liebe, die ihn übertrift,
Die werden zwischen uns sich theilen.
Wer mir der Weine Tropfen zählt,
Nur der berechnet unverfehlt
Die Küsse, die gehäuft zu dir, o Doris! eilen.

Weil deine Jugend lernen muß,
So laß dich meinen öftern Kuß
Die Menge deiner Schätze lehren.
Gieb seinem treuen Unbestand
Stirn, Augen, Wangen, Mund und Hand,
Und laß ihn ieden Reiz, der dich erhebt, verehren!

Uns klopft ein Vorwitz in der Brust,
Der stumme Rath ererbter Lust,
Der Liebe Leidenschaft zu kennen.

O lerne meine Holdinn seyn!

Ich schwöre dir, bey Most und Wein,

Mich soll auch Most und Wein von keiner Doris trennen.

Es mögen kimftig Wein und Most

Des trägen Alters Ernst und Frost

Durch feuerreiche Kraft verdringen!

Alsdann ertönt für sie mein Lied;

Itzt, da die Jugend noch verzieht,

Will ich allein von dir, auch in der Lese, singen.

Fünf=

# Fünftes Buch.

Bierter Buch.

# Fünftes Buch.

# An die heutigen Encratiten. [1]

Was edle Seelen Wolluſt nennen,
Vermiſcht mit ſchnöden Lüſten nicht!
Der echten Freude Wehrt zu kennen
Iſt gleichfalls unſers Daſeyns Pflicht.
Ihr fallt oft tiefer, klimmt oft höher,
Als die beglückende Natur:
Ihr kennt vielleicht Epicuräer;
Doch kennt ihr auch den Epicur? [2]

Sind nicht der wahren Freude Gränzen
Geſchmack und Wahl und Artigkeit?
Entehrte Scipio mit Tänzen [3]
Den -Helden = Ruhm und ſeine Zeit?
Die Liebe, die auch Weiſe loben,
Macht ihre Liebe nicht zu frey:
Der Wein, den Plato ſelbſt erhoben, [4]
Verführt ihn nicht zur Völlerey.

Zu altdeutsch trinken, taumelnd küssen
Ist höchstens nur der Wenden Lust:
Wie Kluge zu geniessen wissen
Verbleibt dem Pöbel unbewußt,
Dem Pöbel, der in Gift verkehret,
Was unserm Leben Stärkung bringt,
Und der die Becher wirklich leeret,
Wovon der Dichter doch nur singt.

Von welchen Vätern, welchen Müttern
Erbt ihr die Einsicht grosser Welt?
Die Liebe kennt ihr aus den Rittern,
Die uns Cervantes dargestellt;
Euch heißt der Wein der Unart Zunder,
Und fremder Völker Trink-Lied Taub:
O dafür bleib euch der Burgunder,
Lainez und Babet, unbekannt!

Der Unterschied in Witz und Tugend
Ist grösser als man denken kann.
Es zeigt die Sprache muntrer Jugend
Nicht stets der Jugend Fehler an.

Petrarchen, der in Versen herzet,
War Laura keine Lesbia;
Voiture, der so feurig scherzet,
Trank Wasser, wie ein Seneca.

Nie ist der Einfalt Urtheil schwächer,
Als wanns auf Schrift=Verfasser geht.
Da heißt Sallust kein Ehebrecher:
Er lehrt ja streng als Epictet;
Doch Plinius ist zu verdammen,
Der hatte Welt und Laster lieb.
Wie sehr verdient er Straf und Flammen,
Weil er ein freyes Liedchen schrieb! 5

So liebreich und so gründlich denken
Die Tadler spielender Vernunft,
Und wünschen, um sie einzuschränken,
Der ernsten Zeiten Wiederkunft;
Der Jahre, da des Gastmahls Länge
Den steifen Sitzern Lust gebar,
Und wiederholtes Wort=Gepränge,
Was itzt ein Lied von Carpfern, war.

L 3

1 Wie in Aegypten die schwere Luft und verwirren-
de Sonnenhitze unter den flüchtendtn Juden die
strenge Secte der Essener und ihrer Brüder, der
Therapeuten, hervorgebracht hatte; wovon Bru-
cker in Hist. Critic. Philos Tom. II. so gelehrt
und ausführlich handelt: so entstunden auch dort,
unter den Christen, in ihrem zweyten Jahrhundert, die Asceten, von welchen viele, als neue
Therapeuten, mehrentheils aus einer zu weit ge-
triebnen Nacheiferung der geheimnisvollen Erleuch-
tung und übernatürlichen Vollkommenheit der pla-
tonischen und pythagorischen Philosophen, und aus
andern irrigen Begriffen, die irdischen Freuden,
die Sinnlichkeiten und ihren unglücklichen Körper
mit Haß und Grauen ansahen, und, um von der
menschlichen Gesellschaft nicht angestecket zu werden, die Städte verliessen, und mit ihrer Milz
und Weisheit in Einöden; Klüfte, Höhlen und
Felsen oder Zellen flohen. Syrien, ein eben so
abergläubisches und trauriges Land, als Aegypten, heckte, zur Nachahmung, die Encratiten
aus, welche auch Aquarii genannt werden: mit-
leidenswürdige Ketzer, die allen Genuß des Weins
und des Fleisches, alle Bequemlichkeiten des Lebens und die ordentliche Gemeinschaft der Liebe
und Pflege für sündlich und verboten ausgaben,
und ein unerheitertes Daseyn zur vorzüglichen Pflicht
machten, oder zu machen schienen: S. Herrn Abt
Mosheims Instit. Hist. Christianæ antiq. Sæc II.
P. II. C III. §. 14. 12. 13. C. V. §. 10. Certum
prorsus est, neque satis inculcari potest, multo-
rum institutorum & opinionum caussas in natura
cœli, sub quo auctores vixerunt, ortaque hinc
corporis temperatura mentisque indole, unice la-
tere. Mosh. ib. u. 196. S. in Buddei Analectis
Histor. Philos. die beyden letzten Abhandlungen,

und vom Tatiano, den Encratiten und Severia-
nern Walch. Hiſtor. Eccleſ. Novi Teſtamenti. S.
865. u. f.

2 S. Bruckeri Hiſtor. Critic. Philoſ. Vol. I. p. 1242-
1248.

3 Nec in eadem intentione aequaliter retinenda mens
eſt, ſed ad jocos revocanda. Cum pueris Socrates ludere non erubeſcebat: & Cato vino laxabat
animum, curis publicis fatigatum: & Scipio trium-
phale illud &. militare corpus movit ad numeros;
non molliter ſe infringens, ut nunc mos eſt etiam
inceſſu ipſo ultra muliebrem mollitiem fluentibus;
ſed ut illi antiqui viri ſolebant, inter luſum ac
feſta tempora, virilem in modum tripudiare, non
facturi detrimentum, etiam ſi ab hoſtibus ſuis ſpe-
ctarentur. Seneca de Tranquill. animi. c. XV.

4 Plato, de Legibus L. II.

5 Ille, o Plinius, Ille Quot Catones!
v. L. IV. Ep. XIV. L. V. Ep. III. L. VII. Ep. IV.

I 4

# Der May.

Der Nachtigall reitzende Lieder
Ertönen und locken schon wieder
Die fröhlichsten Stunden ins Jahr.
Nun singet die steigende Lerche,
Nun klappern die reisenden Störche,
Nun schwatzet der gaukelnde Staar.

   Wie munter sind Schäfer und Heerde!
Wie lieblich beblühmt sich die Erde!
Wie lebhaft ist itzo die Welt!
Die Tauben verdoppeln die Küsse,
Der Entrich besuchet die Flüsse,
Der lustige Sperling sein Feld.

   Wie gleichet doch Zephyr der Floren,
Sie haben sich weislich erkohren,
Sie wählen den Wechsel zur Pflicht.
Er flattert um Sprossen und Garben;

Sie liebet unzählige Farben;
Und Eiferſucht trennet ſie nicht.

Nun heben ſich Binſen und Keime,
Nun kleiden die Blätter die Bäume,
Nun ſchwindet des Winters Geſtalt;
Nun rauſchen lebendige Quellen,
Und tränken mit ſpielenden Wellen
Die Triften, den Anger, den Wald.

Wie buhleriſch, wie ſo gelinde
Erwärmen die weſtlichen Winde
Das Ufer, den Hügel, die Gruft!
Die jugendlich ſcherzende Liebe
Empfindet die Reitzung der Triebe,
Empfindet die ſchmeichelnde Luft.

Nun ſtellt ſich die Dorfſchaft in Reihen,
Nun rufen euch eure Schallmeyen,
Ihr ſtampfenden Tänzer! hervor.
Ihr ſpringet auf grünender Wieſe,
Der Bauerknecht hebet die Lieſe,
In hurtiger Wendung, empor.

I 5

Nicht fröhlicher, weidlicher, kühner
Schwang vormals der braune Sabiner
Mit männlicher Freyheit den Hut.
O reizet die Städte zum Neide,
Ihr Dörfer voll hüpfender Freude!
Was gleichet dem Landvolk an Muth?

## Der Guckguck.

Du Rufer zwischen Rohr und Sträuchen,
Schrey immer muthig durch den Wald;
So lange deine Stimm' erschallt,
Wird weder Gras noch Laub verbleichen.
Uns spricht der Scheinfreund, so wie du,
Allein bey guten Tagen zu.

Auch du verschweigst nicht deine Lieder,
Vielleicht aus edler Ruhm=Begier,
Und Echo giebt die Töne dir
So schnell, als andern Vögeln, wieder.
Du thust, was mancher Dichter thut:
Du schreyst mit Lust und schreyst dir gut.

Zwar singst du nicht wie Nachtigallen;
Doch meldest du, mit gleicher Müh,
Des Frühlings Rückkunft, so wie sie,
Und auch ein Guckguck will gefallen.
So kann ein Brocks, so will Suffen
Des grünen Lenzen Ruhm erhöhn.

Du nennest immer deinen Namen;
Dein Ausruf handelt nur von dir.
In dieser Sorgfalt scheinst du mir
Beredten Männern nachzuahmen;
Gleichst du dem großen Balbus nicht,
Der immer von sich selber spricht?

## Das Gesellschaftliche.

Ihr Freunde, zecht bey freudenvollen Chören!
Auf! stimmt ein freyes Scherz-Lied an.
Trink ich so viel, so trink ich euch zu ehren,
Und daß ich heller singen kann.

Der Rund-Trunk muß der Stimmen Bund beleben,
So schmeckt der Wein uns doppelt schön;
Und ein Gesetz, nur eines will ich geben:
Laßt nicht das Glas zu lange stehn.

Ihr Freunde! zecht, wie unsre Väter zechten:
Sie waren alt und klug genung,
Und manchen Zank, bey dem wir Söhne rechten,
Ertränkten sie im Reihen-Trunk.

Sie thaten mehr: Saß nur an ihrer Seite
Ein Kind voll holder Freundlichkeit:
So gab dem Wein ein Schmätzchen das Geleite;
So ward ein Glas dem Kuß geweiht.

Wie trostlos war der Zeiten erste Jugend,
Als Thyrsis einer Phyllis sang;
Und zum Geseufz von Leidenschaft und Tugend
Mit ihr nur schwaches Wasser trank!

Die Nüchternheit, die Einfalt blöder Liebe,
Verlängerten der Schäfer Müh:
Wir trinken Wein, befeuern unsre Triebe
Und küssen muthiger, als sie.

Lockt uns kein Laub in ungewisse Schatten;
So baut man Dach und Zimmer an,
Die manchem Kuß mehr Sicherheit verstatten,
Als Forst und Busch ihm leisten kann.

Der süsse Reitz der ewig jungen Freude
Wird stets durch Lieb und Wein vermehrt.
Wenn ich den Scherz und den Tockayer meide,
So sagt: Bin ich der Jugend werth?

Wie eisern sind doch ohne dich die Zeiten,
O Jugend, holde Führerinn!
Bereite hier den Sitz der Fröhlichkeiten,
Und banne hier den Frost und Eigensinn!

Gesellt euch! stillt mit angeerbtem Triebe
Den Durst nach Küssen und nach Wein.
Es eifert schon der Wein - Gott mit der Liebe,
Den besten Rausch uns zu verleihn.

Doch soll man nicht den ersten Schäfern gleichen?
O freylich ja! Folgt ihrer Pflicht:
Des Abends Lust, der Nächte Freundschafts-Zeichen
Verrieth ein rechter Schäfer nicht.

## Burgunder = Wein.

Damit ich singen lerne,
Soll mir der Saft der Reben
Izt Muth und Töne geben,
Und neue Kunst verleihn.
Mich reizen deine Sterne,
Ihr Einfluß wirket Wunder,
O feuriger Burgunder,
O königlicher Wein!


## Das Heidelberger Faß.

Ihr Freunde! laßt uns altklug werden
Und weiser, als die Weisen, seyn:
Entsaget aller Lust auf Erden;
Entsagt den Schönen und dem Wein!
Ihr lacht, und spitzt den Mund auf Küsse:
Ihr lacht, und füllt das Deckel = Glas;
Euch meistern keine strengen Schlüsse;

Euch lehrt das Heidelberger Faß.

Was lehret das?

## Chor.

Wir können vieler Ding entbehren
Und dieß und jenes nicht begehren;
Doch werden wenig Männer seyn,
Die Weiber haffen und den Wein.*

Wir Menschen sollen uns gesellen:
So lehrt uns täglich Syrbius.
Gesellt uns nicht, in tausend Fällen,
Des Freundes Wein, der Freundin Kuß?
Uns dienen Wein und Zärtlichkeiten,
Kein Waffer-Durst, kein Weiber-Haß.
Das zeigt das Beyspiel aller Zeiten;
Das zeigt das Heidelberger Faß.

Was zeiget das?

## Chor.

Wir können vieler Ding entbehren,
Und dieß und jenes nicht begehren;
Doch werden wenig Männer seyn,
Die Weiber hassen und den Wein.

Wie strahlt das Feuer schöner Augen!
Wie blinkt der helle Reben = Saft!
Aus Lippen soll man Liebe saugen,
Und aus dem Weine Helden = Kraft.
Die Weisheit lehret: Trinkt und liebet!
Es liebt' und trank Pythagoras;
Und wenn auch der kein Zeugniß giebet,
So giebts das Heidelberger Faß.
　　　Wie lauter das?

## Chor.

Wir können vieler Ding entbehren,
Und dieß und jenes nicht begehren;
Doch werden wenig Männer seyn,
Die Weiber hassen und den Wein.

　　　　　　　　　　　　C.

\* S. Conſtantini Germanici ad Juſtum Sincerum
Epiſt. polit. de peregrinationibus Germanorum
recte inſtituendis. p. 357. oder Hübners Geogra-
phie im dritten Theile, S. 419. der zwoten Auflage.

# Die Schule.

Durch tiefe Seufzer blöder Luſt
Erklärte Damis alle Triebe
Seiner Liebe;
Doch rührt er nicht der Schönen Bruſt.
Es konnt ihm durch ſein Gold ja glücken;
Doch ſpart' er dieſes, und verlor:
O der Thor!
Man muß ihn in die Schule ſchicken.

Ach liebte meine Phyllis mich!
Seufzt Damon, ſeine Zärtlichkeiten
Anzudeuten.
Und Phyllis ſagt: Erkläre dich!
Allein, bey ihren ſüſſen Blicken,
Bringt Damon weiter nichts hervor:
O der Thor!
Man muß ihn in die Schule ſchicken.
Haged. Ged. IV. Thl. M

Am Abend weid' ich bey dem Bach:
Mein Polydor! scherzt Adelheide:
Wo ich weide,
Da, rath ich, schleiche mir nicht nach.
Sie nicht so sträflich zu berücken,
Verspricht und hält ihr Polydor:
O der Thor!
Man muß ihn in die Schule schicken.

Ein Schwindel, aber nur zum Spaß,
Befiel Dorinen, als ihr Lehrer
Und Verehrer,
Der steife Cleon, bey ihr saß.
Unwissend selbst sie zu erquicken,
Rief er die Mutter schnell hervor:
O der Thor!
Man muß ihn in die Schule schicken.

Melander, den die Schreibsucht quält,
Glaubt, weil der Reim ihm treu verbleibet,
Daß er schreibet,
Und daß ihm keine Muse fehlt.

Auch er kann den Apoll entzücken;
Auch er singt mit in seinem Chor:
O der Thor!
Man muß ihn in die Schule schicken.

Ein Witzling ließ den Aronet,
Und räth ihm, Worte, Reime, Zeilen
Mehr zu feilen,
Vor allen in dem Mahomet.
Wie übt er sich an Meisterstücken!
Wie steigt sein leichter Ruhm empor:
O der Thor!
Man muß ihn in die Schule schicken.

Ein Neuling, der verrufen darf,
Was Lehrer, die entscheiden können,
Wahrheit nennen,
Glaubt nichts, als was sein Wahn entwarf.
Sein Wahn wird einst die Welt beglücken;
Nun denkt sie edler, als zuvor:
O der Thor!
Man muß ihn in die Schule schicken.

M 2

Ein Arzt, der sich zum Doctor prahlt,

Verläßt Paris, um Deutschlands Kreisen

Sich zu weisen,

Wagt, martert, würgt, und wird bezahlt.

Nur er, den tausend Künste schmücken,

Stellt sichtbar den Galenus vor:

O der Thor!

Man muß ihn in die Schule schicken.

\* Bis hieher ist dieses eine freye Nachahmung der Couplets, welche Marivaux seiner Ecole des Meres hinzugefüget hat, die im vierten Bande des Nouveau Théatre François befindlich ist.

## Lob unsrer Zeiten.

Ihr Tadler, schweigt! ich will der Welt

Den Vorzug unsrer Zeiten melden.

O wißt, wohin mein Blick nur fällt,

In jedem Stand' entdeck ich Helden.

Ich will der Menschen Lob besingen,

Und schenke meiner Lieder Schall

Dem tonbegiergen Wiederhall:

Der Plaudrer mag ihn weiter bringen.

Du tausendzüngiges Gerücht,
Ermüde nie im Ruhm der Zeiten:
Verschweige ja von ihnen nicht
Die hundert tausend Trefflichkeiten!
Der Priester lebt nach seiner Lehre;
Der Pabst ist noch der Knechte Knecht;
Der Feldherr suchet nichts als Recht:
Der Handelsherr nur Treu und Ehre.

Nichts übertrifft die starke Zahl
Gewissenhafter Advocaten,
Die alle Jahre kaum einmal
Die Rechte der Partey verrathen.
Wer wollte nicht die Aerzte preisen?
Stets bleibts der Kranken Eigenschaft,
Daß alle der Recepte Kraft,
Lebendig oder tod, beweisen.

Wie reich ist die gelehrte Welt
An Wissenschaft und grossen Geistern!
Den Dank, den ihr Bemühn erhält,
Darf Momus, unberufen, meistern.

M 3.

Er will sich an Scribenten reiben,
Nur weil er selbst kein Lob gewinnt,
Und sagt, daß sie zu sittsam sind,
Zu spät und viel zu wenig schreiben.

Was grünt euch für ein Lorbeer-Hain
Monarchen, Herrscher, Sieger, Retter!
Ach könntet ihr unsterblich seyn,
Durchlauchte Fürsten, ihr wärt Götter.
Wer kann doch eure Tugend fassen,
Und eurer Gaben Wechsel-Sarit?
Ihr habt nichts als die Dankbarkeit
Und die Geduld uns überlassen.

Der Staatsmann, der an Würden groß,
Doch ungleich grösser an Verstande,
Sitzt jedem König in dem Schooß
Und findet sich in jedem Lande.
Regenten wissen zu regieren;
Die Kunst zu herrschen lernt sich bald;
Denn alles steckt in der Gewalt
Der Hände, die den Scepter führen.

Der Britte, der die Fremden schätzt,
Will einem jeden sich verbinden;
Der stille Franzmann übersetzt,
Wir muntern Deutschen wir erfinden.
Lobt in Iberiens Provinzen
Scherz, Freyheit, Wahrheit, Demuth, Fleiß;
Lobt auch der Belgen steten Schweiß
Und edlen Umgang mit den Münzen.

Wie groß und vielfach ist der Ruhm,
Mit dem der Europäer pranget,
Der vor der Ehre Heiligthum,
Auf so viel Wegen, angelanget!
Ich will kein Lob den Türken schenken:
Doch lernen sie uns ähnlich seyn:
Sie künsteln Frieden, trinken Wein,
Und reden immer, wie sie denken.

Ist unsre Zeit so vorzugsreich:
Was wird denn künftig nicht geschehen?
Ihr Enkel, lebt und brüstet euch;
Ihr sollt noch größre Wunder sehen.

Nur eines bitt ich von euch allen:
Laßt euch (dafern ihr jemals hört,
Wie sehr ich unsre Zeit verehrt)
Dieß eurer Väter Lob gefallen.


# Dauer der Scribenten. [1]

Mein Cleon, Jahr' und Zeiten fliehen;
Wie bald sind wir des Moders Raub!
Wie bald sind wir und alles Staub,
Was wir mit regem Kiel der Dunkelheit entziehen!
Vergebens schreiben wir für Welt und After-Welt,
Vergebens werden wir, in Bänden, aufgestellt;
Der Motten zahlreich Heer zernagt mit frechem Zahn
Den bestvergülbten Schnitt, den schönsten Saffian.


Ja, Cleon! nähmen deine Schriften,
Um jede Messe zu erfreun,
Auch täglich zwanzig Pressen ein,
Sie würden dir dennoch kein stetes Denkmahl stiften.

Dein stärkster Foliant, der Fluch für den, der schreibt,
War Lumpe, ward Papier, wird Kehrig, wird zerstäubt.
Ja, der Vergessenheit und der Verwesung Reich
Macht Carl dem Grossen dich, wie seiner Sprachkunst,

　　　　　　　　　gleich. 2


　　Kein Rang, kein Ruhm kömmt uns zu statten,
Der Tod sieht keinen Vorzug an,
Und stellt den allergrößten Mann
Zum Pöbel der gemeinen Schatten.
Er fället ungescheut, der Eitelkeit zum Spott,
Den König Galliens, wie den von Yvetot. 3
Doch was sind Könige? Selbst Helden vom Parnaß
Sind ihm so fürchterlich, als uns ein Hudibras. 4


　　Verwahre deiner Weisheit Spuren,
Das Werk, das deinen Witz bewährt,
Mit Buckeln, die kein Wurm verzehrt,
Mit ewigem Metall in Spangen und Clausuren:
Auch dieses schützt dich nicht: vielleicht zerstückt es doch
Der Schneider leichtes Volk, ein unbelesner Koch: 5

　　　　　　　　　M 5

Und was entblättern nicht der Haare Kräuseley,

Toback= und Käse=Kram, Confect und Specerey? 6

　　So hat Eumolp dieß Lied vollendet,

Von schreiberischer Eitelkeit,

Wie er vermeynte, ganz befreyt,

Und höhnisch auf den Stolz, der Schrift = Verfasser
　　　　　　　blendet.

Doch sein Verleger kömmt, sein Tryphon, 7 der ihn
　　　　　　　rührt,

Ihm Lust und Feder schärft, ihn schmeichlerisch ver=
　　　　　　　führt.

Er wagt ein neues Werk, er grübelt Tag und Nacht,

Und schreibet um den Ruhm, den er zuvor belacht.

1 S. Common=Sense Vol. II. p. 280. 281.

2 S. Hachenbergs Germ. med. Diss. VII. §. 9.

3 On met en cette année (534) l'érection en Royaume,
vraye ou fabuleuse., de la terre d'Yvetot en Nor-
mandie. Elle fut faite, dit·on, par le Roi Clo-
taire, en satisfaction de ce qu'il avoit tué de sa main
dans l'Eglise, & un jour de Vendredi-saint, un nom-
mé Gautier qui en étoit Seigneur. MEZERAY, Abré-
gé de l'Histoire de France, Tom I. pag. 69. Der
Name Yvetot, eines Lehus der Herzoge von·Nor=

mandie, findet seinen Ursprung im eilften, diese
Fabel aber den ihrigen im sechszehnten Jahrhundert, beym Gaguin. Die von Yvetot besassen
besondere Freyheiten, und hiessen, wenigstens seit
dem Jahre 1392, Könige. Noch im Jahre 1543
nannte Franciscus der Erste eine Frau von Yvetot
REINE. Man weiß nicht den eigentlichen Grund
dieses Vorzugs. S. Dissertation sur l'Origine du
Royaume d'Yvetot, par Mr. l'Abbé de Vertot, im
sechsten Bande der Mémoires de l'Academie des
Inscriptions & Belles-Lettres, p. 550. bis 572.


4 Hier verdienet der Versuch einer deutschen Uebersetzung von Samuel Buttlers Hudibras, einem
satyrischen Gedichte wider die Schwermer und In-
dependenten, zur Zeit Carls des Ersten, dem Leser angepriesen zu werden.


5 Quam multi tineas pascunt, blattasque diserti:
   Et redimunt soli carmina docte coci!
                     MARTIAL. L. VI. Epigr. LX.


6 Ein geschäfftiger Ausleger würde zur Erläuterung
dieser Zeilen verschiedene traurige Erfahrungen aus
vielen Büchern anhäufen, wohin auch die Colome-
siana gehören, welche DESMAIZEAUX den Scalige-
ranis, Thuanis, Perronianis und Pithœanis hinzugefüget hat, Tom. I. pag. 537. 538. wobey er folgendes anmerket: J'ai ouï dire que le Chevalier
Robert Cotton, étant allé chez un Tailleur, trouva
qu'il alloit faire des mesures de la GRANDE
CHARTRE d'Angleterre en Original avec les Seings
& les Sceaux. Il eut pour quatre sous cette
rare Piece qu'on avoit cru si longtems perduë, &
qu'on n'espéroit pas de pouvoir jamais retrouver,

Das Schickfal einiger der trefflichsten Manuscripten des Petrese ist nicht unbekannt. In dem Leben des Mollere, das seinen Werken vorgesetzt ist, meldet der Verfasser pag. 112. Cet Auteur avoit traduit presque tout Lucrece : & il auroit achevé oc travail, sans un malheur qui arriva à son ouvrage. Un de ses domestiques, à qui il avoit ordonné de mettre sa perruque sous le papier, prit un cahier de sa traduction pour faire des papillotes. - - - Moliere, qui étoit facile a s'indigner, fut si piqué de la destinée de son cahier de traduction, que dans la colere il jetta sur le champ le reste au feu. Man darf aber nicht noch mehr von so vielen Unfällen beybringen, die ungewisse Dauer der Scribenten, und zugleich die Stellen des Horaz Epist. I. XX. v. 11. 12. II. I. v. 268. 269. 270. zu beweisen, welchen und dem Martial Lib. XIII. Epigr. I. Boileau in der dritten Satyre v. 127. 128. und der ersten Epitre v. 37. 38. vor allen aber Beza in seinem netten Sinn = Gedichte, Tineæ Sacrificium ludicrum , Epigr. s. 78. ( edit. 1614.) an die Seite zu stellen ist.

*f* Bibliopola Tryphon. M A R T I A L. L. IV. Epigr. LXXII. L. XIII. Epig. III.

# Der Morgen.

Uns lockt die Morgenröthe
    In Busch und Wald,
Wo schon der Hirten Flöte
    Ins Land erschallt.
Die Lerche steigt und schwirret,
    Von Lust erregt;
Die Taube lacht und girret,
    Die Wachtel schlägt.

Die Hügel und die Weide
    Stehn aufgehellt,
Und Fruchtbarkeit und Freude
    Beblühmt das Feld.
Der Schmelz der grünen Flächen
    Glänzt voller Pracht,
Und von den klaren Bächen
    Entweicht die Nacht.

Der Hügel weiſſe Bürde,
 Der Schafe Zucht
Drängt ſich aus Stall und Hürde
 Mit froher Flucht.
Seht, wie der Mann der Heerde
 Den Morgen fühlt,
Und auf der friſchen Erde
 Den Buhler ſpiehlt!

Der Jäger macht ſchon rege
 Und hetzt das Reh
Durch blutbetriefte Wege,
 Durch Buſch und Klee.
Sein Hifthorn gibt das Zeichen;
 Man eilt herbey:
Gleich ſchallt aus allen Sträuchen
 Das Jagd = Geſchrey.

Doch Phyllis Herz erbebet
 Bey dieſer Luſt;
Nur Zärtlichkeit belebet
 Die ſanfte Bruſt.

Laß uns die Thäler suchen,
  Geliebtes Kind,
Wo wir von Berg und Buchen
  Umschlossen sind!

Erkenne dich im Bilde
  Von jener Flur!
Sey stets, wie dieß Gefilde,
  Schön durch Natur;
Erwünschter als der Morgen,
  Hold wie sein Strahl;
So frey von Stolz und Sorgen
  Wie dieses Thal!

# Die Nacht.

Willkommen, angenehme Nacht!
Verhüll in deine Schatten
Die Freuden, die sich gatten,
Und blende, blende den Verdacht!

Wann treue Liebe küssen macht;
So wird der Kuß der Liebe,
So werden ihre Triebe
Beglückter durch die stille Nacht.

Der schöne Mund, den man verehrt,
Bestrafet, zürnt gelinder,
Wird zärtlich, küßt geschwinder,
Wann nichts die sichern Küsse stört.
Ja, ja! die Nacht ist vorzugswehrt:
Sie dient, und ist verschwiegen,
Und liefert dem Vergnügen
Den süßen Mund, den man verehrt.

Der Tag hat, als ein falscher Freund,
Zu oft der Welt erzehlet,
Was ihr die Nacht verhehlet,
Die Liebende nach Wunsch vereint.
Du bist der Sorg und Unruh feind
Und gönnest sie dem Tage,
Und widerlegst die Sage:
Du, holde Nacht, seyst niemands Freund.

Ost

Oft schränkt der strenge Tag uns ein;

Doch hält in schweren Stunden

Uns mancher Tag gebunden,

So weiß die Nacht uns zu befreyn.

Das Glück, vertraut und froh zu seyn,

Das Glück zufriedner Herzen,

Die in der Stille scherzen,

Räumt uns der Tag nur selten ein.


O Nacht, da nur der Scherz sich regt,

Da keine Neider lauschen,

Und nur die Küsse rauschen,

Wie sinnreich wirst du angelegt!

Wie wird der Liebes-Gott verpflegt,

Wann selbst die Huld-Göttinnen

Auf sein Vergnügen sinnen,

Und nichts als Lust und Scherz sich regt.

# An den Schlaf.

Gott der Träume? Freund der Nacht!
Stifter sanfter Freuden!
Der den Schäfer glücklich macht,
Wann ihn Fürsten neiden!
Holder Morpheus! säume nicht,
Wann die Ruhe mir gebricht,
Aug' und Herz zu weiden.

Wann ein Ehmann, voll Verdacht,
Seine Gattinn quälet,
Und aus Eifersucht bey Nacht
Ihre Seufzer zählet,
Mach im Schlaf sein Unglück wahr;
Zeig ihm träumend die Gefahr,
Die ihm wachend fehlet!

Nimm auch itzt, was dir gehört;
Nur erlaub ein Flehen!

Warte, bis mein Glas geleert!

Wohl! es ist geschehen!

Komm nunmehr! O komme bald!

Eil und laß mich die Gestalt

Meiner Phyllis sehen!

## Leichen=Carmen.

Herr Jost ist todt, der reiche Mann:

Wär er nicht reich gewesen;

Wir würden, falls ich rathen kann,

Auf Ihn kein Carmen lesen.

Sein hocherleuchteter Papa

Pflag Ihn oft selbst zu wiegen;

Die tugendvolle Frau Mama

Erzog Ihn mit Vergnügen.

Er war ein rechter Springinsfeld

Im ersten bunten Kleide,

Und ward daher der jungen Welt

Und auch der Muhmen Freude.

Nur sieben Jahre war er alt,
Da wußt Er fast zu lesen;
Und hieraus sieht ein jeder bald,
Wie klug das Kind gewesen.

Man hielte Seiner Jugend zart
Wohl zehn Informatores;
Die lehrten Ihn, nach mancher Art,
Die Sprachen und die Mores.
Es lernte Jost ohn Unterlaß,
Daß Ihm der Kopf fast rauchte:
Kein Mutter-Kind studirte baß,
Was es zu wissen brauchte.

Da eilt er mit der jungen Magd
In manche Classen eben,
Und führte, mit ihr, unverzagt,
Ein exemplarisch Leben.
Er glich dem edlen Garten-Klee,
Der zeitig aufwärts steiget,
Und nicht der trägen Aloe,
Die späte Blühten zeiget.

Doch, weil Er viel zu sinnreich war,
Um nur gelehrt zu werden;
So riß Ihn bald der Eltern Paar
Aus allen Schul-Beschwerden.
Sie sagten: Sohn! Seyd unser Trost!
Vermehrt, was wir erworben!
Dann seyd Ihr nicht der erste Jost,
Der reich und stolz verstorben.

Sogleich vergieng Ihm aller Dunst
Lateinscher alten Sprüche.
Er faßte durch die Rechenkunst
Die allerschwersten Brüche.
O Einmal Eins! dich sah Er ein,
So wie ein rechter Falke.
Durch Handlung wirst du glücklich seyn.
Verkündigt Ihm Herr Halke.

Johannes Halke hatte Recht:
Wer prophezeyt behender?

N 3

Die ihr mir etwa widersprecht,
Left den Natur=Calender!
Seht, seht auf unsern Ehrenmann,
Den wir so schön begraben;
Wer sonst kein Beyspiel haben kann,
Wird es an diesem haben!

Der Wohlerblaßte ging auch, traun!
Auf nicht zu lange Reisen;
Theils um die Fremde zu beschaun,
Theils um Sich ihr zu weisen.
In Frankreich war Er ein Baron,
In Holland Heer van Josten,
Und zeigte Seines Vaters Sohn
In Süden, Westen, Osten.

Er kannte wirklich weit und breit
Geheime Staats=Intrignes,
Und wußte ganz genau die Zeit
Des dreyßigjährgen Krieges.

Herr Jost bewies, als Knabe schon,
Bey vier Zusammenkünften,
Der Sechste Carl sey nicht ein Sohn
Von Kaiser Carl dem Fünften.

Er kam zurück und ließ sich sehn,
Wo man Ihn sehen sollte.
Nun hieß Er jedem klug und schön,
Der Ihn so nennen wollte.
Doch rieth man Ihm mit gutem Fug,
Den ritterlichen Degen,
Den Er an seiner Seite trug,
Nur Sonntags anzulegen.

Das Werk der Handlung wohlgemuth
Ward nun von Ihm begriffen.
Ihm träumte nur von Geld und Gut,
Von Frachten und von Schiffen.
Gelehrte sucht' Er weiter nicht,
Als etwa bey Processen;
Sonst macht' Er ihnen ein Gesicht,
Als wollt' Er alle fressen.

N 4

Der Reich-Entschlafne wollte drauf
Sich doppelt reich durch Ehen,
Ja Sich und Seinen Lebens-Lauf
In echten Erben sehen.
Madame starb Ihm plötzlich ab,
Eh Er die andre freyte;
Die dritte, die Sein Geld Ihm gab,
Beerdiget Ihn heute.

　　Als Trauermann folgt Sein Herr Sohn
Mit Ellen-langem Flohre;
Und vor Ihm singt die Schule schon
In dem gewohnten Chore.
Der schwarzen Mäntel lange Zahl
Begleitet Ihn bey Paaren;
Er stirbt, doch nur ein einzigmal,
Die Kosten zu ersparen.

# Die Alster.

Beförderer vieler Lustbarkeiten,
Du angenehmer Alster - Fluß!
Du mehrest Hamburgs Seltenheiten
Und ihren fröhlichen Genuß.
Dir schallen zur Ehre,
Du spielende Fluth!
Die singenden Chöre
Der jauchzende Muth.

Der Elbe Schiff-Fahrt macht uns reicher;
Die Alster lehrt gesellig seyn!
Durch jene füllen sich die Speicher;
Auf dieser schmeckt der fremde Wein.
In treibenden Nachen
Schifft Eintracht und Lust,
Und Freyheit und Lachen
Erleichtern die Brust.

R 5

Das Ufer ziert ein Gang von Linden,
In dem wir holde Schönen sehn,
Die dort, wann Tag und Hitze schwinden,
Entzückend auf= und niedergehn.
Kaum haben vorzeiten
Die Nymphen der Jagd,
Dianen zur Seiten,
So reizend gelacht.

O siehst du jemahls ohn Ergetzen,
Hammonia! des Walles Pracht,
Wann ihn die blauen Wellen netzen
Und jeder Frühling schöner macht?
Wann jenes Gestade,
Das Flora geschmückt,
So manche Najade
Gefällig erblickt?

Ertönt, ihr scherzenden Gesänge,
Aus unserm Lust=Schiff um den Strand!
Den steifen Ernst, das Wort=Gepränge
Verweist die Alster auf das Land.

Du leeres Gewäsche,

Dem Menschen-Witz fehlt!

O fahr in die Frösche:

Nur uns nicht gequält!


Hier lärmt, in Nächten voll Vergnügen,

Der Pauken Schlag, des Waldhorns Schall;

Hier wirkt, bey Wein und süssen Zügen,

Die rege Freyheit überall.

Nichts lebet gebunden,

Was Freundschaft hier paart.

O glückliche Stunden!

O liebliche Fahrt!


# Harvstehude.

Ich bin ein Freund der Kloster-Länder,

Und gönn und wünsch insonderheit

Den rechten Kern der Segens-Pfänder

Der jüngferlichen Geistlichkeit.

Was Heilige für sich verwalten,
Das kann, das wird, das muß gedeyn,
Und frommer Schwestern Wohlverhalten
Sollt immer reich an Pfründen seyn.

Ihr edlen Johanniterinnen!
Euch strömen Gut und Ehre zu;
Ihr seyd ein Muster keuscher Sinnen
In Harvstehudens sichrer Ruh.
Wie selten höret Ihr die Klagen
Der buhlerischen Schmeicheley!
Euch drücken keine Landes-Plagen,
Kein Alp und keine Ketzerey.

Nichts ist so schön als Harvstehude,
Und darum ist es Eurer wehrt,
Wo auch der allerkärgste Jude
Den Silberling mit Muth verzehrt.
Das schwör ich bey der alten Linde,
In der so mancher Vogel heckt,
Die gegen wilde Wirbel-Winde
Mit neun und neunzig Aesten deckt.

Hier gehet in gewölbten Lüften

Die Sonne recht gefällig auf,

Und lachet den beblümten Triften,

Und sieht mit Lust der Alster Lauf.

Oft taucht sich hier ein schöner Schwimmer

An ihrer Strahlen Wiederschein,

Und oftmahls heißt ihr erster Schimmer

So gar die Thiere fröhlich seyn.

Wir steigen bey den schlanken Weiden

Aus Arch und Nachen an den Strand,

Und dann begleitet unsre Freuden

Lenz oder Sommer auf das Land.

Flugs kömmt der aufmerksame Toppe

So freundlich und so tiefgeneigt,

Als an dem Bober-Fluß ein Stoppe 1

Den Sättler guten Freunden zeigt.

Er selber siehet mit Ergetzen,

Daß diese Gegend uns gefällt,

Und giebt uns von den besten Schätzen,

Die seines Kellers Kluft enthält.

Er spricht fast, wie Achill gesprochen: 2
Herr Phoenix, Ajax und Ulyß = =.=
Die Herren setzen sich = = = wir kochen,
Und reiner Wein erfolgt gewiß.

Wo findet man so gute Wirthe,
Als an den Helden jener Zeit?
Wann sich ein Wandersmann verirrte,
So stand für ihn ihr Haus bereit.
Hier folgt man täglich dem Exempel
Und tränkt und speiset jeden Gast,
Und uns macht diesen Comus=Tempel
Auch ein Cornaro 3 nicht verhaßt.

Man übet hier auf freyer Wiese
Bald das Gesicht, bald den Geschmack;
Oft schallt hier bis zur Zirbel=Drüse
Ein auserlesner Dudelsack;
Und weil auch für gelehrte Männer
Der Thorweg schuldigst offen steht!
So kommen hier die Junken=Kenner
Und sehn die Electricität.

Vielleicht wird itzt mein Lied gerathen;

Ein neuer Anblick giebt ihm Kraft;

Der Hügel der Licentiaten,

Die Landung einer Hauptmannschaft.

Doch wie! Ein Schwätzer kömmt gegangen,

Der Lust und Einfall unterbricht.

O hätt ich nur nicht angefangen!

Genug! Ich dichte weiter nicht.

1 Der Sättler ist ein langgedehnter Berg voll Fichten und Tannen, an dem mit dem Zaaken vereinigten Bober. Er hat diesen Namen von einem, nach Urthel und Recht, verbrannten falschen Münzer, der ein Sättler gewesen ist, und nach seiner Einäscherung sich vielen Kennern der Gespenster, oben auf dem Berge, sehen lassen, wo er auf einem Steine gesessen und einen Sattel zusammen genähet. Herr Daniel Stoppe, aus Hirschberg in Schlesien, Mitglied der deutschen Gesellschaft in Leipzig, hat nebst etlichen Freunden sich die verbindliche Mühe gegeben, in diesem bergigten Walde von Stein und Mooß einen Camin und drey Säle, mit dazu gehörigen Rasenbänken, anzulegen. Diesen Bau benannten sie den Parnaß, wie er in der Vorrede des Parnasses im Sättler, oder seiner scherz = und ernsthaften Gedichte anzeiget, in welcher er den Leser dorthin einladet. Solltest du, schreibt er, einmal nach Hirschberg kommen: so melde dich bey mir; ich werde mir ein Ehre daraus machen, dir den Parnaß im Sättler angenscheinlich zu weisen.

2 Siehe das neunte Buch der Ilias.

3 Von dem mäßigen und weisen Cornaro sind, vor andern, die Geschichte des Thuans vom Jahre 1566 im 39ten Buche, und das 196te Stück des Zuschauers nachzusehen, imgleichen der achte Theil des beliebten irdischen Vergnügens in Gott, S. 515. u.f. Das alte Geschlecht der Cornaro behauptet die Ehre von den Scipionen abzustammen, s. Travels through Holland, Germany, Svvitzerland, but especially Italy, by Mr. de Blainville, (Lond. 1743.) Vol. I. p. 439.

# Der Wein.

Du brausender und frischer Most,

Du gährend Mark der milden Reben,

Des Herbstes Ehre, Götter-Kost!

Mein Lied will deinen Ruhm erheben.

O feuerreicher Trauben-Saft!

Gieb meinen Worten deine Kraft,

Laß sie, wie du, ans Herze dringen,

Und, weil dein Einfluß und dein Geist

Dem Witze Muth und Glück verheißt,

Auch mich von deinen Wundern singen.

Du

Du bist, o Wein! dem Einfall hold
Und weckst den Scherz belebter Flöten.
Wie reich sind durch dein trinkbar Gold
Die Zungen singender Poeten!
Mich deucht, ich sehe den Homer
Zu jeder Schlacht, für jedes Heer
Sich zechend seine Helden wählen.
Dir muß ein Flaccus günstig seyn;
Ihm schickt Falern und Alba Wein.
Wie konnt es ihm an Liedern fehlen?

Nichts übertraf an Streitbarkeit
Der Dardaner, der Griechen Scharen,
Die, nur im Wein-Durst unentzweyt,
Verehrer des Lyäus waren.
Auch unsrer Väter Beyspiel lehrt,
Wie sehr er Muth und Sieg vermehrt.
Ihn trinken Franken und Teutonen,
Der Sachsen und der Schwaben Schwarm.
Der Wein, der Wein stärkt ihren Arm,
Und dieser stürzet Legionen. 1

Haged. Ged. IV. Th.                    o

Tuistons Enkel, deren Ruhm
Die ewigen Geschichte melden,
Auf! sehet euer Eigenthum,
Auf! auf! Gebeine deutscher Helden.
Verlaßt die Hügel eurer Gruft,
Erhebt euch; suchet Sonn und Luft!
Euch wollen Rhein und Mosel winken.
Sie heissen euch nach alter Zeit,
Treu, Anschlag, Wahrheit, Tapferkeit
In ihrer Trauben Blute trinken.

Den Götter=Dienst, den Krieges=Rath
Muß oftgeprüfter Wein beleben.
Fürst, Barde, Feldherr und Soldat,
Wer liebte nicht die edlen Reben?
Ja, alles ist der Wein bey euch:
Ihr opfert und ihr trinkt zugleich.
Dort liegt der Wurfspieß und die Keule.
Ihr tanzt um Wodans 2 Blut=Altar,
Wälzt euch, wo Hertha 3 heilig war,
Und taumelt um die Irmen = Säule. 4

c

Fürst Hermann ficht und Varus weicht
Und sucht vergebens offne Felder;
Der Seinen Angst und Flucht durchstreicht
Die schwarzen blutbetriesten Wälder.
Cherusker, euch hieß Recht und Wein
Den Deutschen gleich und muthig seyn,
Und so muß Romuls Adler beben.
Ihr kämpft und rächt das Vaterland,
Ihr schlagt und pflanzt mit tapfrer Hand
Bald Sieges-Zeichen, bald auch Reben.

    O höret! Welch ein Freuden-Fest
Auf jenem traubenvollen Hügel?
Man jauchzt und singt, und alles läßt
Der Freyheit und der Lust den Zügel.
Es ist die Lese. Jeder lärmt
Und lacht und schreyt und spielt und schwärmt
Und läßt sich nichts zu scherzhaft dünken,
Die Fässer werden voll geschafft,
Die Kelter preßt den süßen Saft
Und seufzt, wann manche Wasser trinken.

Dort kömmt nach selbst-gestimmtem Ton
Der Winzer Urban mit Brigitten.
Kaum tanzt er vor, so fällt er schon,
Der Wein und er sind ausgeglitten.
Ha! ruft er und steht wieder auf:
Hier tanzt sichs mit zu schnellem Lauf.
Ich glaube fast, ich bin gefallen.
Er dehnt sich, lacht und zeigt den Gaum
Und springt und stampft und kann noch kaum
Sein Hoch! mit schwerer Zunge lallen.

Wie schwänkt sich Cunz, der Acker-Knecht,
Mit seiner braunen Adelheide!
Gelt, Schätzle, gelt! so tanzt sichs recht,
Und das heißt mehr als Kirmeß-Freude.
Er wischt und stellt sich, und sein Fuß
Scharrt bäurisch zu dem kurzen Gruß.
Er eilt, sie männlich anzugreifen.
Er trinkt auf jeden Tanz ein Glas
Und scheinet Stoppeln, Heid und Gras
Mit ihr fast fliegend durchzustreifen.

Ein Grübler trinkt, beseufzt sein Leid
Und sammelt Flüche, Furcht und Dünste,
Und seine Galle prophezeyt
Pest, Wolken-Bruch und Feuers-Brünste.
Wie, murrt er, trügerischer Wein!
Sollst du der Sorgen Tröster seyn
Und kannst nicht meiner Schwermuth wehren?
Du fliessest; aber mir zur Last.
Ihr Tropfen seyd mir nun verhasst;
Ihr alle werdet mir zu Zähren.

Spavento füllt sein Glas mit Wein.
Ihr Herren, spricht er, lasst uns leben!
Geh, Schenke, bringe mehr herein,
Doch musst du alten Fest-Wein geben.
Der alte Wein befeurte mich,
Als mir bey Höchstädt alles wich,
Wo ich des Bassa Roßschweif stürzte,
Der, als er blutig mir entlief,
Den Nepomuc zu Hülfe rief
Und dann sich in die Wolga stürzte.

O 3

Kund und zu wissen sey hiemit,

Daß ich auch Mohren übermannte,

Und zu Morea, bey Madrit,

Den Pontus im Euxin verbrannte.

Nun denk ich an die Helden-Zeit:

Ich lobe mir nur Tapferkeit.

Dies Schwert weicht keinen Hanniballen.

Beym Element! Es hält sich frisch.

Gleich wetzt er es auf Bank und Tisch

Und Kannen, Licht und Teller fallen.

Ein Alter spricht: Was soll dieß seyn?

Du Blut-Hund! zeige dein Vermögen.

Mein Kleid ist hin, es fleckt der Wein.

O wäre meine Frau zugegen!

Allein ich selbst, Ich stehe dir.

Du Türken-Würger! komme mir,

Machst du mein feines Tuch zunichte?

Noch fließt der Wein; noch werd ich naß.

Gevatter, hilf und wirf das Glas

Dem Eisen-Fresser ins Gesichte.

Nur immer drauf! Nur unverzagt!
Ihr Furien! Wie? Darfst du schelten?
Das Bank = Bein her! Zerbläut ihn! Schlagt!
Sein Maul soll jedes Wort entgelten.
Er flucht und keicht und schreyt und schnaubt.
Zum Henker! ist es hier erlaubt
Mit guten Freunden so zu scherzen?
Allein man rächt des Bassa Tod.
Spavento fällt und schwört und droht
Den falschen Streich nicht zu verschmerzen.

So gehts. Erweckt der Wein den Muth
In ungestallten wilden Seelen;
So weiß sich in entflammter Wuth
Der Thracier nicht zu verheelen. 5
Die Tobsucht reicht Gefässe her,
Da wird die Flasche zum Gewehr,
Da wechselt man, statt Kugeln, Krüge.
Da stößt das erste Glas alsdann
Geselligkeit und Freundschaft an,
Und Eris mischt die letzten Züge.

Doch tadelt nicht das edle Naß,
Verdammet nicht des Weinstocks Gaben,
Als müßten Zank und Groll und Haß
Durch sie nur grössre Nahrung haben.
Euch widerleget jenes Paar,
Das ganze Jahre zwistig war
Und sinnreich in Begünstigungen.
Sie stellen alle Klagen ein
Und appelliren an den Wein
Von Urthel und von Leuterungen.

Wie mancher, dem der Wein gefällt,
Als wär er Gift und Rüge-Wasser, 6
Entlarvt, wenn nichts sein Herz verstellt,
Den Schalks-Freund, Filz und Menschen-Hasser!
Wer Tücke heckt, muß nüchtern seyn.
Mit Recht flieht Euclio den Wein.
Er trinkt und lacht mit halbem Munde
Und folgt der Zunft der Kargen nach, 7
Fälscht seinen Wein durch jenen Bach
Und rühmt sich nur der Wasser-Kunde.

O warum sucht die fernste Bank

Ein Aeltester der Zions = Brüder?

Ihm wird sein Most zum Liebes = Trank,

Der Heilige girrt Buhler = Lieder.

Sein brünstig Aug erheitert sich,

Er liebet mehr als brüderlich

Die Schwester, die ihn hier begleitet,

Und die er, als ein folgsam Kind,

Das seine Führung liebgewinnt,

Zum Leiden und zur Stille leitet.


Der Wein, der aller Herz erfreut,

Giebt den Magistern, die dort zechen,

Statt Eintracht und Gefälligkeit,

Allein die Lust zu widersprechen.

Wie glücklich sehen sie beym Wein

Die Fugen der Soriten ein!

Der Wein muß nie der Wahrheit schaden.

Der Rausch beleuchtet itzt durch sie

Die vorbestimmte Harmonie,

Die beste Welt und die Monaden.

P 5

Weit klüger war Anacreon,
Der seinen Most besang und lachte,
Der Weinberg war sein Helicon,
Wo er, wie Gleim und Ebert, dachte,
Die Morgen = Rosen um sein Haubt,
Die Blicke, die sein Herz geraubt,
Wie wurden die von ihm erhoben!
Oft nahm der Reben Lob ihn ein.
Nicht schöner konnten dich, o Wein!
Die Götter, die dich tranken, loben.

Auch du beseligst ihren Stand.
Zeus hält sich keinen Wasser = Schenken.
Es muß ihm Ganymedens Hand
Zum Nectar die Pocale schwänken;
Die leert er bey dem Götter = Schmauß
Auf jeder Göttinn Wohlseyn aus.
Man hört die Tisch = Musik der Sphären.
Oft reichte Mars ein volles Glas,
Wenn ihr Vulcan nur abwerts saß,
Der himmlisch = lächelnden Cytheren.

Was seh ich? Was entdeckt sich mir?
Dort seh ich einen Tempel glänzen,
Und wie den Eingang und die Thür
Der Epheu und die Reb' umkränzen.
Die güldnen Flügel thun sich auf;
Ich sehe der Bacchanten Lauf;
Ich sehe sie mit ihren Stangen.
Sie tanzen und ihr Lust = Geschrey
Zeigt, was der Reben Wirkung sey,
Die itzt um ihre Scheiteln hangen.


Der Trommeln Schlag, der Cymbeln Klang
Durchtönt den Jubel der Mänaden.
Es steigt ihr muthiger Gesang,
Der Chöre Nachruf einzuladen.
Sie rasen, aber nur zur Lust;
Sie rasen mit entblößter Brust.
Die Locken flattern ungebunden,
Wie Ariadnens glänzend Haar
Ein Spiel der regen Winde war,
Als Bacchus sie am Meer gefunden, 8

O daß kein ungeweihter Schwarm
Die Priesterinnen unterbreche!
Sie schütteln mit erhabnem Arm
Das Erz der runden Klapper-Bleche. 9
Nun macht ihr liedervoller Mund
Des Reben-Vaters Grösse kund
Und was Osir 10 Egypten lehrte;
Wie dort, durch seine Milde nur,
Die weinbedürftige Natur
Durch dessen Bau ihr Ansehn mehrte.

Wie er mit fürchterlicher Macht
Des Ganges Völker überwunden,
Zuerst des stolzen Sieges Pracht,
Den reizenden Triumph, erfunden, 11
Und wie ihn, um den Indus Strand,
Sein kriegerischer Elephant
Durch manch erfochtnes Reich getragen,
Auch wie er in dem Götter-Streit,
Mit wahrer Löwen Tapferkeit
Den stärksten Riesen selbst erschlagen. 12

Der Opfer-Brand wird angeschürt;
Die Priester stellen sich in Reihen.
Es wird ein Bock herbeygeführt,
Den sie mit Mehl und Salz bestreuen;
Man rauft aus seiner Stirne Haar
Und wirft es auf den Rauch-Altar,
Läßt Wein auf seine Hörner fliessen
Und zuckt den Stahl und naht der Glut,
Und eilt das längstverwirkte Blut
Des Reben-Feindes zu vergiessen.


Er zappelt, stirbt und wird zerstückt;
Man untersucht die Eingeweide.
Herz, Lung und Leber sind beglückt
Und jedes Zeichen weissagt Freude.
Die Schlange, die der Korb bedeckt,
In dem ein groß Geheimniß steckt,
Kriecht nun hervor und will sich zeigen. 13
Es kracht der Heiligthümer Sitz;
Der Tempel bebt; es strahlt der Blitz;
Es donnert links, 14 und alle schweigen.

Der krummgehörnte Gott erscheint;
Centauren ziehen seinen Wagen; 15
Ein Satyr, der sich froh beweint,
Wird ihm von Pannen nachgetragen. 16
Das Fichte-Laub, der Eppich-Strauch
Umschatten seinen Kopf und Bauch;
Sein Parder brüllt, doch nicht zu schrecken;
Er wittert nach der Löwinn Haut,
Die man um Bacchus Schultern schaut,
Und die kann ihm nur Lust erwecken.


Ein tausendfacher Jubel-Schall
Der Bacchen, Satyren und Faunen
Ermüdet nun den Wiederhall
Und setzet alles in Erstaunen.
So bricht aus tiefer Höhlen Schooß
Das Heer der Winde brüllend los,
Braust um den Hain, kracht in den Eichen,
Zischt durch die Wipfel, schlägt, zertheilt
Die Esche, die im Fallen heult,
Und rauscht und wirbelt in den Sträuchen.

Ich werde neuer Lust gewahr:
Nun seh ich alles sich umkränzen.
Es gaukelt dort der Larven Schaar
In phrygischen Sicinnis - Tänzen. 17
Lenaeus steigt vom Wagen ab,
Er wanket mit dem Thyrsen - Stab,
Und strauchelt überzwerch und lachet.
Sein Trink - Horn schäumt vom Reben - Saft. 18
Er trinkt mit Aegeln Brüderschaft 19
Und fragt, was ihr Silenus machet.


Es kömmt der reitende Silen;
Sein Esel hätt ihn bald verlohren.
Er schilt und schlägt ihn, heißt ihn gehn,
Und zerrt ihm die gesenkten Ohren.
Er wirft sich taumelnd hin und her;
Ihm wird der trunkne Kopf zu schwer;
Er sinkt und torkelt auf die Erde,
Und kriecht und wälzt sich um sein Thier;
Ihr trägen Faunen! helfet mir,
Und setzt mich wiederum zu Pferde.

Er fordert stammelnd Chier-Wein,
Mit schweren Lippen, starren Wangen.
Er lacht ihn an: nichts ist so rein;
Er will den, der ihn bringt, umfangen.
Ha! schreyt er, Vater Bacchus, steh!
Ich trink, o Evan, Evoe!
Nun schließt er sich an seinen Schimmel.
Er säuft den Wein in einem Zug.
O dieser schmeckt! Fürs erste gnug!
Und wirft den leeren Kelch gen Himmel.


Will alleß sich dem Aug entziehn?
Verschwindet alles in die Lüfte?
Der Gott und sein Gefolge fliehn
In Schatten, Wolken, Dampf und Düfte.
Ja! Bacchus eilt zur Ober-Welt;
Der Rauch-Altar, der Tempel fällt,
Und ihn verlieren meine Blicke.
Sah ich auch wirklich? Ja! Doch nein!
Ein Traum nahm Aug und Sinnen ein
Und läßt mir nur sein Bild zurücke.

O

O wie begeistertest du mich,

Wein, der Entzückung Quell und Zunder!

Du wiesest mir itzt sichtbarlich

Der Alten fabelhafte Wunder.

Du giebst auch nicht der Stille Raum,

Und ich enthalte mich noch kaum,

Daß ich dein Lob von neuem zeige.

Du brausender und frischer Most,

Des Herbstes Ehre, Götter-Kost!

Mein Lied • • • allein ich trink und schweige.

1 Nicht ohne Grund getraue ich mir die poetische Freyheit zu verantworten, daß ich den Wein zu einem
gewöhnlichen Getränke der alten Deutschen machen
darf, und ich könnte mich auf Zeugnisse beglaubter
Geschichtschreiber und auf die starken Muthmaßungen beziehen, die Cluver und andere Gelehrten von
dem frühen Anbau deutscher Weine gehabt; wie
solche in eines um alle schönen Wissenschaften hoch-
verdienten Mannes Untersuchung erörtert worden,
welche im dritten Theile der Poesie der Niedersach-
sen S. 36. bis 54. befindlich ist.

2 Wodan, Godan, oder Teutates, war der Mercur der
alten Deutschen, dem sie, nach den Zeugnissen des
Tacitus und Lucans, Menschen opferten. S. Sched.
de Diis Germanis C. V. p. 155. bis 160.

Hageb. Ged. IV. Thl.

3 Herthum oder Hertha, die Erde, war die deutsche
Cybele oder Isis, der von einigen Nationen göttli-
che Ehre erwiesen ward. Ihr Dienst erforderte
grosse Geheimnisse und, nach Art des Heidenthums
und unserer ältesten Vorfahren, geheiligte Haine,
silvam auguriis patrum & prisca formidine sacram,
und Menschen = Opfer, wie Tacitus meldet. Sie
scheinet der Regnator omnium Deus und die Gottheit gewesen zu seyn, die bey den Marsen Taufana
geheisen und, nach dem Tacitus, von denen Semnonen, vetustissimis nobilissimisque Svevorum, an-
gebettet worden. Er setzet hinzu: Est & alia luco
reverentia: Nemo nisi vinculo ligatus ingreditur, ut
minor & potestatem numinis præ se ferens; si forte
prolapsus est, attolli & insurgere haud licitum. Per
humum evolvuntur. &c. Die ganze Stelle lautet
nach der Uebersetzung, die J. T. Jablonski im Jahre
1721. herausgegeben, S. 146. u. f. also: Unter den
Swewen rühmen sich die Semnonen die ältesten und
edelsten zu seyn. Ihr Alterthum wollen sie aus einem
sonderbaren Götzendienst bewähren. Es kommen zu
bestimmter Zeit alle unter einander verwandte Völker durch ihre Gesandschaften in einem Hain zusammen, den die Andacht der Väter und die uralte Ehr-
erbietigkeit geheiliget. Daselbst wird öffentlich ein
Mensch geschlachtet, und die ursprünglichen Greuel
ihrer unmenschlichen Weise hiemit begangen.
" Ueber das wird dem Hain noch eine andere Ehre
" bewiesen. Es darf niemand anderst, denn gefes-
" selt, hinein gehen, damit er sich als geringer und
" der Gottheit unterthänig bekenne. Wenn er un-
" gefehr niederfällt, darf er nicht aufstehen, noch ihm
" wieder aufhelfen lassen, sondern er muß sich an der
" Erde hinaus wälzen., S. Tac. de M. G. c. 39.
Man findet bey dem Herrn von Leibniß, Tom. I.
Script. Brunsvic, pag. 44. seqq. in dem Auszuge aus

dem Beda, ( de ratione temp. cap. XIII. ) daß der
März Rehel oder Rhedmonat von der Göttin Rheda,
Herda oder Erde benannt worden.

4 Dieses ist das altsächsische Götzen = Bild auf dem E-
resberge, das Carl der Grosse im Jahre 772. zer-
störte. Cranz entdecket in dem Irmin den Mars der
Deutschen; Schurzfleisch, Hachenberg, Hagelgans
und Struve aber den Hermann oder Arminius; und
dieses beweiset insonderheit D. Behrens, in seinen
Vindiciis Benneburgensibus & Irmensulæ Saxonicæ,
die im 89ten Theile der deutschen Actorum Erudi-
torum, p. 447. sq. befindlich sind.

5 S. Hor. Lib. I. Carm. 27. Es erhellet aus einigen
Stellen des Busbecks, dem Voyage d'Italie, de
Dalmatie, de Grece & du Lévant, fait aux an-
nées 1675 & 1675 & 1676 par Jacob Spon &
George Wheler, Tom. I. pag. 258. bis 260. und
aus andern Reise = Beschreibungen, wie wenig die
heutigen Thracier, in diesem Stücke, denen ältern
unähnlich sind. Die Türken trinken zu oft den
ihnen im Alkoran so sehr verbotenen und daher desto
angenehmeren Wein; aber sie trinken ihn auch selten, ohne, durch dessen unmäßigen Genuß, gar
bald in grosse Wuth und in blutige Ausschwei-
fungen zu gerathen. Von denenjenigen, die in
dem ehemaligen Jonien, in und um Smirna, wohnen und die dortigen Gärten und Schenken häufig
besuchen, meldet der Ritter d'Arvieux in den Mémoires, die Labat im Jahre 1735 herausgegeben
hat, folgendes: Les Turcs qui ne se font pas
un grand scrupule de boire y vont & ne man-
quent jamais de s'y enyvrer: car selon eux, c'est
l'usage que l'on doit faire du vin, & leur maxime

constante eſt, qu'il vaut mieux ne point boire du
vin que de ne pas s'enyvrer. &c. Tom. I. p. 62.

6 S. das vierte Buch Moſ. im fünften Capitel.

7 Von den Geſetzen dieſer alten und zahlreichen Ge-
noſſenſchaft iſt nachzuſehen La fameuſe Compa-
gnie de la Leſine ou Aleſne, c'eſt à dire, la Maniere d'eſpargner, acquerir & conſerver. Ouvrage
non moins utile pour le Public, que delectable
pour la varieté des rencontres, pleins de doctrine
admirable & de moralité autant qu'il eſt poſſible.
Traduction nouvelle de l'Italien. à Paris 1604. 12.
Griffon Pinſemaille wird als Oberhaupt der Ge-
ſellſchaft angegeben, und in den Additions aux
Articles & Statuts de la LESINE iſt die zwote Regel f. 42. b : Quant à ce qui touche le boire,
que tout frere Leſinante ſoit aduerty & aduiſé
de ne boire iamais vin en ſa maiſon, qui ne
ſoit pour le moins moitié d'eau, & eſt bon de le
tremper le ſoir pour le matin, & le matin pour le
ſoir, dans le flaſcon, afin qu'on ne ſoit point en
peine de le moderer à la table, ioint que la pre-
miere eau ſera desia conuertie en vin, ſelon la
reigle de droict, Acceſſorium ſapit naturam ſui
principalis. Menage nennet den Verfaſſer dieſes
lehrreichen Buches Vialardi; in der andern Auflage der Orig. Franç. bey Erklärung des Wortes
Leſine.

8 S. L'Antiquité expliquée & repréſentée en figu-
gures par Dom Bernard de Montfaucon, Tom. I,
P. II. L. I. C. XV. S. 2. 3. 4. p. 238. u. f.

9 Crotola-

10 Ofiris ist der Bacchus der Griechen. S. La Mythologie & les Fables expliquées par l'Histoire,
par M. l'Abbé Banier, Tom. I. p. 118. 180. Tom.
IV. p. 246. 255.

11. S. Diodor. Sic. Lib. IV. 3. Plin. VIII. 2.

12 Tu , cum parentis regna per arduum
Cohors Gigantum scanderet impia ,
Rhœtum retorsisti leonis
Unguibus horribilique mala.
Horat. Carm. II. 19.

13 Montfaucon T. I. P. II. p. 239. §. 2. p. 249. §. 3.
und im Supplement, Tom. I. L. IV. c. VIII. §. 4.
p. 160. 161. Banier Tom. IV. p 268. Siehe Ale-
xandri Xaverii Panelii, e S. J. Presbyteri, Dis-
sertationem de Cistophoris, eine gelehrte Schrift,
die in Lyon, im Jahre 1734, in 4to herausgekommen ist, und die Leipziger neuen Zeitungen von
gelehrten Sachen, 1734. S. 369. 370.

14 Audiit , & cœli genitor de parte serena
Intonuit lævum &c.
Virgil. Æneid. Lib. IX. v. 630. 631.

15 Montfaucon T. I. P. II. p. 242. 243. §. 4. p. 244.
§. 1.

16 Die Panen und Faunen werden für einerley gehalten. Montfaucon p. 266. §. 1. und Beger im The-
sauro Brand. T. I. p. 19. der auch p. 20. sie in den
Silenen und Satyren findet.

17 Montfaucon p. 267. 268.

V 3

18 Das Horn eines Stiers. f. Montfaucon p. 244.
255. §. 3.

19 Aeglé, Naiadum pulcherrima, war eine Bekannt-
tinn und Feldnachbarinn des Silenus. f. Virgil.
Ecl. VI. v. 26.   Die Nymphen der Quellen und
Brunnen waren unter einer gewissen Bottmäßigkeit
des Bacchus.

> - - - O Naïadum potens
> Baccharumque valentium
> Proceras manibus vertere fraxinos.
> > Horat. Carm. III. 25.

Sollte wohl das grosse Ansehen, in welchem er bey
den Najaden stand, die Folge seiner ewigen Jugend gewesen seyn?

> - - - Tibi enim inconsumta juventus,
> Tu puer æternus: tu formosissimus alto
> Conspiceris cœlo: tibi, cum sine cornibus adstas,
> Virgineum caput est.
> > Ovid. Metam. IV. 17, 20.

# Inhalt

des

## vierten Theils.

---

## Oden und Lieder

in
fünf Büchern.

---

## Erstes Buch.

An die Dichtkunst        Seite 5

Die ein und dreyßigste Ode des Horaz im ersten Buche   7

Die sechste Ode des Horaz im dritten Buche      11

Telephus, nach der neunzehnten Ode des Horaz
im dritten Buche     17

Der Tag der Freude, 1740     23

Der Lauf der Welt     26

Die verliebte Verzweiflung     22

X o X

Der Wunsch einer Schäferinn        Seite 31

Die Vögel, 1730        32

Mirene        35

Der Wettstreit, 1732        38

An eine Schläferinn        39

Die Verschwiegenheit der Phyllis        40

Die alte und neue Liebe        42

Alcetas an die Alster-Schwäne        44

Die Wunder der Liebe        45

## Zweytes Buch.

An die Freude        51

Die Helden        53

Der Wein, 1728        58

Der schlechte Wein, 1729        60

Der Wett-Trunk und Wett-Lauf, 1735        62

Das Daseyn        63

Die Ursache der Kriege        64

Der ordentliche Hausstand      Seite 65

Mezendore      68

Die Vorzüge der Thorheit, in einem Rund-Gesange    73

Lob der Zigeuner      81

Die Verleumdung      83

Unverdiente Eifersucht      87

Gränzen der Pflicht      92

Die Aussöhnung      95

An den verlohrnen Schlaf      97

## Drittes Buch.

Aufmunterung zum Vergnügen      103

Anacreon      103

Chloris      105

Der Traum      107

Die Empfindung des Frühlings      110

Die Land-Lust      111

Das Kind      115

Die Alte 116

Der Jüngling, 1728 118

Der Alte 120

Der verliebte Bauer 121

Zemes und Zulima 126

Die Vergötterung; an Phyllis, 1728 128

Der Kuß 131

Die Freundschaft 132

Elpin 133

# Viertes Buch.

Die Schönheit, 1744 137

An die Liebe 139

Die erste Liebe 139

Der Wink 140

Die Verliebten 140

Hoheit und Liebe 141

Der Wunsch 143

Der erste May, 1732                  Seite 144

Der Frühling                       145

Die Rose                           148

Die Jugend, 1730                 148

Der Zorn eines Verliebten: aus Priors Gedichten  150

Nutzen der Zärtlichkeiten            152

Phryne                          154

Das Glück und Melinde: aus einem Sonnete
            des Girolamo Gigli          156

Doris und der Wein                157

## Fünftes Buch.

An die heutigen Encratiten           163

Der May                       168

Der Guckguck                  170

Das Gesellschaftliche, 1729        171

Burgunder Wein               174

Das Heidelberger Faß, 1728       Seite 174

Die Schule       177

Lob unserer Zeiten       180

Dauer der Scribenten       184

Der Morgen       189

Die Nacht, 1731       191

An den Schlaf, 1731       194

Leichen‑Carmen, 1740       195

Die Alster       201

Harvstehude       203

Der Wein       205

# Poetische Werke,

### des Herrn

## Friedrichs von Hagedorn.

## Fünfter Theil.

#### Mit Kupfern.

## Bern,

Gedruckt bey Abraham Wagner 1771.

Verlegts Beat Ludwig Walthard.

470341

# Abhandlungen

von den

## Liedern der alten Griechen.

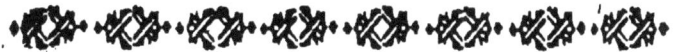

# Erſte Abhandlung.

Der Gebrauch der Lieder iſt den Menſchen ſehr natürlich. Sie ſind das Vergnügen und der Zeitvertreib
der Kinder und der Alten, der Armen und der Reichen,
derer, welche arbeiten, und derer, welche die Ruhe lieben. Dieſer Geſchmack, welchen man ſelbſt im Grunde
der Natur findet, muß in allen Zeiten, und unter allen
Völkern der Welt, allgemein geweſen ſeyn. Folglich haben die Griechen, wenn ſie ſich darinn übten, nichts anders gethan, als was ſchon die Völker, die vor ihnen
geweſen waren, thaten, und was auch ſeit der Zeit
diejenigen, welche ihnen gefolget ſind, gethan haben.
Nur iſt dabey, zum Vortheil der Griechen, dieſer Unterſcheid, daß ihre Lieder leichter auf die Nachwelt gekommen ſind, weil ihre Buchſtaben ſich weiter ausge-
breitet und länger erhalten haben, als die andern.

Die Lieder waren bey ihnen eher im Gebrauche,
als die Buchſtaben. Weil ihnen Denkmale fehlten,

worinn sie ihre Gesetze und ihre Geschichte aufbewah=
ren konnten; so setzten sie dieselben in ihren Gesang,
um sich ihrer desto besser zu erinnern.

Sie sungen ihre Gesetze, und dieses machte, daß
man den Gesetzen und den Liedern einerley Namen,
nämlich das Wort νόμος, beylegte. Denn wenn Ari=
stoteles 1 um die Ursache dieser Gleichheit des Namens
für zwo so verschiedene Sachen fraget; so antwor=
tet er selber: es sey darum geschehen, weil man, ehe
die Buchstaben bekannt waren, die Gesetze gesungen,
um sie nicht zu vergessen. Es ist wahr, Josephus 2
glaubet, und Plutarchus 3 muthmasset, daß das Wort
νόμος in Vergleichung mit diesen ersten Zeiten neu
sey, und erst nach der Zeit Homers aufgekommen.
Dieses würde also den Grund dieser Anmerkung, die
Aristoteles macht, umstossen und den Schluß, welchen
man daraus für das Alterthum der griechischen Lieder zie=
het, aufheben. Allein Josephus und Plutarchus können,
zumal da sie etwas zweifelhaft reden, die Glaubwürdig=
keit des Aristoteles über das Alter eines griechischen Wor=
tes, nicht verdächtig machen; zu geschweigen, daß sie

dem Lobgesange oder Hymnus, 4 der dem Apoll zu Eh=
ren verfertiget, und dem Homer zugeschrieben ist, das
Wort νόμος gebraucht wird, um das Gesetz oder die
Singart des Gesanges anzudeuten.

Eben dieselben Ursachen, warum die alten Grie=
chen vor der Erfindung der Buchstaben ihre Gesetze
sungen, bewogen sie, auch ihre Geschichte, und über=
haupt alles das, was sie auf ihre Nachkommen brin=
gen wollten, zu singen. Der Gesang war damals das
einzige natürliche Mittel, alles, woran der Nation zu
viel gelegen war, als daß es vergessen werden sollte,
von den Vätern auf die Kinder fortzupflanzen. Man
brauchte also diese Methode fast eben so in der Ge=
schichte, als bey den Gesetzen; und die Gewohnheit,
Dinge von allerley Arten zu singen, gefiel den Griechen
so wohl, daß sie noch nach der Einführung der Buch=
staben fortdaurete. Daher waren alle Werke derer
Griechischen Schriftsteller, 5 die vor Kadmus von Mi=
leto und vor Pherecydes von Schros gelebet haben, lau=
ter Stücke, die in Versen geschrieben waren, und die
man singen konnte. Es waren zwar nicht allemal bloße

Lieder; 6 aber es ist doch sehr glaublich, daß man die
meiste Zeit dergleichen brauchte, weil diese Art von
Unterricht den Vortheil hat, daß sie wegen ihres leichten und ungekünstelten Wesens, und wegen ihrer Kürze, 7
mehr, als alle andern, nach dem Begriffe aller Menschen ist.

Wie die Buchstaben in den Schoos Griechenlandes aufgenommen waren, und darinn die Künste und
Wissenschaften erzeugten; so erweckten die Lieder ein
weiteres Nachsinnen über die Melodie und über die
Worte, wovon sie zusammen gesetzet waren.  Die Gedanken über die Melodie gaben zu den Regeln der Musik Gelegenheit, und die Gedanken über die Worte
brachten nach und nach die Regeln der Dichtkunst hervor.  Anderseits erhoben die Musik und die Poesie den
Werth der Lieder, und brachten sie zu einem Grade
der Vollkommenheit, den sie in allen vorigen Jahrhunderten nicht hatten erreichen können.  Die natürliche
Ordnung, welche die Künste in ihrem Fortgange gehalten, giebt uns genug zu erkennen, wie die Dichtkunst, die Musik und die Lieder auf diese Art von

einander abhangen. Diese Wahrheit wird noch dadurch
bekräftiget, daß die alten Griechen für die Lieder,
die poetischen und musikalischen Stücke, einerley Namen brauchten. Alle drey hiessen ohne Unterscheid
ᾠδαὶ, ᾄσματα, μέλη, Lieder oder Gesänge; und ihre
Verfasser ᾠδοὶ, ᾠδικοὶ, ἀοιδοὶ, oder Sänger.

Diese Namen erwecken uns oft Schwierigkeiten,
wenn wir die Alten lesen. Man weiß nicht, ob sie
von den Musicis, oder von den Poeten, oder von denen, welche sich mit Liedern beschäfftigten, haben
reden wollen. Wir finden hiervon einige dunkele
Stellen in der Odyssee des Homers. In dem ersten
Buche singet Phemius den Liebhabern der Penelope
vor, wie schwer es sey, daß die Griechen nach der
Belagerung der Stadt Troja wieder zurück kommen
könnten. In dem dritten erscheinet ein Sänger, den
Agamemnon bey seiner Gemahlinn Klytemnestra gelassen hatte, daß er sie belustigen und während seiner Ab-
wesenheit unterrichten sollte. In dem vierten singet
und tanzet man bey einem Gastmahle, welches Menelaus seinen Bürgern gab. In dem achten singet De-

módocus bey den Phäazern von den Buhlereyen des
Mars und der Venus.  Im zwölften findet Ulysses das
Mittel, dem Singen der Sirenen sicher zuzuhören.
Im ein und zwanzigsten erhebet Phemius, den die Liebhaber der Penelope wider seinen Willen zu singen zwan-
gen, vor dem Ulysses den Werth seines Singens, um
dadurch dem Tode zu entgehen.

Athenäus, 8 welcher gewohnt ist, die Musicos,
die Dichter und die Sänger, wenn ich diesen Namen
brauchen darf, durch besondere Benennung zu unterscheiden, giebt dehen Personen in der Odyssee, die ich
eben angeführet habe, nur den letzten Namen; und er
redet von ihnen ziemlich weitläufig, wie er auf die
Lieder kömmt, die man bey Tische sang, ohne in andern Stellen, wo er von der Poesie und Musik sehr
ausführlich gehandlet hat, das geringste von ihnen zu
sagen.  Er hat also geglaubet, daß in diesen Erzählungen der Odyssee blos von Liedern die Rede sey.  Es
würde leicht seyn, zu zeigen, daß einige Scholiasten
des Homers und andere Gelehrten eben so, wie Athenäus, gedacht haben.  Allein, weil Cicero, Strabo, 9

Quintilian 10, und viele Schriftsteller nach ihnen, diese Lieder, welche Homerus preiset, zur Dichtkunst oder zur Musik zu rechnen scheinen; so wollen wir uns nicht weiter dabey aufhalten.

Man könnte noch viele Werke der lyrischen Dichter Griechenlandes unter die Lieder zählen. Da aber dieses nicht ohne einige Schwierigkeit geschehen würde; so müssen wir hier bey denen Stücken bleiben; welche den Character eines Liedes so deutlich haben, daß wir keinen Fehler begehen, wenn wir sie so nennen.

Dergleichen sind erstens die Lieder, welche man während der Mahlzeit sang; man kann sie Trinklieder nennen, o sie gleich nicht allemal von den Ergetzlichkeiten der Tafel handelten. Zweytens, diejenigen; welche eine besondere Lebensart betrafen, und auf die Umstände einiger Begebenheiten oder einiger Gebräuche giengen.

Ich will dieser Eintheilung in den beyden Theilen dieser Abhandlung folgen, worinn ich nicht allein das, was uns die Geschichte von diesen Liedern berichtet, sammeln werde, sondern auch dasjenige beybringen

will, was uns die Zeit von ihrem Inhalte und den Worten, woraus sie bestunden, übrig gelassen.

Ich will hier nicht von den Epoden, von den
Proömen, den Nomen, den Prosodien, den Päanen,
den Dithyramben, den Parthenien, den Gymnopädien,
den Endymatien, den Hyporchemen, den orthischen Liedern und von mehr andern Arten der Gesänge reden, die
von dem, was wir ein bloßes Lied nennen, wenigstens
durch einige Abfälle unterschieden sind. Sonst hat Herr
Burette, der eine so gute Kenntniß von der Musik der
Alten besitzet, alle diese verschiedenen Materien in den
Abhandlungen dieser Akademie schon ausgeführet.

Aus eben der Ursache will ich zu dem, was ich von
den griechischen Liedern sagen werde, nichts von der
Melodie, dem Wohlklange und dem Sylbenmaaße der
Verse hinzufügen. Ich brauche hier nicht mehr zu
sagen, als daß einige in heroischen, oder in lyrischen, andere in freyen Versen, deren rechtes Maaß
man schwerlich bestimmen kann, abgefaß t sind; und
daß viele einer rechten ungebundenen Rede gleichen.

# Erster Theil.
## Von den Tischliedern.

Unter allen Liedern, die bey den alten Griechen im Gebrauche waren, ist uns von keinen mehr übrig geblieben, als von den Tischliedern. Alle andern wurden seltener gesungen, weil sie gemeiniglich in besondern Umständen eingeschränket waren. Einige gehörten zu einer gewissen Lebensart, als die Lieder der Hirten und der Schnitter; andere konnten nur in gewissen Begebenheiten gebraucht werden, als die Lieder, welche man von der Schlacht oder von dem Siege sang. Aber die Tischlieder waren weder durch die Personen, noch durch den Ort, noch durch die Zeit eingeschränket. Weil kein Stand, kein Ort, kein Tag von der Nothwendigkeit zu essen und zu trinken frey ist, so hatte man Gelegenheit, mehr bey Tische als anderswo, zu singen. Man darf sich also nicht wundern, daß die Nachwelt von dieser Art der Lieder am besten unterrichtet ist.

Plutarch hat in seinen Tischfragen, und Artemon in seinem Buche vom Gebrauche der Scolien, welches Athenäus anführet, verschiedene Gewohnheiten der Griechen bey ihren Trinkliedern bemerket, welche sich mit der Zeit immer verändert haben; und das, was diese beyden Schriftsteller davon geschrieben, dienet zur Erklärung des Dicäarchs, welcher schon vor ihnen davon geredet hatte, und von dem uns der Scholiast des Lucians, 12 der Scholiast des Aristophanes, 13 und Suidas ein Stück aufbehalten haben.

Erster Gebrauch.  Alle, die bey Tische waren, sungen einstimmig mit einander das Lob der Gottheit.

Aus Plutarchs Worten siehet man, daß man damals rechte Päane zu Trinkliedern gebrauchet. Diese Päane, 14 welches bey den Griechen heilige Gesänge waren, wurden auch in den folgenden Zeiten zuweilen bey Tische gesungen, wie uns die zwo Stellen zeigen, 15 die Athenäus vom Anthiphanes anführet. Da aber

der Päan an und für sich selbst zu einem ganz andern
Gebrauche bestimmet war, als die Trinker lustig zu
machen; so wollen wir hier nicht weiter davon reden.

Der andere Gebrauch. Nach der Zeit 16 sungen
zwar noch alle Gäste bey Tische; aber einer nach dem
andern. Ein jeder sang, wenn ihn die Reihe traf,
mit einem Myrthenzweige in der Hand, welcher nach
dem Range, den sie bey der Tafel einnahmen, aus
Hand in Hand immer zum nächsten Nachbarn gieng.
Einige, saget Plutarch, 17 haben behaupten wollen,
daß man auf diesen Rang nicht gesehen; sondern die
erste Person des ersten Lagers habe, nachdem sie gesungen, den Myrthenzweig und das Recht zu singen
der ersten auf dem andern Lager, diese wieder der ersten auf dem dritten Lager, und so weiter, übergeben,
bis sie alle ihr Lied gesungen hatten. Dieser Unterscheid, daß der Myrthenzweig in gerader Linie oder
schlangenweise herum gegangen sey, scheinet zwar von
geringer Wichtigkeit zu seyn; aber man muß ihn doch
merken, weil er zu der Verschiedenheit der Meynun-

gen von dem Ursprunge der Scolien Gelegenheit gegeben. Und von diesen Scolien haben wir in dieser Ab-
theilung, die von den Tischliedern handelt, vornehmlich zu reden.

Der dritte und letzte Gebrauch. Als man die
Musik in Griechenland zu einer größern Vollkommenheit brachte, und die Leyer bey den Gastereyen brauchte,
so wurden zu einem bloßen Trinkliede gewisse Gaben
erfordert, die eben nicht jeder hatte. Nur die geschick-
ten Leute, sagen die drey angeführten Schriftsteller, 18
waren im Stande, bey Tische zu singen, und ihre
Lieder nennte man Scolien. Es erhellet aus diesen
verschiedenen Zeugnissen, daß man die Trinklieder, wie
sie angefangen vollkommener zu werden, von dem Worte
σκολιὸς, welches so viel als schief oder gewunden bedeutet,
Scolien nennte, um entweder, wie Plutarch berichtet, dadurch anzuzeigen, wie schwer ein solches Lied zu singen sey,
oder nach Artemons Meynung, die unregelmäßige Lage
derer, welche sungen, anzudeuten. Denn sie lagen
nicht mehr in der Ordnung, wie sonst, einer bey dem
andern,

andern, sondern hier und da um die Tische herum
zerstreuet, und in schiefen Linien einer gegen den andern über.

Einige, von denen Plutarchus 19 redet, haben
von dem Ursprung der Scolien noch eine andere Meynung.
Sie glaubten, daß der Myrthenzweig nicht von Nachbar zu Nachbar gegangen. Sie glaubten noch, saget
er, daß die Scolien ihren Namen von dem unordent-
lichen Umgange des Myrthenzweiges erhalten hätte;
und sie setzten also den Ursprung der Scolien in die
Zeit des andern Gebrauchs, wovon wir geredet haben,
und nicht in die Zeit des dritten.

Aristoxenes und Philon, oder Phyllis, der Musi-
cus, welche der Scholiast des Lucians 20 der Scholiast
des Aristophanes, 21 und Suidas 22 angeführet haben,
waren der Meynung, daß die Scolien von der schiefen
Ordnung vieler Lager auf den Hochzeiten ihren Namen
bekommen, wo die Gäste mit Myrthenzweigen in den
Händen, einer nach dem andern, verliebte Sprüche

und Lieder gesungen. Der Scholiaſt des Ariſtophanes 23 redet auch an einem andern Orte, wo er von
den Scolien handelt, von dem Myrthenzweige, und
er ſagt ohne Unterſcheid bald, daß der, welcher ſang,
einen Lorbeerzweig, bald, daß er einen Myrthenzweig
in der Hand gehabt. Aber alles dieſes verſteht ſich
inſonderheit von der Zeit des andern Gebrauchs, da
man noch keine rechte Scolien hatte. Ich will damit
nicht ſagen, daß man nicht zuweilen auſſerordentlicher
Weiſe eine Scolie mit einem Myrthenzweige in der
Hand habe ſingen können. Ariſtophanes bemerket dieſes in einem Stücke, das ſein Scholiaſt angeführet
hat, worinn er ſaget, daß man auf dieſe Art bey einer
Gelegenheit das Lied vom Admetus geſungen, welches
eine rechte Scolie war, wie wir unten ſehen werden;
aber das war nicht der ordentliche Gebrauch der Scolien. Man pflegte, indem man ſie ſang, eher ein
Glas, als einen Myrthen= oder Lorbeerzweig, in der
Hand zu halten. Denn Tryphon, der Grammaticus,
giebt uns, im Athenäus, 24 zu verſtehen, daß man

demjenigen, der eine Scolie sang, ein Glas gab, das besonders hierzu bestimmt war, und von dem Namen des Liedes ϕίλος genannt wurde.

Der Myrtenzweig gab, nach der Anmerkung des Erasmus 25, zu einem griechischen Sprichworte Gelegenheit, das man wieder unwissende Leute brauchte: Bey dem Myrthenzweige singen. Er deutet es, nach seinem Ursprunge, auf diejenigen, welche nicht auf der Leyer spielen konnten, als ihr Gebrauch auf den Gastereyen eingeführet war. Man verwies sie im Scherze, wie Erasmus saget, zum Myrthenliede, weil sie keine Scolien singen konnten.

Die Scolien waren also die eigentlichen Trinklieder der Griechen. Außer den schon angeführten Schriftstellern versichern dieses Phavorinus, Athenäus, 26 Pollux, 27 Hesychius, 28 der Scholiast des Aristophanes, 29 Suidas, 30 Eustathius, 31 und der Verfasser des Etymologicons, 32 mit ausdrücklichen Worten. Wir dörfen also nur noch untersuchen, welches

Fortgang diese Art von Liedern unter den Griechen gehabt habe.

Terpander ist der Erfinder derselben gewesen, wenn wir dem Pindar, den Plutarchus 33 anführet, hierinn glauben wollen. Wenn wir dieses voraussezen; so dürfen wir nur die Zeit suchen, worinn Terpander gelebt hat, um die Zeitrechnung der Scolien fest zu stellen.

Hellanicus sagt im Athenäus, 34 daß Terpander der erste gewesen sey, der in den carneischen Festen den Preis davon getragen. Bey eben diesem Athenäus setzet Sosimus die Stiftung dieser Feste in die 26ste Olympias; folglich lebte Terpander in eben der Zeit, das ist, gegen das 676ste Jahr vor Christi Geburt. Die Marmorsteine des Grafen Arondels 35 bekräftigen diese Rechnung. Sie setzen einen Zwischenraum von 381 Jahren zwischen dem Streite, welchen dem Terpander seine neuen Lehrarten in der Musik erweckten, und der letzten Zeitrechnung, welche, nach Ly-

diats 36 Meynung, im 293ſten Jahre vor Chriſti Geburt zu Ende geht; und dieſes bringet alſo den Streit
des Terpanders ins 674ſte Jahr vor Chriſti Geburt.
Durch dieſe beyden Beweiſe wird die Zeit, worinn
Terpander gelebt hat, feſte geſetzt, ohne daß wir nöthig haben, uns beym Euſebius 37 Raths zu erholen,
der den Terpander in die 33ſte Olympias ſetzet; oder
den Plutarch 38 und Aelian 39 zu fragen, welche ihn
für eben ſo alt, oder gar noch älter, als den Thales
von Kreta, zu halten ſcheinen. Wir dürfen alſo auch
nicht den Hieronymus von Rhodus folgen, der ihn,
beym Athenäus, 40 mit dem Lykurgus in eine Zeit
ſetzt; noch auch endlich dem Glaucus aus Italien
glauben, der ihn, im Plutarch, 41 älter macht, als den
Archilochus. Ohne daher weiter zu unterſuchen, ob
er zu den Zeiten aller dieſer Leute gelebet habe; ſo
ſchlieſſen wir aus den beyden erſten Beweiſen von dem
Alter des Terpanders, daß die Scolien, deren Erfinder er geweſen iſt, bis zur 20ſten oder 25ſten Olympias, das iſt, bis in das 700ſte oder 680ſte Jahr vor

b 3

der chriftlichen Zeitrechnung können zurück gefetzet werden.

Viele Griechen folgten feinem Exempel, und legten fich auf diefe Art der Poefie. Athenäus 42 verfichert uns diefes insbefondere von Alcäus, Anakreon, und der gelehrten Praxilla, welche in den folgenden Zeiten lebten. Ariftophanes 43 redet von den Scolien des Melitus. Sein Scholiaft 44 und Suidas 45 fügen noch hinzu, daß Melitus Trauerfpiele gefchrieben, und den Sokrates angeklaget habe; daß feine Verfe kalt und feine Sitten fchlecht gewefen. Wir werden Gelegenheit haben, wenn wir das, was uns von den alten Liedern übrig geblieben, durchgehen werden, die Namen einiger andern Verfaffer von Scolien zuweilen mit anzuführen. Man hatte fogar gefchriebene Anweifungen über diefe Materie. Artemon hatte ein Buch von dem Gebrauche der Scolien gefchrieben, welches Athenäus 46 anführet; und Tyramon hatte, wie der Scholiaft des Ariftophanes 47 und Suidas 48 bezeugen, auf Befehl des Cajus Cäsars eine Auslegung über die Scolien verfertiget.

Man sang die Scolien bey Tische zu der Zeit, wenn alles schon aufgetragen war, und man nichts mehr nöthig hatte. Alsdenn, saget Athenäus, 49 hörte die Gesellschaft gern aus dem Munde einer vernünftigen Person ein angenehmes Lied; und das that niemals bessere Wirkung, als wenn es einige Sätze von der Aufführung oder aus der Sittenlehre in sich faßte.

Allein die Scolien waren doch auch nicht immer Lehren der Weisheit. Der Inhalt dieser Lieder wurde unendlich verschieden, wie Eustathius 50 schreibet. Einige waren spöttisch, andere hatten mit der Liebe zu thun, und viele handelten von ernsthaften Dingen.

Die Scolien der alten Dichter erwähnten zum öftern des Cottabus, wie Athenäus 51 berichtet. Dieses Wort bedeutete bald den Wein, der im Glase übergeblieben war; bald den Preis desjenigen, der am besten getrunken hatte; und noch öfterer ein Spiel, das aus Sicilien nach Griechenland gekommen war, und darinn bestand, daß man mit gewissen Umständen, die mit Scherz und Lust begleitet wurden, Wein ein-schenkte.

Die Atheniensischen Scolien waren vor allen an-dern wegen ihres Alterthums und der natürlichen Schreibart ihrer ersten Verfasser beliebt. Wenn auch Athenäus 52 dieses nicht versicherte; so würden uns doch schon die Stücke, welche wir aus dem Alterthu-me in dieser Materie noch aufzuweisen haben, genug-sam hiervon überführen können. Die Anzahl derer Scolien, wovon die alten Schriftsteller reden, oder auch nur derer, welche ganz zu uns gekommen sind, ist ziemlich groß. Ein Theil derselben gehet auf die Sittenlehre; der andere betrifft die Mythologie oder die Geschichte; und noch einige andere handeln von gemeinen und ordentlichen Dingen. Unter diese drey Classen können sie alle gebracht werden.

Die erste Classe begreift die moralischen Scolien in sich. Casaubonus 53 will behaupten, daß die

Sitten den Inhalt der meisten alten Scolien aus-
machten; ja, daß sie gar auf die Sprüche der sieben
griechischen Weisen gemacht waren, und daß diese
Sprüche sonst ἀδόμενα, Gesänge, hiessen, weil sie
bey den Gastereyen gesungen wurden. Von dieser
Art war die Scolie, welche Athenäus 54 in diesen
Worten anführet, ohne den Verfasser derselben anzuzeigen:

> Macht euch ja, noch auf dem Lande,
>     Schon zur Fahrt bereit;
> Da seht, ob ihr auch im Stande
>     Fortzuschiffen seyd.
>
> Durch die Wellen müßt ihr streichen,
>     Wie der Wind euch führt,
> Der denn in den Wasserreichen
>     Unumschränkt regiert.

Casaubonus 55 glaubet, daß dieses Stück nichts
anders, als eine Allegorie sey, die man aus dem

b 5

Spruche des Pittacus gemacht habe. Dieser Weise
sagte: Ein kluger Mann muß, ehe verdrüßliche Zu-
fälle entstehen, dafür sorgen, daß sie nicht entstehen;
und ein tapferer Mann muß sie, wenn sie einmal
entstanden sind, wieder wegschaffen. Auf diese Art
könnten wir vielleicht mit geringer Mühe aus vielen
griechischen Scolien die Sprüche der sieben Weisen
herausbringen; aber würden wir uns damit nicht in
Gefahr setzen, Muthmaßungen für Wahrheiten zu
geben? Laßt uns also die andern Scolien durchgehen,
ohne darinn zu suchen, ob sie sich auf diesen oder jenen
Spruch der Alten von weiten beziehen.

Timokreon redet in einer Scolie von der Verach-
tung des Reichthums also:

Reichthum! du bringst alles Weh; *

Nicht die Erde, nicht die See

Trage deine Thronen!

Geh zum schwarzen Höllenfluß!

Geh zum finstern Tartarus!

Da nur mußt du wohnen.

Iſidorus von Peluſium 56 gedenket dieſer Scolie in einem ſeiner Briefe, worinn er die erſten Worte davon anführet. Der Scholiaſt des Ariſtophanes 57 und Suidas 58 haben ſie uns in ihren Werken ganz hinterlaſſen: ſie ſetzen noch hinzu, daß Perikles die Formel dieſer Scolie in einem Geſetze brauchte, welches er gegen die Megarder gab, und worinn er ihnen alle Handlung zu Waſſer und zu Lande mit den Athenienſern unterſagte; hierbey führen ſie einen Vers aus dem Ariſtophanes an, wo er ſagt, daß Perikles Geſetze gäbe, die wie Scolien geſchrieben wären.

Plato, 59 und nach ihm Lucianus 60 und Athenäus 61 haben eine Scolie aufgezeichnet, die von den Graden des Vorzugs handelt, welchen wir den Gütern des Lebens geben müſſen.

Geſundheit! vor allen den Gaben,
Die Sterbliche wünſchen und haben,
Nimmſt du mit Recht den Vorzug ein.
Nach dir ſoll die Schönheit ſich ſetzen;

Euch redlich erworbenen Schätzen

Will ich die dritte Stelle weihn.

Was bleibt für die vierte zurücke?

Ich weiß schon; die geb' ich dem Glücke,

Bey jungen Freunden jung zu seyn.

Eben dieser Spruch stehet mit etwas veränderten Worten beym Phocylides: und als Aristoteles ihn von Delphi mitgebracht hatte; so setzte er ihn vor seine Werke von der Sittenlehre. Anaxandrides hielt von dieser Scolie so viel nicht. Er sagt beym Athenäus: 62

Dieser, wie er auch nun heisse, welcher dieses
Lied erfand,

Hat mit Recht die erste Stelle der Gesundheit zuer-
kannt.

Aber, Schönheit! dir die andere, Reichthum! dir die
dritte weihn,

Wahrlich, eine solche Theilung scheint mir ungereimt
zu seyn.

Nein, den Platz nach der Gesundheit, Güter! den
verdienet ihr.

Eine Schönheit, welche hungert, ist ein lächerliches
Thier.

Carcinus hatte eine Scolie auf die Freundschaft
gemacht, die wir im Athenäus 63 und im Eustathius
finden: 64

> Greift die Schlange mit der Hand!
> Wahren Freunden sey
> List und Heucheley
> Gänzlich unbekannt.

Casaubonus 65 lieset anstatt dieser Worte, ergrei-
fe eine Schlange mit der Hand, durch eine bloße
Veränderung des Accents, öffne die Hand, wenn du
eine Schlange ergriffen hast, um dadurch, wie er
sagt, anzudeuten, wie geschwinde man schädliche Freundschaft brechen müsse. Aber denn würde das andere
Glied der Scolie mit dem ersten nicht so gut zusammen hängen. Ueberdem giebt auch Eustathius 66

in der Erklärung dieser Scolie ihr die erste Bedeutung.

Athenäus 67 und Eustathius 68 haben auch noch diese andere Scolie von der Wahl der Freunde der Vergessenheit entrissen.

Möchten wir doch nur erkennen,
Was ein jeder wirklich ist!
Könnten wir die Brust eröffnen,
Und alsdann ins Herze schaun;
Und wenn wir hinein gesehn,
Wiederum die Brust verschließen,
Und uns denn erst Freunde wählen,
Die getreu und redlich sind.

Unter die moralischen Scolien muß man noch die beyden zählen, die wir auch beym Athenäus lesen.

Freund, ich bitte, hüte dich,
Scorpionen schleichen sich
Unter jeden Stein.

Und da, wo es finster ist,
Pflegt Betrügerey und List
Oft versteckt zu seyn.

Wer seinen treuen Freund
Auch treu und redlich meynt,
Ist, wie mich dünket, werth,
Daß Gott und Welt ihn ehrt.

Die andere Classe besteht aus denen Scolien, die
zur Mythologie oder zur Geschichte gehören. Wir
wollen gleich aus eben diesem Athenäus 69 fünf davon
hersetzen, deren Verfasser er nicht nennet.

Du, die du bey dem Flusse Triton
Der Welt zuerst erschienen bist,
O Pallas, Königinn Athens!
O schütz' Athen und seine Bürger
Vor Unglück, Aufruhr, frühem Sterben!
Und schütze du sie auch, o Vater dieser Göt-
tinn!

Jetzt, da wir bekränzet sind,
Will ich dir, o Mutter Plutons!
Dir, o Ceres! will ich singen.
Sey gegrüßet, große Ceres!
Und du, Tochter Jupiters,
Proserpine, sey gegrüßet!
Schützet beyde diese Stadt!

In Delus bracht' einst die Latone
Zwey Kinder auf die Welt:
Den Phöbus mit den güldnen Haaren;
Diane, so das Jagen liebt,
Die keinen Pfeil vergebens schießet,
Und über alle Weiber herrscht.

O Schutzgott der Arcadier,
O Pan! du so berühmter Tanzer,
Der du den muntern Nymphen nachläufst,
Die lachend sich vor dir verstecken,
Erscheine doch bey unsern Freuden,

O

O Pan! erschein' in unsern Liedern
Stets munter und wohlaufgeräumt.

Nun haben wir den Feind geschlagen,
Und, so wie wir gewünscht, den Sieg davon
getragen.
Die Götter haben ihn verliehn.
Ja, ja, die Götter haben ihn
Dir, o Athen, Pandrosens Vaterland!
Das ihnen lieb ist, zugewandt.

Man würde Mühe haben, zu erfahren, in welchen Umständen diese Scolien gemacht worden. Von
den neun folgenden haben wir genauere Nachricht,
und wir wollen sie nach der Ordnung der Zeiten, da
sie verfertiget sind, hersetzen.

Praxilla, eine gelehrte Sichonerinn, that sich
in dieser Art von Liedern vor andern hervor, wie
schon gesagt ist, und hatte eine große Anzahl derselben geschrieben, wovon wir fast nichts mehr übrig
haben. Man kann das Lied, das sie auf den Adonis

gemacht hatte , als eine historische Scolie ansehen.
Die Worte selber haben wir nicht; man weiß nur
noch den Inhalt; so wie ihn Zenobius 70 von Pole-
mon abgeschrieben hat. Es wird darinn von dem
Adonis geredet , der kürzlich in den unterirdischen
Gegenden angekommen. Er wird gefraget , was unter allen denen Dingen , die er auf der Erde verlassen,
das schönste sey ? und er antwortet : Die Sonne , der
Mond , die Gurken und die Aepfel. Aus dem Lächerlichen , welches darinn stecket , daß er die Sonne und
diese Arten von Früchten mit einander in Vergleichung
stellet , entstand ein Sprüchwort , das auf sehr ein-
fältige Leute gebracht wurde : Dummer , als der Adonis der Praxille.

Praxilla hatte noch eine Scolie auf den Admetus
verfertiget , die im Alterthume sehr berühmt ist. Ein
Schriftsteller , mit Namen Pausanias , 71 sagte in
seinem täglichen Wörterbuche , welches Eustathius angeführet hat , daß diese Scolie in Athen gesungen
würde , und daß einige sie dem Alcäus , andere der

Sappho, und noch andere der Praxilla von Sicyon
zuschrieben. Aber der Scholiast des Aristophanes 72
setzet sie ohne Bedenken unter die Trinklieder der Praxilla. Dieses ist die Scolie:

Der du Admets Geschichte weißt,

Freund! liebe stets nur brave Männer,

Und meide die verzagten Seelen!

Denn die Gesellschaft dieser Leute

Wird dir gewiß verdrießlich seyn.

Die Worte dieses Liedes haben wir dem Fleiße des
Athenäus 73 und des Eustathius 74 zu danken, welche sie uns aufbehalten haben. Aristophanes 75 hatte
lange vorher in zwo Stellen seiner Lustspiele davon
geredet. Die erste ist in den Wespen, wo das Chor
zu dem alten Richter also spricht: „Wie? der Schmeich-
„ler Theorus liegt bey der Tafel zu den Füßen des
„Cleons, fasset ihn bey der Hand, und singet ihm
„das Lied: Freund! der du die Historie vom Admetus
„weißt, liebe die tapfern Leute! Singet ihr ihm
„denn doch auch eine Scolie vor.„ Die andere

Stelle , wo Aristophanes. der Scolie vom Admetus
erwähnte, war in den Störchen; wovon. wir aber
nur noch dieses Stück bey seinem Scholiast 76 finden.
Einer sang bey dem Myrthenzweige das Lied vom
Admetus, 'Αδμήτε λόγον, und der andere sagte mit
Feuer das Lied des Harmodius, 'Αθμοδίε μίλος,
her. Eben dieser Scholiast 77 redet noch von dem
Kratinus, welcher, nach dem Harmodius, des Liedes
vom Admetus Erwähnung that.

Man brauchte also die beyden ersten Worte dieser
Scolie, 'Αδμήτε λόγον, für ihren Namen, und man
muß sie durch das Lied vom Admetus geben, wenn
man sie nur benennen will. Uebersetzet man sie aber,
so bedeuten diese beyden Worte die Historie, und nicht
das Lied vom Admetus. Eben daher hat die Scolie
in der lateinischen Uebersetzung des Dalechamps 78
keinen rechten Zusammenhang. Liebe, sagt er, die
beherzten Leute, wenn du das Lied vom Admetus wirst
gelernet haben: anstatt, daß er sagen sollte: Du,
der du die Historie vom Admetus weißt, liebe die
beherzten Leute.

Euſtathius 79 zeiget uns, daß durch die tapfern Leute, οἱ ἀγαθοὶ, deren Freundſchaft man nach dem Beyſpiele des Admetus ſuchen ſoll, auf die Alceſte gedeutet werde, welche ſich nicht ſcheuete, für ihn zu ſterben; und daß der Vater des Admetus, der nicht ſo tapfer war, die zaghaften Leute, τὰς δειλὰς, deren Umgang man fliehen muß, vorſtelle. Dieſe Anmerkung giebt den Worten ʼΑδμήτυ λόγος offenbar die Bedeutung der Hiſtorie vom Admetus oder ſeines Exempels, und zeigt die Unrichtigkeit aller Erklärung, worinn man den Begriff eines Liedes bringen will.

Der Scholiaſt des Ariſtophanes 80 führet Schriftſteller an, welche ſagten, Admetus ſey zum Theſeus, dem jüngſten Sohne der Alceſte und des Ippaſius, geflohen, und bey ihm geblieben; und dieſes ſey der Inhalt der Scolie geweſen. Einige, füget der Scholiaſt hinzu, ſagen, wie Alceſte das Leben ihres Mannes Admetus durch ihren Tod erkauft hatte; ſo habe man bey ihm traurige Scolien und Lieder geſungen.

Hierauf hat sich ohne Zweifel Erasmus 81 gegründet,
wenn er hat behaupten wollen, daß das Lied vom
Admetus, 'Αδμήτε λόγος, bey den Griechen zum
Sprüchworte geworden, daß man es ursprünglich
von den Klagen des Admetus und hernach von jedem
traurigen Liede brauchte. Aus eben dieser Ursache
setzet vermuthlich auch Dalechamp voraus, daß man
ich weiß nicht was für ein Lied vom Admetus gehabt
habe, welches von der Scolie unterschieden sey, und
den Inhalt derselben ausmache. Aber alle Begriffe
von diesen erdichteten Liedern sind so verwirrt und so
wenig gegründet, daß man bloß bey der klaren und
genauen Erklärung, die Eustathius von dem Verstande
dieser Scolie gegeben hat, bleiben muß.

Casaubonus 82 meynet, daß die Wörter αγαθοι
und δειλοι in dieser Scolie bloß die rechtschaffenen
und die gottlosen, nicht die herzhaften und feigen,
Leute bedeuten; aber er wird auch durch den Eustathius widerleget. Das Exempel des Admetus, der
seine Frau für ihn sterben sah, da sein Vater sich
dessen wegerte, lehret uns eben nicht, schlechterdings

gottlose Leute zu fliehen: es wird auch nicht gesagt,
daß der Vater des Admetus gottlos gewesen; sondern
diese Historie weiset, daß man auf zaghafte Leute keine
Rechnung zu machen habe. Wenn wir die Scolie so
erklären; so ist der Verstand darinn vollkommener,
und das Wort Δειλοι genauer nach den Buchstaben
gegeben.

Suidas 83 berichtet uns, daß das Lied vom Admetus, und das Lied vom Harmodius, 84 wovon wir
hernach reden werden, zum Sprüchworte geworden,
wodurch man leichte Sachen beschreiben wollte. An
einem andern Orte sagt er, daß man das Lied vom
Harmodius von schweren Sachen brauchte. Von diesen beyden Sätzen, welche sich offenbar widersprechen,
muß man nach allem dem, was von den Scolien überhaupt gesagt ist, ohne Zweifel die letzte annehmen,
zumal, da Suidas 85 selber nach dem Scholiasten
des Aristophanes 86 versichert, daß man das Wort
Scolie in verkehrtem Verstande von einer leichten
Sache brauchte.

C 4

Sohn Telamons, tapfrer Ajax, man sagt, daß
du nach dem Achilles der beste von allen denen Griechen gewesen, die Troja belagerten. Telamon sey
zuerst hingezogen, und Ajax, der andere unter den
Griechen, nächst dem Achilles, sey ihm gefolget.

So hat uns Athenäus 87 die Scolie geliefert.
Eustathius 88 führet die erste Hälfte davon an, da
er saget, daß man den grossen Ruhm des Ajax aus der
Redensart: den Telamon singen, sehen könne. Dieses Sprüchwort, setzet er hinzu, ist von der Scolie
entstanden, die mit diesen Worten anfängt: Sohn
Telamons. Antiphanes setzet diese Scolie unter die
alten Lieder, welche man bey Tische sang. Nehmet
den Odos, saget er beym Athenäus, 89 wie er von dem
Glase redet, welches die Trinklieder begleitet; aber
fallet auf keine alten Lieder, weder auf den Telamon
noch auf den Päan, noch auf den Harmodius. Theo-
pompus redet bey eben diesem Athenäus 90 auch davon. Wir lagen ganz sanft auf weichen Lagern, und

trunken, und sungen dabey eins ums andre das Lied
vom Telamon.

Obgleich die Scolie Telamons Namen führet;
so sang man doch darinn nicht vom Telamon, sondern
von seinem Sohne Ajax; und die Scolie hatte also
nur deswegen den Namen des Vaters, weil dieses
eines von den Anfangswörtern, παῖ Τελαμῶνος,
war, und auch zu ihrem Namen gebraucht wurde.
Diese Erklärung des Eustathius widerspricht der Auslegung, die uns Erasmus giebt, 91 daß die Redensart, den Telamon singen, ᾁδειν Τελαμῶνος, so viel
heiße, als das Lied vom Telamon singen, ᾁδειν τὰ
Τελαμῶνος, und daß man dieses, als ein Sprüchwort
von einer betrübten und klagenden Rede gesagt habe,
weil nämlich Telamon seinen Sohn Ajax ohne Auf-
hören beweinet hätte.

Die Tyranney der Pisistratiden war der Inhalt
einer Scolie, die einigen tapfern Ath[e]niensern zu Ehren gemacht war, welche, zur Vertheidigung ihrer

C 5

Freyheit, nach einem Orte im attischen Gebiete, der Lipsydrion hieß, hingeflohen waren, und denselben befestiget hatten. Herodotus schreibet, 92 daß die Pisistratiden sie daselbst verfolgten, und sie endlich nach einem blutigen Gefechte herausjagten. Der Tag von Lipsydrion wurde zum Sprüchworte, saget Eustathius, 1 und er setzet noch hinzu, daß man zu Ehren dieser edelgesinnten Bürger eine Scolie gesungen. Athenäus, 2 Suidas 3 und Eustathius 4 haben sie uns fast in einerley Worten hinterlassen.

> Ach! ach Lipsydrion,
> Verräther deiner Freunde,
> O was für brave Helden
> Sind durch dich umgekommen!
> Vornehme, tapfre Krieger,
> Und die durch ihre Thaten zeigten,
> Von welchen Vätern sie entsprossen.

Dieses Lied führet uns natürlicher Weise auf die Scolie vom Harmodius und Aristogiton, welche auch gegen die Söhne und Nachfolger des Pisistratus, Hipparchus und Hippias, ihre Tapferkeit sehen liessen. Hipparchus hatte die Schwester des Harmodius öffentlich beleidiget. Harmodius und Aristogiton verbunden sich darauf gegen den Tyrannen: der eine, um seine Schwester zu rächen; der andere, um seinem Freunde beyzustehen. Sie tödeten ihn auch wirklich an dem Feste der Panathenäen, und dieses war gleichsam das Zeichen, welches der athenienfischen Freyheit gegeben wurde. Hippias wurde einige Zeit hernach gezwungen, das Land zu verlassen, floh zu den Persern, und blieb hernach in der marathonischen Schlacht, worinn er die Waffen gegen sein Vaterland führte; unterdessen wurden dem Harmodius und dem Aristogiton zu Ehren Bildsäulen aufgestellt und Lieder gemacht. Thucydides, 5 Herodotus, 6 Demosthenes, 7 Aristoteles, 8 Trogus Pompejus, den Justinus ins Kurze gebracht, 9 der alte Plinius, 10 Plutarch, 11 Diogenian, 12 Pausanias, 13 und mehrere nach ihnen, haben ihre Geschichte berühret; und einige andere Schriftsteller haben

von ihren Scolien geredet. Hier sind einige davon,
die Athenäus 14 gesammelt hat.

Myrthenblätter sollen
Meinen Degen decken,
Wie ihr Schwert Harmodius
Und Aristogiton trugen,
Da sie den Tyrann erschlugen,
Und die Gleichheit der Gesetze
Den Atheniensern schenkten.

Nein! du bist noch nicht gestorben,
Theurester Harmodius!
In den Inseln der Beglückten,
Wo der schnelle Held Achilles,
Diomedes, sich vergnügen,
Und des Tydeus tapfrer Sohn,
Da bist du auch, wie man sagt.

Ich will meinen Degen mit Myrthenblättern bedeckt tragen, wie Aristogiton und Harmodius thaten, als sie den Tyrann Hipparchus zur Zeit der Panathenäen tödeten.

Euer Ruhm soll ewig seyn, liebster Aristogiton und Harmodius, weil ihr den Tyrann erschlagen, und die Gleichheit der Gesetze in Athen eingeführet habt.

Suidas schreibet, 15 daß die Lieder von dem Harmodius in diesen Worten abgefaßt waren: Harmodius und Aristogiton haben ihre Hände an die Tyrannen gelegt, und die Athenienser haben den Hippias getödtet. Aber alle diese verschiedenen Lieder kommen fast auf eins hinaus.

Aristophanes 16 redet von dieser Scolie an mehr als einem Orte seiner Werke. In den Wespen suchet der Sohn des Alten, mit dem er bey Tische sitzet, seinen Vater lustig zu machen, wenn er ihm vorschlägt, Scollen zu singen, und saget zu ihm: Ich will zuerst die vom Harmodius singen, höre zu: Niemals wurde ein Mann zu Athen gebohren. Dieses ist ohne Zweifel der Anfang einer andern Scolie auf den Harmodius, wovon wir nur noch diese wenigen Worte

übrig haben. In den Acharniern 17 will das Chor
der Bürger sagen, daß sie keinen Kriegsmann bey ihrer Tafel leiden wollen, und spricht: Er soll niemals
den Harmodius bey mir singen. 18 In eben diesem
Stücke setzet man die schönen Lieder vom Harmodius
unter die Ergetzlichkeiten der Tafel, welche daselbst
hergezählet werden. Wir' haben schon ein Stück aus
den Störchen eben dieses Dichters angeführet, wo er
saget, daß einer beym Myrthenzweige das Lied vom
Admetus und der andere die Scolie vom Harmodius
sang. Antiphanes, den Athenäus 19 anführet, thut
des Liedes vom Harmodius zweymal Erwähnung. Er
saget, 20 indem er von einem Gastmahle redet, daß
man daselbst schon den Harmodius und den Päan gesungen, als einer die große Schale des errettenden
Jupiters genommen. Nehmet dieses Glas, sagt er
anderswo; aber gerathet auf keine alten Lieder, weder
auf den Telamon, noch auf den Päan, noch auf den
Harmodius. Aristides 21 fraget in einer Leichenrede
auf den Eteonus, ob man nicht wohl thun würde,

wenn man von ihm in den Scolien singe, wie man darinn den Harmodius besinget, wenn man saget: Du bist noch nicht todt. Endlich versichert uns der Scholiast des Aristophanes, 22 daß man bey den Gastereyen das Lied gesungen, welches vom Harmodius den Namen führet, und sich also anfängt: Lieber Harmodius, du bist noch nicht todt. Aus allen diesen Zeugnissen siehet man, daß von allen denen Scolien, die auf den Harmodius verfertiget waren, die letzte am bekanntesten gewesen und am meisten gebraucht worden.

Wir haben schon angemerket, daß Suidas 23 aus dem Liede auf den Harmodius ein Sprüchwort gemacht. An einem Orte saget er, 24 daß man es von leichten Sachen brauchte, und an einem andern, daß man dadurch schwere Dinge anzudeuten pflegte. Erasmus füget hinzu, 25 daß die Scolie auf den Harmodius, so wie die Lieder auf den Admetus und Telamon, von traurigen Sachen gesagt wurde. So gleich findet er zu diesen dreyen Sprüchwörtern einen traurigen Ur-

sprung aus, und hernach eine Bedeutung, welche diesem ersten Ursprunge gemäß ist.  Aber das ist nicht
der Begriff, welchen uns die Schriftsteller davon geben, die älter sind, als Erasmus. 26.

Es ist glaublich, daß die Scolie von der Klitagora
auch auf die Zeit der Pisistratiden und den Beystand,
welchen die Thessalier den Atheniensern gegen die Tyrannen leisteten, zielete.  Die Anmerkung macht der
Scholiast des Aristophanes 27 bey Gelegenheit der
Scolie, welche Aristophanes selbst in diesen Worten
anführet:

> Geld, Thessalier und Leben
>      Müsset ihr,
>      Götter, mir,
> Mir und Klitagoren geben.

Klitagora war, wie eben dieser Scholiast meldet, 28 eine Frau aus Thessalien, welche sich auf
die Poesie legte.  Suidas 29 redet von einer Klitagora

gora aus Lacedämon, welch ebenfalls die Poesie trieb, und er saget, daß Aristophanes in den Danaiden, welche wir nicht mehr haben, derselben erwähne.

Athenäus 30 hat uns eine Scolie hinterlassen, welche Pindarus bey Gelegenheit des Preises, der in den olympischen Spielen dem Ueberwinder gegeben ward, verfertiget hatte. Xenophon aus Corinth hatte sich anheischig gemacht, wenn er Sieger würde, der Venus in ihrem Tempel eine gewisse Anzahl von Frauenspersonen zum Dienste des gemeinen Wesens zu schenken. Er trug auch den Preis davon, und nachdem Pindarus seinen Sieg in der Ode, welche sich mit dem Worte Τρισολυμπιονίκαν anfängt, und itzo die dreyzehnte im ersten Buche ist, besungen hatte; so machte er noch eine Scolie auf das Geschenke, welches er der Venus gelobet hatte. Eben diese Frauenzimmer mußten sie bey der Zurückkunft des Xenophons, und unter der Zeit, daß er im Tempel der Göttinn opferte, zum erstenmale singen.

Der Herr Uebersetzer hat Bedenken getragen, den ihm zu freyen griechischen Text zu verdeutschen. Wir

Haged. Ged. V. Th.                    D

theilen dem Leser alſo die Ueberſetzung Caſaubons mit.

O regina Cypri. in tuum iſtud nemus puellarum
XXV. láſcivarum gregem adduxit, votum lætus ut ex-
ſolveret. Peregrínæ & hoſpitales juvenculæ, miniſtræ
ſacrorum in opulenta Corintho flavas manibus thuris
laerymas tenentes, ſæpius nobis amorum cœleſtem ma-
trem placaverunt, menteque & animo ad Venerem pro-
volantes vobis illam 2 ſuperis adjutricem præbuere.
Harum molliuſculam pulcritudinem, cum urget neceſ-
ſitas, vos demetere lectis in dulcibus, o juvenes,
perpulcrum eſt. Miror autem, quid domini de me ſint
exiſtimaturi, melliti hujus carminis ſcolii excogitato
hujuſmodi principio, quod publicarum fœminarum laudi
veluti connubio annexum & adjunctum eſt.

Aus den letzten Worten ſiehet man, daß Pindarus
ſich einige Sorge gemacht hat, was ſeine Herren von
ihm und ſeiner gar zu freyen Scolie denken würden.

Der Scholiaſt des Ariſtophanes 31 nennet uns eine
Scolie von Lampon; er ſagt uns aber weiter nichts,
weder von Worten, noch von dem Inhalte. Man kann
ſie unterdeſſen mit Recht unter die hiſtoriſchen Scolien

setzen, weil der Scholiast dieselbe den Liedern von Admetus und Harmodius beygefüget, als wenn sie von
eben der Art wäre. Sonsten ist die Person, deren
Namen sie führet, in der Historie bekannt. Aristophanes, 32 sein Scholiast, 33 und Suidas 34 reden von
Lampon. Er war ein Wahrsager, und hielt das Gesetz strenge, welches Rhadamantus gegeben hatte; und
wodurch befohlen wurde, bey keiner andern Sache,
als bey dem Namen der Pflanzen oder der Thiere, zu
schwören. Er wurde mit einer athenienfischen Colonie
weggeschickt, um die Stadt Sybaris, nach ihrer Ero-
berung, wieder aufzubauen.

Aristoteles, welchen man gemeiniglich nur als einen grossen Weltweisen anzusehen pfleget, verdienet
auch noch unter den Dichtern eine Stelle, wenn er
auch sonst keine Verse geschrieben hätte, als die Scolie,
die er auf den Tod des atarnischen Thrannen, Hermias, seines Freundes und Bundesgenossen, verfertiget hat, und die wir noch aufweisen können. Dieses
kostbare Stück hat uns Diogenes Laertius 35 und Athenäus 36 aufbehalten. Julius Scaliger 37 hat daraus

geurtheilet, daß Aristoteles in der Poesie dem Pindarus nichts nachgebe, und Casaubonus 38 nennet es ein
recht güldenes Werk.

Ziel des menschlichen Bestrebens,
Ziel, das man mit Müh erreicht!
Schönste Beute dieses Lebens!
Kleinod, dem kein Reichthum gleicht!
Tugend! dich, dich, unbefleckte Schöne!
Lieben Griechenlandes Söhne.

Ihnen heissen alle Plagen
Und das grausamste Geschick,
Wenn sie es für dich ertragen,
Ein beneidenswerthes Glück.
Qual und Tod für dich gedultig leiden,
Ist ein Theil von ihren Freuden.

Dieß zeigt deines Samens Blühte,
Früchte der Unsterblichkeit,
Früchte, welche deine Güte
In der Menschen Herze streut.

Aeltern, Gold, der süsse Schlaf gefallen.
Aber du gefällst vor allen.

Herkuls, Castors, Pollux Werke,
Die so viel für dich gethan,
Waren Zeugen deiner Stärke,
Kündigten dein Daseyn an.
Und warum starb Ajax mit Achillen?
Tugend! nur um deinetwillen.

Deine Schönheit zeugt die Triebe,
Womit du gesuchet wirst.
Deiner Schönheit bloß zu Liebe
Blendet sich Atarnens Fürst;
Dieser Fürst, den sein Verdienst und Leben
Und die Ewigkeit erheben.

Des Gedächtnisses Geschlechte,
Musen! wollt ihr Zevs erhöhn,
Unter dessen Schutz die Rechte
Der Gastfreyheit sicher stehn:
O so laßt stets unter eurem Singen
Dieses Fürsten Lob erklingen.

Und so oft als eure Leyer

Von der Freundschaft Alter spielt,

Die das jugendliche Feuer

Und die erste Treu noch fühlt;

O so oft laßt unter euren Chören

Dieses Fürsten Loblied hören.


Dieses Stück, welches sich sowohl für einen grossen Dichter, als für einen grossen Weltweisen schicket, erweckte dem Aristoteles Ankläger; Athenäus 39 berichtet, daß Demophilus und Eurymedon ihn der Gotteslästerung beschuldigten. Sie gaben vor, das Lied wäre ein rechter Päan, und es wäre nicht erlaubt, so bey Gastereyen, einem blossen Menschen zu Ehren, einen geheiligten Gesang zu singen, der für die Götter allein gehörte. Julius Scaliger 40 glaubet auch, daß es ein Päan sey; aber Athenäus behauptet, daß man nicht die geringste Spur eines geheiligten Liedes von dieser Art darinn antreffe, weil der Verfasser daselbst von dem Hermias, als einem sterblichen Menschen, redet, und die Anrufung, ὦ πρόιας, welche man or-

dentlich in denen Päanen findet, ausgelaſſen hat. Dieſe
beyden Gründe des Athenäus ſind aber doch nicht un-
beantwortet geblieben. Caſaubonus 41 ſetzet dem erſten
einen Päan entgegen, der von Xenophon 42 angeführet wird, und den Dioſcuren, die doch auch ſterblich
geweſen, zu Ehren gemacht war; und wider den andern bringet Scaliger 43 ein Stück des Ariphrons aus
Sicyon von der Geſundheit her, welches Athenäus 44
ſelbſt einen Päan nennet, und worinn man doch nicht
die Anrufung findet. Dem ſey nun, wie ihm wolle,
man kann dieſes Lied des Ariſtoteles, auf des Athenäus Wort, immerhin unter die Scolien ſetzen; und
das iſt die letzte von unſern hiſtoriſchen Scolien.

Die dritte Claße beſteht aus denen Scolien, welche von gemeinen und ordentlichen Dingen handeln. Hier
finden wir gleich den Alcäus und Anakreon vor uns.
Ariſtoteles 45 erwähnet der Scolien des Alcäus, und
man weiß auch ſonſt, daß Alcäus und Anakreon ſich
in dieſer Art von Liedern ſehr hervorgethan, und daß
darum, nach der Anmerkung des Athenäus, 46 Ariſtophanes zu ſeinen Gäſten ſagt: Singet mir eine Sco-

lie aus dem Alcäus und Anakreon. Nun können wir auch leicht wissen, wovon die Scolien dieser beyden Dichter handelten.

Unter den wenigen Stücken, die uns noch vom Alcäus übrig geblieben sind, finden sich einige, worinn von nichts, als Wein und gutem Leben, geredet wird. Athenäus, 47 nennet sie ein Werk des Alcäus, des Liederdichters. Man kann sie also als lauter Ueberblicksel von seinen Scolien ansehen. Er suchet darinn überhaupt das Trinken in allen Jahrszeiten, und in allen Umständen unsers Lebens anzupreisen.

## Erstes Stück auf den Winter. 48

Seht, wie Zeus durch Regengüsse
Felder überschwemmt;
Seht, der Lauf, der schnellsten Flüsse
Wird durch Eis gehemmt;
Seht, die Luft ist schon den Winden
Völlig unterthan.
Fort! den Frost nicht zu empfinden,
Zündet Feuer an!

Doch man muß, nach meinem Dünken,

Itzt auch lustig seyn.

Gebt uns reichlich Wein zu trinken;

Aber guten Wein.

Der, ihr wißt schon, den ich meyne,

Honigfarbe zeigt,

Und nicht, wie die andern Weine,

Gleich zu Kopfe steigt.

## Anderes Stück auf den Sommer. 49)

Brüder! netzt die Zungen,

Netzt und kühlt die Lungen

Mit dem besten Wein!

Auf, und schenket ein!

Seht! der Hundsstern glühet,

Alles, was man siehet,

Alles ist erhitzt,

Alles durstet itzt.

Sollten wir allein

Denn nicht durstig seyn?

D 5

Plutarchus 50 führet diese Worte davon an: Netzt
die Lungen; untersuchet bey dieser Gelegenheit in einer
von seinen Tischfragen: ob der Trunk in den Magen,
oder in die Brust hinunterfliesse? Er meynet, nach den
Meynungen vieler Alten, daß er den letzten Weg
nehme, welches uns gewiß eben keinen grossen Begriff
von ihrer Naturlehre und Anatomie giebt.

## Drittes Stück auf den Frühling. 51

Hört einmal ihr muntern Brüder!
Itzo kömmt der Frühling wieder,
Seht, er kömmt, von Blumen schwer.
Gebt mir gleich aus diesem Fasse
Von dem honigsüssen Nasse
Eilet! einen Becher her!

## Viertes Stück über die Gelegenheiten zum Gram und Kummer. 52

O Bacchis! laß Sorgen und Grillen
Dir Herz und Gedanken nicht füllen,

Sprich, ob man das Glücke so zwingt.
Das kräftigste Mittel, die Plagen
Und allen Verdruß zu verjagen,
Ist dieses, daß man sich betrinkt.

## Horaz 53 hat nach der Zeit eben das gesagt:

Spes donare novas largus, amaraque
    Curarum eluere efficax.

## Fünftes Stück über die Gelegenheiten zum Vergnügen und zur Freude.

Heute, Brüder! heut
Ist die rechte Zeit,
Daß ihr trinkt, und trunken seyd.
Lustig! eingeschenket!
Wer nicht will, der muß.
Weil des Schicksals Schluß
Unsern lieben Myrsilus
In die Gruft versenket.

Horaz hat davon eben so viel an mehr als einem Orte seiner Gedichte geredet.

## Sechstes Stück. 54

Vor allen Pflanzen muß der Wein
Von dir zuerst gepflanzet seyn.

## Horaz hat es Wort für Wort übersetzt. 55

Nullam, Vare, sacra vite prius severis
arborem.

## Siebentes und letztes Stück. 56

Brüder! warum trinkt ihr nicht?
Was erwartet ihr das Licht?
Denkt, wie bald ein Tag verflossen,
Gebet uns geschwinde Wein!
Große Becher bringt herein,
Die verschiedner Weite seyn,
Und vom Weine vollgegossen.

Trinkt den Rebensaft, und denkt,
Wozu Bacchus ihn g.schenkt;
Auf! vergesset Noth und Plagen.
Eins, zwey, drey und mehrmal leer!
Und wird euch der Kopf zu schwer,
Gut! so trinket immer mehr.
Ein Glas soll das andre jagen.

Wenn wir von den Scolien des Alcäus nach dem wenigen, was wir eben davon gesaget haben, urtheilen wollen; so hatten sie keinen andern Inhalt, als die Ergetzlichkeiten der Tafel. Hierauf hat vermuthlich Quintilian gesehen, 57 wenn er schrieb, daß dieser Dichter sich zu Kleinigkeiten heruntergelassen hätte, da er doch geschickter gewesen wäre, was Grosses zu singen: In lusus & amores descendit, majoribus tamen aptior. Man hat auch wirklich von ihm noch viele andere Stücke, welche zeigen, daß er oft die edelsten und ernsthaftesten Materien zu wählen wußte.

Was den Anakreon anbetrifft; so haben wir von ihm siebenzig Oden, welche man ihrer Kürze und ihres

Inhalts wegen für diejenigen Scolien ansehen muß, welche das Alterthum ihm zuschreibet. Er besinget darinn bald die Liebe, bald den Gott des Weins, und oft beyde zugleich. Wollen wir diese Stücke von Seiten der Schreibart betrachten; so finden wir in denselben eine solche Süßigkeit, und etwas so feines und zärtliches, als wir vielleicht sonst nirgends finden. Alles ist darinn schön und natürlich: jeder Gedanke ist eine Empfindung; jeder Ausdruck kömmt aus dem Herzen, und gehet wieder zum Herzen. Man findet da diese ungekünstelten Annehmlichkeiten, welche den Charakter des Liedes ausmachen, und dasselbe von allen andern Werken der Poesie unterscheiden. Man siehet da diejenigen lachenden Bilder, welche allemal gewiß gefallen, weil sie mit Geschmack und Urtheil aus der blossen Natur genommen sind. Hiezu war ohne Zweifel eine Melodie ausgesuchet, die sich zu den Worten schickte; und so mußte die ionische Mundart, die sehr annehmlich war, und die ionische Singart, die alle andern an Zärtlichkeit übertraf, diese Lieder vollkommen angenehm machen. Will man sie aber von Seiten der Sitten ansehen, so zeiget uns alles eine ausschweifende Wollust, eine Freyheit, sowohl im Witz, als im Herzen; und eine angenommene Ruhe und Sorglosigkeit, welche alles das, was wir Glück, Ehre, Tugend und Wohlstand nennen, als lauter eitele und nichtswürdige Begriffe entfernet.

Pindarus, von dem ich schon eine Scolie auf eine historische Begebenheit angeführet habe, machte auch dergleichen auf die Ergetzlichkeiten der Tafel. Denn da Athenäus 58 von den alten Scolien redet, worinn oft etwas von dem Kottabusspiele vorkam; so leget er diese dem Pindarus in den Mund.

Ich will mich im Winter auf die Annehmlichkeiten der Liebesgötter der Venus betrinken, und dem Agathon den Kottabus zubringen.

Hier sind noch einige Scolien, welche Athenäus gesammelt hat, 59 ohne die Verfasser derselben zu melden.

O würd' ich eine schöne Leyer
Von weißem Elfenbein,
Und könnt' ich denn durch schöner Kinder Hand
Zum Bacchustanz getragen seyn!
O würd' ich Gold, das noch kein Feuer
Verfehrt und durchgebrannt,
Und nähm' ein tugendhaftes Weib
Mich denn an ihren schönen Leib!

Lebe, trinke, liebe, lärme,
Kränze dich mit mir!
Schwärme mit mir, wenn ich schwärme;
Ich bin wieder klug mit dir.

Auf! Cotonis, schenk mir ein,
Schenk mir ein, und höre,
Laß dir diese Lehre
Heut von mir gesaget seyn:
Man muß das Getränk der Reben
Allen braven Leuten geben.

Athenäus hat noch zwo andere, die sehr kurz sind,
in seine Sammlung aufgenommen. 60

Die

Die Eichel hat das Schwein, und jene hätt' es gerne,
Dieß Mädchen hab' ich auch, und jenes hätt' ich gerne.

    Der Bader und die * * * baden
Den feinsten Mann, den schlechtsten Kerl
Beständig nur in einer Wanne.

Ein kriegerisches Lied des Hybrias von Kreta, welches einige, wie Athenäus saget, 61 unter die Scolien
gesetzt haben, soll den Beschluß dieser Abhandlung
machen.

Ein Spieß, ein Schwert, ein schöner Schild,
Der meinen Leib beschützet,
Sind mir ein grosser Schatz.
Denn hiedurch kann ich pflügen, ärnten,
Die süssen Trauben keltern,
Und Herr in meinem Hause seyn.
Die aber es nicht wagen,
Spieß, Schwert und Schild zu tragen,
Die alle fallen vor mir nieder,
Verehren mich, als ihren Herrn,
Und nennen mich gar einen König.

Haged. Ged. V. Th.                    e

1 ARISTOT. probl. 17. 28.

2 JOSEPH. contr. Appion.

3 PLUTARCH. de Homer. Poët.

4 HOMER. Hymn. in Apoll. verf. 20.

5 STRAB. Lib. I. PLIN. Lib. V. c. 56. & Lib. VII. c. 56. APUL. Lib. II. Florid. Defcr.

6 OLYMP. Lib. I.

7 ORIGIN. C. XXXVIII. SVIDAS in φςρεκιδης.

8 ATHEN. Lib. l. cap. 12.

9 STRABO Lib. 1.

10 QUINTIL. Lib. 1. c. 10.

12 Scholiaft. LVCIAN. de lapfu inter falt.

13 Scholiaft. ARISTOPH. in ran. v. 1337. & in vefp. v. 1231.

14 SVIDAS, in σκολιον. ATHEN. Lib. XV. c. 14. PLVTARCH. Sympof. Lib. I. Qu. 1.

15 ATHEN. Lib. XI. c. 15. & Lib. XV. c. 13. in fin.

16 Scholiaft. ARISTOPH. & SVID. loc. cit. ATHEN. Lib. XV. c. 14. PLVTARCH. loc. cit.

17 Ibid.

18 Scholiaft. ARISTOPH. & SVID. loc. cit. ATHEN. loc. cit. PLVTARCH. loc. cit.

19 PLVTARCH. Sympof. Lib. I. Qu. 1.

20 Scholiaft. LVCIAN. de lapfu inter falt.

21 Scholiaft. ARISTOPH. in ran. v. 1337. & in vefp. v. 1231.

22 SVIDAS in σκολιόν.

23 Schol. ARISTOPH. in vesp. v. 1217.

24 ATHEN. Lib. XI. cap. 15.

25 ERASM. chil. 2. cent. 6. adag. 21.

26 ATHEN. Lib. XV. c. 14.

27 POLLVX Lib. IV. 53. & Lio. VI. 108.

28 HESYCHIVS in σκολιόν.

29 Schol. ARISTOPH. in ran. v. 1337. & in vesp. v. 1217.

30 SVIDAS in σκολιόν.

31 EVSTATH. in 4 Iliad. & in 7 Odyss.

32 Etymolog. M.

33 PLVTARCH. de Music.

34 ATHEN. Lib. XIV. c. 9.

35 Marm. Oxon. Ep. 35. lin. 49.

36 LYDIAT. annot. ad chron. Marmor.

37 EVSEB. Chron.

38 PLVTARCH. de Mus.

39 AELIAN. Lib. XII. Var. cap. 50.

40 ATHEN. Lib. XIV. c. 9.

41 PLVTARCH. de Music.

42 ATHEN. Lib. XV. cap. 14.

43 ARISTOPH. in ran. v. 1337.

44 Schol. ARISTOPH. loc. cit.

45 SVIDAS in σκολιόν.

46 ATHEN. Lib. XV c. 14.

E 2

47 Schol. ARISTOPH. loc. cit.

48 SVIDAS loc. cit.

49 ATHEN. Lib. XV. c 14.

50 EVSTATH in 7. Odyff. p. 1574. ed. Rom.

51 ATHEN. Lib. X. c. 7. & Lib. XV. c. 1. 2.

52 ATHEN. Lib. XV. cap. 14.

53 CASAVB. animadv. in ATHEN. Lib. XV. c. 15.

54 ATHEN. Lib. XV. c. 15.

55 CASAVB. loc. cit.

* Man weiß nicht, wie weit Pluto und Plutus eigentlich von einander zu unterscheiden sind, weil
sie von den Griechen so gar oft mit einander ver-
wechselt werden. S. la Mythologie & les Fables
expliquées par l'histoire par Mr. l'Abbé BANIER.
Tom. 5. Liv. IV. c. X. XII. Plutus, der Gott des
Reichthums, ist unter die höllischen Gottheiten gerechnet worden, weil wir, um Schätze zu suchen,
bis in das Innerste der Erde gedrungen sind, oder
auch, weil vielleicht schon die Alten die zeitlichen
Schätze mit so vielen Fluch.n und so frevelhafter Un-
gerechtigkeit oft besudelt befunden, daß sie den heid-
nischen Besitzern derselben und ungewissenhaften
Wucherern in jener Welt nur selten einen andern
Sitz verheissen haben, als die Hölle.

56 ISIDOR. PELVS. Lib. II. epist. 146.

57 Scholiast. ARISTOPH. in ran. v. 1337. & in Acharn.
v. 531.

58 SVIDAS in σκολιοὶ.

59 PLATO in Georg.

60 LVCIAN. de lapsu inter salt.

61 ATHEN. Lib. XV. c. 14.

62 ATHEN. Lib. XV. cap 15.

63 ATHEN. l. c.

64 EVSTATH. in 7 Odyſſ. pag. 1574. edit. Rom.

65 CASAVBON. animadv. in ATHEN. L. XV. c. 15.

66 EVSTATH. in 7 Odyſſ. p. 1574. ed Rom.

67 ATHEN. Lib. XV. cap. 14.

68 EVSTATH. l. o.

69 ATHEN. Lib. XV. c. 14.

70 ZENOBIVS cent. 4. adag. 21.

71 EVSTATH. in 2 Iliad. p. 326. edit. Rom.

72 Scholiaſt. ARISTOPH. in veſp. v. 1231.

73 ATHEN. lib. XV. c. 15.

74 EVSTATH. loc. cit.

75 ARISTOPH. in veſp. v. 1229.

76 Schol. ARISTOPH. loc. cit.

77 Ibidem.

78 DALECHAMP. in ATHEN. lib. XV. cap. 15.

79 EVSTATH. in 2. Iliad. p. 326. edit. Rom.

80 Scholiaſt. ARISTOPH. loc. cit.

81 ERASM. chil. 2. cent. 4. adag. 22.

82 CASAVBON. animadv. in ATHEN. Lib. XV. cap 15.

83 SUIDAS in Ἀδμήτȣ μέλος.

84 Idem in 'Αρμόδιος.

85 Idem in σκολιό'.

86 Scholiaſt. ARISTOPH. in ran. v. 1337.

87 ATHEN. Lib. XV. cap. 15.

88 EUSTATH. in 2 Iliad. p. 284. edit. Rom.

89 ATHEN. Lib. XI. cap. 15.

90 Idem Lib. I. cap. 19.

91 ERASM. chil. 3. cent. 4. ad ag. 10.

92 Herodot. Lib. V.

1 EUSTATH. in 4. Iliad. p. 461. edit. Rom.

2 ATHEN. L. XV. cap. 15.

3 SVIDAS in ἐπιλειψυδρίῳ μάχη.

4 EUSTATH. loc. cit.

5 THUCYD. L. VI.

6 HERODOT. L. III.

7 DEMOSTHEN. de Cor. f. 382.

8 ARISTOTEL. Polit. L. III.

9 JUSTIN. Lib. II. cap. 9.

10 PLIN. Lib. VII. cap. 23.

11 PLUTARCH. de vita dec. Rhet. in Antiph.

12 DIOGEN.

13 PAUSAN. Attic. p. 29.

14 ATHEN. Lib. XV. c. 15.

15 SVIDAS 'Αρμόδιος.

16 ARISTOPH. in vefp. v. 1217. & feqq.

17 ARISTOPH. in Acharn. v. 677.

18 Ibid. v. 192.

19 ATHEN. c. XV. c. 14.

20 Idem Lib. XI. c. 15.

21 ARISTIDES. ferm. in Eteon.

22 Scholiaft. ARISTOPH. in Acharn. v. 977.

23 SVIDAS in 'Αδμήτυ μέλος.

24 Idem in 'Αρμόδιος.

25 ERASM. chil. 2. cent. 6. adag. 22. & cent. 10. adag. 93. & chil. 4. cent. 4. adag. 10.

26 SVIDAS loc. cit. EVSTATH. in 2. Iliad. p. 285. edit. Rom.

27 Scholiaft. ARISTOPH. in vefp. v. 1237.

28 Ibidem.

29 SVIDAS. in Κλιιταγορα.

30 ATHEN. Lib. XIII. c. 4.

31 Scholiaft. ARISTOPH. in Acharn. v. 977.

32 ARISTOPH. in avibus v. 521. & 989.

33 Schol. ARISTOPH. in nub. v. 331. & in Acharn. v. 977. & in avib. v. 521. & 989.

34 SVIDAS in Θυριομάντεις, & in Λάμπων, & in 'Ραδαμάνθυς.

35 DIOGEN. LAERT. in Ariftot.

36 ATHEN. Lib. XV. c. 16.

E 4

37 Scaliger l. Poët. 44.

38 Casavbon. animadv. in Athen. Lib. XV. c. 16.

39 Athen. lib. XV. c. 16.

40 Scaliger Lib. Poëtic. l. 44.

41 Casavbon. animadv. in Athen. Lib. XV. c. 16.

42 Xenoph. Cyrop. Lib. III.

43 Scaliger loc. cit.

44 Athen. Lib. XV. in fine.

45 Aristot. III. 10. Pol.

46 Athen. Lib. XV. c. 14.

47 Athen. Lib. X. c. 8.

48 Ibid.

49 Ibid.

50 Plutarch. Sympof. L. VII. Qu. 1.

51 Athen. Lib. X. c. 8.

52 Ibidem.

53 Horat. Lib. IV. Od. 12.

54 Athen. Lib. X. c. 8.

55 Horat. Lib. l. Od. 18.

56 Athen. loc. cit.

57 Quintil. Lib. X. cap. 1.

58 Athen. Lib. X. cap. 7.

59 Athen. Lib. XV. c. 15.

60 Ibidem.

61 Ibidem.

# Andere Abhandlung.

## Von den Liedern, die gewissen Hand-thierungen eigen waren, oder bey gewissen Ge-legenheiten gebraucht wurden.

Es scheinet, daß in Griechenland jede Handthierung eine Art von Liede hatte, die ihr besonders geheiligt war. Wenigstens haben wir noch einige Spuren von Liedern, welche die Hirten sungen; von denen welche die Leute, die des Tages auf dem Felde arbeiteten, zu brauchen pflegten; von den Liedern der Schnitter, derer, welche das Korn droschen, und derer, welche Wasser schöpften; von den Liedern, welche den Mül-lern, den Webern, den Wollenarbeitern, den Säug-ammen und den Badern zugehörten. Die Griechen hatten auch noch Lieder, die mit besondern Gelegen-heiten und Gebräuchen verbunden waren, wie das Lied auf die Erigone, die Lieder auf die Theodore, die

Julen der Ceres und der Proserpina, die Philelie des Apollo, die Upingen der Diana, die Liebeslieder, das Hochzeitlied, die Freudenlieder und die Trauerlieder.

Die Hirtenlieder. Der Gebrauch der Lieder schickt sich für das Schäferleben vortrefflich. Das natürliche Wesen der Hirten und die Muße, deren sie genieſſen, reizen sie zu singen; und die lieblichen Bilder, womit sie von allen Seiten umgeben sind, werden für sie unerschöpfliche Quellen von Liedern. Man macht sich auch von ihrem Zeitvertreibe, und selbst von ihrer täglichen Beschäfftigung keinen andern Begriff, als daß sie beständig singen. Man stellet sich in ihren Liedern Lieblichkeit, Zärtlichkeit und ein ungekünsteltes Wesen vor; und wenn wir sie selbst nicht sehen und hören können; so lieben wir doch wenigstens die Lieder, welche auf die Art gemacht sind. Diesem Geschmacke haben wir unsere Schäfereyen und Hirtenflöten zu danken, und von eben demselben haben die andern Völker, welche die Künste getrieben, auch den schönen Gebrauch des Hirtenliedes erhalten.

Es giebt also zwo unterschiedene Arten von Hir-
tenliedern : diejenigen, welche sie selber singen ; und die,
welche man zur Nachahmung macht. Da wir sowohl
die eine, als die andere Art selbst unter uns haben;
so hat man ja noch viel stärkere Ursache, zu glauben,
daß sie in Griechenland im Schwange giengen, wo
das Schäferleben gewiß allgemeiner und edler war,
als es bey uns ist. Unterdessen ist doch von dieser
alten Zeit kein Stück mehr übrig, das ein eigentli-
ches Hirtenlied seyn sollte. Es ist wahr, Throfritus
und die andern griechischen Dichter lassen ihre Hirten
singen: und wenn man die Worte, welche sie ihnen
in den Mund legen, von dem Zusammenhange abson-
dern will; so könnten sie noch wohl für Lieder angesehen werden. Aber ich kann sie hier nicht als Lieder anführen, weil sie doch einen Theil von rechten
Werken der Dichtkunst ausmachen.

Das Besonderste, was wir noch von den Liedern
der griechischen Hirten wissen, ist dieses, daß sie ein
Lied hatten, welches sie Bucoliasmus nannten, und

zu singen pflegten, wenn sie das Vieh zur Weide trieben. Diomus, ein Schäfer aus Sicilien, war, wie Athenäus 1 saget, der Erfinder davon, und Epicharmus erwähnte desselben in seinem Alcion und im Schiffbruch leidenden Ulysses. Man hieß auch noch einen Tanz, den man auf der Flöte spielte, Bucoliasmus. Athenäus selbst unterscheidet ihn von dem Liede, wovon wir eben geredet haben.

Pollux 2 nennet das Lied der Ziegen- und Viehhirten ein bäurisches Lied und eine bäurische Muse, wenn nur nicht das, was er davon sagt, eher auf den Gesang und auf die Melodie, als auf das Lied selber, gehen soll.

Das Lied der Tagelöhner, die auf dem Felde arbeiteten. Athenäus bemerket, daß Teleklides in den Amphiktyonen davon geredet hatte. Das ist alles, was wir davon wissen.

Das Lied der Schnitter. Theokritus 3 und seine Scholiasten, 4 Apollodorus, 5 welchen einer von die-

sen anführet, Phavorinus, 6 Pollux, 7 Athenäus, 8
Hesychius 9 und Suidas erwähnen diese Art vom Liede; und nennen es das Lied des Lityerses, oder auch
allein den Lityerses. Diesen Namen führte es vom
Lityerses, einem natürlichen Sohne des Midas, und
einem Könige der Celener in Phrygien. Er war ein
wilder Herr, und ein sonderlicher Freund von der
Feldarbeit, zumal vom Aernten. Die Fremden mußten gar mit ihm, und eben so viel Korn, wie er,
abmähen: diejenigen aber, welche nicht Kräfte genug
dazu hatten, wurden umgebracht; bis er endlich selbst,
noch bey Lebzeiten des Midas, durch den Herkules getödet war.

Julius Scaliger 10 beschuldiget hier die mytho-
logischen Schriftsteller eines Fehlers in der Zeitrechnung, und er will behaupten, daß Herkules und Midas nicht zu einer Zeit gelebet haben; er bringet uns
aber dagegen keinen Beweis, und ich sehe nicht, warum
sie nicht zu einer Zeit hätten leben können. Dem sey nun
wie ihm wolle, der Dichter Sositheus oder Sosibius ist

älteste bekannte Schriftsteller, welcher dieses bemerket, und von den Begebenheiten des Lityerses redet. Man hat hierüber ein Stück von einem seiner Trauerspiele, das von Athenäus 11 und Tzetzes 12 zum Theil, und vom Scholiasten des Theokritus ganz angeführet ist. Menander redet auch vom Lityerses, der bey der Rückkehr von der Aernte singe.

Pollux 13 sagt, daß der Lityerses ein Trauerlied gewesen, welches man um die Tenne und um die Garben gesungen, um den Midas über den Verlust seines Sohnes zu trösten. Dieses Lied war also seinem Ursprunge nach kein griechisches Lied; und Pollux setzt es auch mit unter die fremden Lieder. Er füget noch hinzu, daß es eigentlich den Phrygiern zugehörte, welche vom Lityerses den Ackerbau gelernet hatten. Der Scholiast 14 des Theokritus versichert uns, daß die Schnitter in Phrygien noch zu seiner Zeit das Lob des Lityerses, als des besten Schnitters, zu singen pflegten.

Ist der Lityerses ursprünglich ein fremdes Lied gewesen, worinn das Lob eines phrygischen Fürsten enthalten war; so müssen wir glauben, daß die griechischen Schnitter nur den Namen des Liedes bey sich aufnahmen, und daß unter dem phrygischen und unter dem griechischen Lityerses allemal ein großer Unterscheid gewesen. In dem letztern ward weder vom Lityerses, noch vom Midas etwas gedacht, wenn wir nach der zehnten Idylle des Theokritus 15 davon urtheilen wollen, wo der Dichter einen Schnitter einführet, welcher spricht: „Höret, wie das Lied von dem göttlichen Lityerses heißt;„ und es darauf in sieben Absätzen hersaget.

Die du Korn und Aehren mehrest,
Ceres, laß doch diese Aernte
Ja recht reich und fruchtbar seyn.

Hört, die ihr die Garben sammelt,
Bindet ja dieselben gut,
Daß der, so vorüber gehet,

Und euch sieht, nicht sagen möge:
Lüderliche Tagelöhner!
Das heißt Lohn umsonst gegeben.

Stellet eurer Garben Spitze
Gegen Norden oder Westen;
Hierdurch schwellt das Korn am besten.

Ihr, die ihr dreschet, schlafet nie,
Wenn euch der Mittag brennt,
Weil ihr alsdann mit leichter Müh
Das Korn von seinen Hülsen trennt.

Laßt euch ja im Felde sehen,
Schnitter, wenn die Lerch erwacht.
Mit ihr müßt ihr schlafen gehen,
Und der Mittagshitze Macht
Unempfindlich überstehen.

Ihr Kinder, die Bequemlichkeit,
Die Ruh, die jenen Frösch erfreut,
Verdienet unsern Wunsch und Neid.

Ihm

Ihm fehlet kein verlangter Trunk;
Er suchet keinen, der ihm schenket;
Er trinket, durch sich selbst getränket,
Und hat zu trinken genung.

So! karger Filz, nichts steht dir schöner
Als daß du deine Tagelöhner
Mit schlechten Linsen weidst.
Verwunde dir nur nicht die Hände,
Wenn du einmal zu diesem Ende
Ein Kümmelkorn zerschneidst.

Das sind die Worte, welche Theokritus seinen
Schnitter singen läßt. Soll man aber ja diese Verse
nicht sowohl für einen rechten Lityerses, als vielmehr
für ein poetisches Stück, ansehen; so zeigen sie uns
doch allemal den Geschmack, die Schreibart und den
ordentlichen Inhalt der Schnitterlieder.

Das Lied des Lityerses wurde unter den Griechen
ein Sprüchwort, wodurch man, wie Erasmus 16

saget, ein Lied andeuten wollte, das man mit Wi-
derwillen, oder gezwungen sang.

•

Von dem Liede deren Weiber, die das Korn aus
den Aehren stampften. Die Weiber, sagt Athenäus, 17
welche das Korn aus seinen Hülsen schütteln, hatten
ein anderes, wie Aristophanes in den Priesterinnen der
Ceres, und Nicochares im Herkules, dem Reihenfüh-
rer, sagen. Casaubonus 18 hat dieses Lied und das
Ptisticon, oder den Ptismos, dessen Pollux erwähnet,
für eins gehalten. Unterdessen redet Athenäus von
einem bloßen Liede, das er von denen unterscheidet,
welche auf Instrumenten gespielt wurden; und Pollux 19 spricht von einem Stücke, das man auf der
Flöte blies. Man spielet noch ein anders, sagt er,
welches Ptisticon heißt, auf der Flöte, wie Phryni-
chus in seinen Comasten in diesen Worten meldet:
Ich will für uns beyde eine Ptisticon blasen; und
wie Nicophon in den Chirogastris saget: Komm, spiele
doch mit uns auf der Flöte einen Ptismos.

Von dem Liede derer, welche Wasser schöpften. Aristophanes 20 redet davon, als von einem Liede, das nur aus dem Munde der gemeinsten Leute gehöret wurde. Denn da er jemand deswegen bestrafen will, daß er ein Lied von schlechtem Geschmacke gesungen habe, so läßt er sagen: Woher hast du das Wasserzieherlied genommen?

Der Scholiast 21 des Aristophanes bemerket hiebey, daß man das Lied derer, welche Wasser schöpften, Himaion nennte; und er setzet das Zeugniß des Callimachus hinzu. Dieser saget: Wo singet ein Wasserzieher den Himaion? Dieses Wort kömmt von dem griechischen ἱμάω, schöpfen, wie eben der Scholiast saget, welchen Suidas 22 an diesem Orte abgeschrieben hat.

Von dem Liede der Müller. Die Müller hatten auch ihr eigenes Lied. Aristophanes, welchen Athenäus 23 anführet, nennte es Himaias, wie das Lied der Wasserzieher. Tryphon nennet es, bey eben diesem

F 2

Athenäus, Himaios oder Epimylios, ohne diese beyden Namen zu unterscheiden. Aelianus 24 und Pollux 25 geben demselben auch den letztern Namen, Epimylios. Der Ursprung der beyden Wörter, ἱμαῖος
und ἐπιμύλιος, ist leicht genug zu finden. Das erste
kömmt von ἱμᾶν, schöpfen, wie wir schon gesagt haben; und das andere von μύλη, einer Mühle. Unterdessen muthmaßet Athenäus, 26 daß diese beyden Wörter wohl von dem dorischen ἱμαλίς, dem er verschiedene Bedeutungen beyleget, herstammen könnten. Man
kann hierüber diesen Schriftsteller, und seinen gelehrten Ausleger, Casaubonus, 27 nachschlagen. Hesychius giebt dieser Art vom Liede noch die Namen,
Epanteus und Epinostes; und Casaubonus leget über
diese beyden Namen einige Verbesserungen vor, welche man an eben dem Orte in seinen Anmerkungen über
den Athenäus lesen kan.


Wir finden in dem Gastmahle der Weisen bey dem
Plutarch 28 ein Lied von der Art; und das ist auch

vielleicht das einzige, das uns noch aus dem Alterthume übrig geblieben.

Mahle, Mühle, mahle; denn selbst Pittacus, der in der großen Stadt Mitylene regieret, mahlet gern.

Pittacus, einer von den sieben griechischen Weisen, und ein Herr oder Tyrann von Mitylene, pflegte, wie uns Aelian 29 berichtet, die Mühlen sehr zu rühmen, weil sie in einen kleinen Platz eine Menge solcher Leute zusammen brächte, welche, ihrer Nahrung halber, darinn ihre Zuflucht suchen müssen. Weil also Pittacus aus der Erfindung und dem Nutzen der Mühlen viel machte; so hat dieses ohne Zweifel zu dem Liede, welches Plutarch anführet, Gelegenheit gegeben. Er nimmt es aber doch in einem ganz anderen Verstande. Er legt es nämlich dem Thales in den Mund, und meynet, er wolle darinn dem Pittacus auf eine scherzhafte Weise sein starkes Essen vorwerfen: denn dieses muß man seiner Erklärung nach, durch das Wort, mahlen, verstehen.

Von dem Liede der Leinweber. Dieses hieß Elinos, wie es Epicharmus, den Athenäus 30 anführet, in seinen Atalanten nennet.

Von dem Liede der Wollenarbeiter. Athenäus 31 nennet es Julos. Und dieses ist auch eben der Name, welchen schon Eratosthenes in einem dem Merkur zu Ehren verfertigten Hymnus demjenigen Liede gegeben hatte, welches die Mädchen unterdessen sungen, daß sie mit Zubereitung der Wolle beschäftiget waren.

Von dem Liede der Säugammen. Es scheinet, als wenn man davon zwo verschiedene Arten hätte. Die eine sungen sie, indem sie die Kinder säugten; und die andere, wenn sie dieselben einzuschläfern suchten. Chrysippus redet von der ersten, wenn er, nach Quintilians 32 Berichte, den Säugammen ein besonderes Lied zuschreibet, welches sie unter Zeit zu singen pflegten, daß die Kinder an ihrer Brust lagen. Von der zweyten Art haben andere Schriftsteller geredet. Athenäus 33 saget, daß die Lieder der Säugammen Kataboucalises hießen. Das Wort, wovon dieser Name herkömmt, bedeutet, wie es Hesychius erkläret, so viel, als die Kinder mit einem Liede einschläfern. Eben dieser Hesychius nennet sie Nunnios. Sonst hießen sie auch noch Epasmata (Zauberlieder.)

Casaubonus 34 hält drey Verse des Theokrits 35 für ein Lied von dieser Art, womit Alcmene bey ihm ihre beyden Kinder, den Herkules und Iphiklus, die erst zehn Monate alt waren, in den Schlaf singen will.

Schlaf süß, geliebtes Paar,
Schlaft, geliebte Herzen,
Frey von Unruh und Gefahr,
Frey von Sorg- und Schmerzen.

f 4

Lieben Kinder, gute Nacht!

Schlafet, lieben Brüder,

Schlafet glücklich ein, erwacht

Morgen glücklich wieder.

So läßt auch Nonnus 36 den Emathion und die Harmonia durch die Lieder ihrer Mutter, der Electra, einschlummern.

Sie braucht der Ammen Kunst, singt beyder Kinder Ohr

Ein süßes Liedchen vor;

Dieß Liedchen lockt den Schlaf, er kömmt, und beyde Brüder

Verschließen schon die Augenlieder.

Zu den Liedern der Säugammen könnte man wohl die Lieder der Kinder hinzufügen. Lala war ihr ordentlicher Gesang unter den Griechen, so wie bey den Römern, und noch jetzo bey uns. Lala ist ein Gesang, den wir von den Kindern hören, saget Lucian. 37.

Von dem Liede der Bader. Die Bader hatten auch besondere Lieder, saget Athenäus, 38 als Krates in den Kühnen angemerket hat. Es hatten also die Leute, welche in den Bädern aufwarteten, die Freyheit zu singen. Aber denenjenigen, welche sich badeten, erlaubte der Wohlstand dieses nicht. Wenn daher Theophrast 39 einen ungeschliffenen Menschen abmalen will; so saget er von ihm, daß er im Bade singe.

Von dem Liede auf die Erigone. Dieses wurde, wie Athenäus 40 meldet, an dem Eoren = oder Schaukelfeste gesungen, und Aletis, oder das herumschweifende, das fliegende Lied genannt. Erigone 41 war eine Tochter des Icarus, der den Oebalus zum Vater gehabt, und eine Nichte des Castors und Pollux. Ihr Vater verlohr sich auf einmal, und sie suchte ihn mit vieler Mühe. Wie sie endlich erfuhr, daß er getödet wäre; so gerieth sie in Verzweifelung, und erhenkte sich selbst. Nicht lange darauf wütete die Pest im attischen Gebiete; und als man das Orakel darüber um Rath gefraget hatte; so setzten die Athenienser, nach dem Befehle desselben, zum Andenken der Erigone, das Eorenfest und das Lied Aletis ein.

Von den Liedern des Theodorus. Hievon finden wir dieses bey dem Athenäus: 42 „Aristoteles schreibt „in seinem Buche von der Republik Colophon, daß „Theodorus eines gewaltsamen Todes gestorben sey; „er solle ein lüderlicher Mensch gewesen seyn; und „dieses könnte man auch aus seinen Gedichten sehen; „denn die Weiber pflegten noch an dem Eorenfeste „seine Lieder zu singen.„

Von den Julen der Ceres und Proserpina. So hiessen die Lieder 43, welche diesen beyden Gottheiten besonders gewidmet waren. Didymus hatte schon vor vor dem Athenäus 44 angemerket, daß Julos ein Lied sey, welches der Ceres zu Ehren gesungen wurde. Da Athenäus 45 dem Ursprunge dieses Namens nachforschet; so bemerket er, daß man der Ceres den Namen Julo gegeben, und die Gerstengarben Uloi oder Juloi genannt; daß die Lobgesänge, welche diefer Göttinn zu Ehren verfertiget waren, mit beyden Namen beleget würden, und außerdem noch Demetru-loi, oder Caliuloi hießen, wie die Schlußzeile zeigt, die in einem Liede immer wiederholet wurde, und an die Ceres gerichtet ist: πλῦτον ἅλον ἵει, schick uns reichlich Gersten.

Von der Philelie des Apollons. Die Philelie sagt Athenäus, 46 war ein Lied, das man dem Apollo zu Ehren sang, wie Telesilla berichtet. Es hieß so, wie Casaubon bemerket, von einer eben solchen Schlußzeile: ἔξεχ᾽ ἔξεχι, ῶ χίλ᾽ ἅλιε; geh auf, geh auf o liebe Son-ne! Der bloße Name dieses Liedes wird also schon die oft aufgeworfene Frage entscheiden können: Ob in der alten Fabel Apollo und die Sonne einerley sey?

Von den Upingen der Diana. So heisset sie Athenäus, 47 und er redet noch immer von bloßen Liedern. Sie hatten ihren Namen von dem Worte Upis, welches ein Beyname der Diana war; und von dem Callimachus in einem Lobgesange, den er der Göttinn zu Ehren verfertiget, gebraucht worden ist.

Οὐχι ἀνασσ' εὐῶπι sagt er, o Diana! Königinn
mit den schönen Augen. Paläphatus 48 versichert,
daß die Diana bey den Lacedämoniern so geheissen
habe. Virgil und Nonnus 49 legen einer von den
Gespielinnen und Begleiterinnen der Diana den Na=
men Upis bey.

Von den Liedern der Verliebten. Die Liebe leh=
ret uns die Musik und Poesie. Dieser Spruch war
unter den Griechen sehr bekannt, und ist bey dem
Plutarch 50 der Inhalt einer Tischrede. Die Grün=
de, womit er beweisen will, daß diese Leidenschaft
uns einen Geschmack am Singen und Dichten bey=
bringe, schicken sich noch besser für die Lieder, als für
die Musik und Poesie.

Die Liebe, sagt er, belebet, erfreuet und begei=
stert uns, so wie der Wein. In diesem Zustande hat
man eine natürlichr Neigung zu singen, eine musika=
lische Veränderung der Töne, und ein ordentliches
Tonmaaß in seine Rede zu bringen.

Ausserdem, sagt er ferner, brauchen wir auch, wann wir lieben, eine verblümte und abgemessene Sprach, um dadurch dasjenige, was man saget, zu erheben, so wie man das Gold zur Ausschmückung der Bildsäulen braucht. Wenn man von dem Geliebten redet, so preiset man desselben Vollkommenheiten und Schönheiten durch Lieder, deren Wirkung allemal viel lebhafter ist und länger währet, als der Eindruck, den alle andere Arten der Rede machen. Schicket man seinem Schatze Briefe oder Geschenke: so suchet man den Werth derselben durch einige verliebte Verse, die sich singen lassen, zu vermehren. Kurz, sagt Plutarch nach dem Theophrast, drey Sachen bewegen uns zum Singen: der Schmerz, die Freude und die Begeisterung. Der Schmerz preßt uns Seufzer und Klagen aus, die dem Singen nahe kommen: und daher kömmt es eben, daß die Redner bey den Schlüssen ihrer Reden, und die Schauspieler in ihren Klagen eine singende Stimme annehmen. Die Freude verursacht heftige Bewegungen; Leute von schlechter

Lebensart treibet sie zum Springen und Tanzen: so weit gehen nun zwar vernünftigere und gesetztere Personen nicht; aber sie bringt sie doch gewiß zum Singen. Die Begeisterung bringt in uns gewaltige Veränderungen hervor; sie verändert so gar die Stimme, und reißt den ganzen Körper aus seiner ordentlichen Stellung. Dieses sehen wir bey dem Geschrey der Bacchanten und aus den Antworten der Orakel; und in beyden hören wir auch eine gewisse Musik und einen Tact. Nun ist kein Zweifel, daß sich bey der Liebe die heftigsten Schmerzen, die lebhaftesten Freuden und die stärksten Entzückungen oder Begeisterungen befinden. Dieser Philosophus schließt demnach so: Da diese Leidenschaft die drey Ursachen unserer Neigung zum Singen in sich vereiniget; so muß sie gewiß unter allen am geschicktesten seyn, uns Lieder singen zu lehren.

Wir haben schon unter den Scolien, oder Trinkliedern der Griechen einige Exempel von solchen verliebten Liedern gesehen. Es ist glaublich, daß die Lieder der Hirten oft von dieser Art waren. Vielleicht wurden auch damals, wie heut zu Tage, bey andern

Verrichtungen und Gelegenheiten Lieder gesungen, deren Inhalt blos die Liebe war. Dem sey, wie ihm wolle, Athenäus hat uns das Gedächtniß dreyer Lieder von dieser Art erhalten; und wir müssen sie hier auch nicht vergessen.

Von dem ersten schreibt er so: Clearch redet in dem ersten Buche seiner Liebesgeschichte von einem Liede, welches Nomion heißt, und von der Eriphanis verfertiget war, folgender Gestalt: Die Sängerinn Eriphanis liebte den Jäger Menalcas. Aus Liebe zu ihm begab sie sich auch auf die Jagd, und setzte mit ihm den wilden Thieren nach. Sie durchstrich die bergigten Gegenden, wenn sie von Dornbüschen noch so sehr bedeckt waren; und das Herumschweifen der Jno ist mit dem ihrigen nicht in Vergleichung zu stellen. Die Schmerzen dieser Verliebten unglücklichen Schönen erweckten nicht allein in den unempfindlichsten Menschen, sondern auch in den wildesten und grausamsten Thieren ein Mitleiden, ja gar zärtliche und verliebte Bewegungen. Hierüber nun machte und sang sie in ihrer Einsamkeit ein Lied, welches Nomion heißt; und worinn unter anderen diese Worte vorkommen: Die hohen Eichen, o Menalcas!

Von dem andern. Aristoxenus sagt in seinem vierten Buche von der Musik, daß die Weiber in alten Zeiten ein Lied gesungen, welches Calycee geheissen. Wir haben, (Athenäus redet hier noch immer) wir haben Verse von dem Stesichorus, worinn eine gewisse Calycee, die in den jungen Evathlus verliebt ist, die Venus bittet, ihr diesen Jüngling zum Manne zu geben; endlich aber, wie der junge Mensch in ihr Begehren ganz und gar nicht willigen will, sich von einem Berge herunter stürzet. Dieses geschah in der Gegend von Leucas.

Von dem dritten. Aristoxenus schreibet in dem Auszuge seiner Geschichte, daß Harpalyce vor Schmerz und Betrübniß vergieng, weil Iphiclus sie verachtete, in welchen sie sterblich verliebt war; und daß man bey dieser Gelegenheit Spiele anstellte, worauf die jungen Mädchen ein Lied sungen, welches Harpalyce hieß. Parthenius 51 erwähnet auch dieser Arten von Lieder, und der Geschichte, die dazu Gelegenheit gab.

Von

Von dem Hochzeitliede. Dieses hieß Hymenäus.
Auf den Hochzeiten wird der Hymenäus gesungen,
sagt Athenäus 52 aus dem Aristophanes. Hier würde
ich von dem Ursprunge und Gebrauche des Hochzeitliedes, und von der Anrufung des Hymenäus bey den
Griechen etwas sagen, wenn nicht schon der Herr Abt
Souchay 53 diese Materie in seiner Abhandlung von
dem Ursprunge und Charakter des Hochzeitliedes angeführet hätte.

Von den lustigen Liedern. Die Lieder werden ordentlicher Weise in der Schoos der Freude gezeuget.
Und also könnte man fast alle die, wovon wir bisher
geredet haben, unter die lustigen Lieder zählen. Es gab
aber doch in Griechenland noch einige andere, denen
dieser Name etwas eigentlicher zukommt; weil sie,
dem Ansehen nach keinen andern Ursprung und Ent-
zweck gehabt haben, als eine Empfindung und Bewe-
gung der Freude. Von dieser Art ist das Lied des
Datis, welches Aristophanes 54 uns in diesen Worten hinterlassen hat: ὡ; ἥδομαι, καὶ τέρπομαι, καὶ
χαίρομαι. Wie wohl ist mir! wie freu ich mich! o,

wie entzückt bin ich! Dieses nennet Aristophanes das
Lied des Datis. Der Scholiast und Suidas setzen hinzu,
daß Datis ein persischer General gewesen, der aus Unwissenheit in der griechischen Sprache für χαίρω immer
χαίρομαι gesagt habe; daher man auch diese Redensart Datismus genannt." Das Lied des Datis wurde,
nach der Anmerkung des Erasmus, zum Sprüchworte,
wodurch man eine angenehme Begebenheit andeutete.

Von der Trauerliedern. Es gab davon einige Arten: Die Wehklage, oder, den Olophyrmos, den Jalemos, den Linos oder Ailinos.

Die Wehklage, sagt Athenäus, 55 hieß das Lied,
welches bey Todesfällen, oder bey andern betrübten
Gelegenheiten, gesungen wurde.

Jalemos war der Name desjenigen, welches man
in der Trauer sang; wie Apollodor, 56 Euripides 57
und Aristophanes, den Athenäus 58 hierüber anführt,
bezeugen. Daher kömmt das griechische Sprüchwort,
das wir beym Hesychius 59 finden, Ἰαλέμε ὀικτρέ.

τιρος, oder auch ψυχρότερος, kläglicher, oder frosti-
ger, als ein Jalemos. Adrianus Junius 60 führt auch
diese griechischen Worte als ein Sprüchwort an,
εἰς τοὺς ἰαλέμους ἐγγραπτέος, welches werth ist, unter die Jalemen gesetzt zu werden. Es gründet sich
auf eine Stelle des komischen Dichters Menanders,
wo er sagt: Wenn ein Liebhaber nicht Kühnheit besitzt;
so ist er ein unglücklicher Mensch, der unter die Jalemen, oder Klaglieder gehöret. Junius füget hinzu,
daß Jalemos der Name eines Menschen sey, der sehr
häßlich und unangenehm, ein Sohn der Calliope und
folglich seiner Mutter sehr ungleich gewesen.

Linos war ebenfalls ein griechisches Lied. Herodotus 61 schreibt davon folgendes, indem er von den
Aegyptern redet. Sie haben noch viel andere merkwür-
dige Gebräuche, und darunter insonderheit das Lied
Linos, welches in Phönicien, Cypern und andern Ländern berühmt ist, wo es nach der Verschiedenheit der
Völker verschiedene Namen führet. Es ist ausgemacht,
daß es eben das Lied sey, welches bey den Griechen
unter dem Namen Linos gesungen wird. Unterdessen

G 2

470341

muß ich mich doch, da viele andere sonderliche Dinge in Aegypten mich in Verwunderung gesetzt haben, vornehmlich über den Linos verwundern; und ich weiß nicht, woher er seinen Namen erhalten. Es scheinet, daß man dieses Lied zu allen Zeiten gesungen habe.

Uebrigens heißt der Linos bey den Aegyptiern Maneros. Sie behaupten, daß Maneros der einzige Sohn ihres ersten Königes gewesen sey: und als ihn ein frühzeitiger Tod ihnen entrissen; so hätten sie seinem Gedächtnisse zu Ehren diese Art von Trauerliede gesungen, welches also seinen Ursprung bloß ihnen zu danken habe. Der Text des Herodots giebt uns zu erkennen, daß es ein Leichenlied gewesen sey. Sophokles 62 redet von dem Liede Ailinos in eben dem Verstande. Unterdessen wurde doch auch der Linos und Ailinos nicht nur in Trauer und Betrübniß, sondern auch in der Freude gebraucht, wie Euripides beym Athenäus 63 meldet. Pollux 64 giebt uns von diesem Liede noch einen andern Begriff, wenn er saget, daß der Linos und der Lityerses Lieder der Feldarbeiter gewesen. Da Herodotus, Euripides und Pollux, einer

von dem andern, in ihrem Leben durch eine Zwischen-
zeit von etlichen Jahrhunderten entfernt gewesen sind;
so ist es wahrscheinlich, daß der Linos Veränderungen
erlitten, die aus demselben, nach der Verschiedenheit
der Zeiten, ein verschiedenes Lied gemacht haben.

  1 ATHEN. Lib. XIV. c. 9.

  2 POLLVX. Lib. IX. num. 12.

  3 THEOCRIT. Idyll. 10.

  4 Scholiast. Theocrit in Idyll. 10.

  5 Alter Scholiast. cit. in lect. Theocrit. Casaub. c. XII.

  6 PHAVORIN.

  7 POLLVX Lib. I. c. 1. & lib. IV. c. 7.

  8 ATHEN. Lib. X. c. 3. & Lib. XIV. c. 3.

  9 HESICHIVS in Αιτυιερσης.

10 JVL. SCALIGER Histor. Poët. Lib. I. c. 4.

11 ATHEN. Lib. x. c. 3.

12 TZETZ. chiliad. Casaub. lect. Theor. c. 12.

13 POLLVX Lib. IV. c. 7.

14 Schol. Theocr. in Idyll. 10.

15 THEOCR. Idyll. 10.

16 ERASM. adag. chil. 3. cent. 4. adag. 75

17 ATHEN. Lib. XIV. c. 3.

18 CASAVBON, animadv. in Athen. Lib. XX. c. 3.

19 POLLVX L. IV. num. 55.

20 ARISTOPH. in ran.

21 Schol. Ariftoph. in ranis.

22 SUIDAS in ἱμάτον ἄτμα.

23 ATHEN. Lib. XIV. cap. 3.

24 AELAN. var. hiftor Lib. VII. cap. 4.

25 POLLVX Lib. IV. n. 53. & Lib. VII. n. 180.

26 ATHEN. Lib. XIV. c. 3.

27 CASAUB. animalv. in Athen. Lib. XIV. c. 3.

28 PLUTARCH. fept. Sap. Convivium.

29 AELIAN. var. hiftor. Lib. VII. c. 4.

30 ATHEN. Lib. XIV. c. 3.

31 Ibidem.

32 QUNTIL. Inft Lib. I. c. 10.

33 ATHEN. loc. cit. Leopard. c. 5 7. emend.

34 CASAUB. ad Theophr Charact.

35 THEOCR. Idyll. 24.

36 NONN. Dionyf. Lib. III.

37 LUCIAN. in Philopfeudo.

38 ATHEN. Lib. XIV. c. 3.

39 THEOPHR. Charact. c. 4.

40 ATHEN. loc. cit.

41 HYGIN. Lib. II. in Arctophil. & Lib. I. fab. 120.

NONN. Dionyf Lib. XLVII. LEOPARD. cap. 146.
MERCURIAL. L. de Gymnaft.

42 ATHEN. Lib. XIV. c. 3.

43 Ibidem.

44 Ibid.

45 Ibid.

46 Ibid.

47 Ibid.

48 PALAEPHATUS Lib. II.

49 NONN. Dionyf. Lib. XLVIII.

50 PLUTARCH. Amator. & Sympof. Lib. I. Qu. 5.

51 PARTHEN. in Amator.

52 ATHEN. loc. cit.

53 Mém. de Letter. Tom. XIII. p. 473.

54 ARISTOPH. in pace.

55 ATHEN. loc. cit.

56 APOLLODOR. Lib. IV.

57 EURIPID. in Troad.

58 ATHEN loc. cit.

59 ERASM. Adag. chil. 2. cent. 10. adag. 86.

60 AULIUS. adag. cent. 4. adag. 64.

61 HERODOT. Lib. II.
62 SOPHOCL. in Ajace.
63 ATHEN. Lib. XIII. c. 3.
64 POLLUX Lib. I. c. I.

# Epigrammatische
## Gedichte.

# Witz und Tugend.

One *moral*, or a mere well·natur'd deed
Can all desert in sciences exceed.

BUCKINGHAM

Wie schön ist nicht Homer, der Dichter aller Zeiten,
Wie reizend, wie gelehrt, wie reich an Trefflichkeiten!
Doch auch nur eine That rechtschaffner Menschenhuld,
Der wahren Mäßigung, der Großmuth, der Geduld,
Verschwiegne Tugenden, die wir mit Kenntniß üben,
Sind noch einmal so schön, als was Homer geschrieben.

# An Hypsäus.

Man muß nicht allezeit was hocherhabnes sagen:
Der allgemeine Witz ist nicht der Hoheit Freund.
Des Weltlichts vollen Glanz kann mancher nicht ertragen,
Der seinen Schimmer liebt, wenn er in Wassern scheint.

Nicht jeder Wahrheit Bild kann helle Farben leiden,
Die reizt, wann um ihr Licht ein zarter Schatten spielt.
Uns brennt der Sonne Glut auf unbepflanzten Heiden,
Die uns zur Anmuth stralt, wenn sie ein Lustwald kühlt.

## Grabschrift des Neodars.

Neodar, seiner Freunde Plage,
Ruht hier, und hört zu fragen auf.
Das Fragen war sein Lebenslauf,
Und er verschied in einer Frage.
Du fragst bey diesem Leichenstein:
Ward er durch Fragen klug? Ach nein!

## Flaminius Vacca.

Wer ist, was Vacca war, ein Meister, welcher allen
Durch Werke seiner Kunst, und nie sich selbst gefallen? "

* In der berühmten Rotonda zu Rom stehet unter
dem marmornen Kopfe Flaminii Vaccæ, welchen
er selbst verfertiget hat: D. O. M. FLAMINIO
VACCÆ. SCVLPTORI. ROMANO. QVI. IN. OPE-

RIBVS. QVAE. FECIT. NVNQVAM. SIBI. SATIS.
FECIT. S. Journal Littéraire, 1713. T. I. p. 164.
MONTFAUCON, in Diario Italico, (Parif. 1702.)
p. 103. Keyßlers Reisen, im 51sten Briefe.

## Cosmus.

Wie klug ist Cosmus von Gesicht!

Man muß ihm etwas Stolz erlauben:

Doch alles was er heute spricht,

Scheint ihm des Witzes Ruhm zu rauben.

Ist Cosmus klug? Ist er es nicht?

Ich werde seinen Worten glauben.

## An den verwachsenen Gurdus.

Du gleichest dem Aesop; doch dein Verstand ist klein.

Der Kern der Bucklichten räumt dir gewiß nicht ein,

So dumm, als höckericht, und dennoch stolz zu seyn. *

---

* *Incommenfurati funt aftuti.* Scipio Claramontius,
de conjectandis cujusque moribus, (Venet. 1621.)
L. VII. C. 5. p. 277. S. auch den ersten Auftritt
der ersten Handlung in Shakespears Trauerspiele,
King Richard III.

# Ueber das Bildniß

des

# Herrn Professor Bodmers,

### Mitgliedes des grossen Raths zu Zürich.

### 1 7 5 2.

In dieser Bildung herrscht der schöpferische Geist,
Der neuen Witz und Muth im Noah uns beweist.
Sein Auge lebt und denkt, und weissagt Meisterstücke.
Wie reizt michs, daß ich hier auch einen Freund erblicke,
Der mich so lange liebt, und daher fast vergißt,
Daß meine Dichterey dem Reim noch dienstbar ist!

## Auf den Cheselden der Deutschen.

Es lebe Carpser lang! er zieret unsre Zeiten.
Wünscht Aerzten seine Kunst, und Königen sein Herz!
Sein Anblick selbst erquickt, die Schwermuth hemmt sein
Scherz,
Und er vergißt sonst nichts, als seine Gütigkeiten.

## Wernicke.

Wer hat nachdenklicher den scharfen Witz erreicht,
Und früher aufgehört durch Wortspiel uns zu äffen?
An Sprach und Wohllaut ist er leicht,
An Geist sehr schwer zu übertreffen.

## An den Freyherrn von ***.

Der, unverführt von Freuden und von Sorgen,
Nie herzlich weinet oder lacht;
Der, jede Nacht und jeden Morgen,
Ohn alle Träume schläft, nur, wenn er soll, erwacht;
Der, gleich entfernt von Witz und Unverstande,
Sich nicht versteigt, auch nicht versteigen kann:
Trifft man in dem den größten Geist nicht an;
So ist er doch vielleicht der Glücklichste im Lande.

## Philosophen. Redner.

Den Weisen von Stagir entehret eine Metze;
Demosthenes spricht als ein Held;

Doch er verläßt Schild, Schlacht und Feld:

Und Harpalus Geschenk ersticket sein Geschwätze : 2

Ein Diogen verfälscht das Geld : 3

Ein Seneca verdammt und sammlet Schätze,

Das ist der Lehrer Art; das ist der Lauf der Welt,

Erbauliche Gesetze,

Die ihr Gebieter selbst nicht hält!

1 Aristoteles Stagirites ex Herpyllide scorto, cum qua ad mortem usque intercessit ei familiaritas, Nicomachum genuit, ut Hermippus ait, libro primo de Aristotelis vita, testamentoque suo, ut aequum fuit, curiose illi prospexit. ATHENAEVS Casaub. L. XIII. p 589.

2 S. den Plutarch im Leben des Demosthenes.

3 Wenigstens hat Eubulides den Diogen dieses Verbrechens beschuldiget. S. Bruckers Hist. Philosoph. T. I. p. 871.

## Leander und Scapin.

So glichen sich wohl niemals Herr und Knecht!

Der Herr ist lang; der Diener ist nicht kleiner:

Der Herr lacht laut; der Diener wiehert recht:

Der Herr ist grob; der Diener ist nicht feiner:

Der Herr ist bleich; ist nicht der Diener blaß?

Der Herr sieht halb; was kann der Diener sehen?

Leander haßt ein ausgeleertes Glas;

Läßt auch Scapin ein volles vor sich stehen?

* S. NATAL. STEPHANII SANADONIS Carmina
( Lutet. Parif. 1715. ) p. 150. 235.

## An einen Arcadier.

*læva in parte mammillæ*

Nil falit Arcadico juveni.

JUVENAL. Sat. VII. 159.

Du grübelst Tag und Nacht, umringt vom Dichter-
chor,

Wer in Athen und Rom der Kenner Lust gewesen.

Was nutzt dein stummer Fleiß? Was hilft dein blindes
Lesen?

Dein bleyerner Verstand steigt nicht durch sie empor.

Es scheint fast jede Müh vom Ziel dich zu entfernen.

An Witze bist du arm, doch an Poeten reich,

Und nur den schweren Ankern gleich,

Die stets in Wassern sind, und nimmer schwimmen lernen.

Haged. Ged. V. Th.

## Wider den Horaz.

Wahr ist es, auch Horaz folgt andrer Weisen Spur,
Entlehnet vom Chrysipp, und borgt vom Epicur:
Alcäus, Archiloch sind dieses Schülers Meister,
Und Pindar und Homer, das Muster grosser Geister.
Man sagt: Er denket wahr; man sagt, daß er ergetzt;
Was sagst denn du, Pantil? Du sagst: Er übersetzt!

## Wunsch.

Langweiliger Besuch macht Zeit und Zimmer enger:
O Himmel, schütze mich vor jedem Müßiggänger!

## MARCUS AURELIUS ANTONINUS VERISSIMUS. *

Monarchen, euren Werth wird jede Zeit erheben;
Und die Benennungen berühmter Herrscher leben.
Noch wiederholt die Welt das Lobwort und geschwächt;
Noch heissen sie uns groß, noch weise, noch gerecht.

Ein ſchöner Name fehlt, den Antonin erworben,

Der des Wahrhaftigſten.  Iſt dieſer ausgeſtorben?

* Erat vero hic Marcus Annius, qui Catilius ante ap‐
pellabatur, nepos Annii Veri, qui tertium Conſul,
ac præfectus urbi fuerat: ac juſſit quidem Hadrianus,
ut ambos ( *Commodum & Marcum Annium Verum* )
Antoninus ( *Pius* ) adoptaret: at nihilominus alteri
Verum prætulit, quum propter illius propinquita‐
tem cum eo, tum propter ætatem, quodque jam
indolem animi robuſtiſſimam oſtenderet : unde ad
Romanæ vocis ſenſum facete alludens VERISSIMVM
nominabat. DIO CASSIVS, Hiſt. Rom. Lib. LXIX.
Cap. XXI. edit. Reimar. Vol. II. p. 1168. Es wird,
wer den Charakter des Antonius erwägen will,
ſchwerlich glauben, daß der kluge Hadrianus in die‐
ſer ſo gerechten Benennung nur auf den Namen Ve‐
rus gezielt habe.  Sie iſt mehr als ein von ungefähr
entſtandener Einfall, und, auch wohl daher, auf
griechiſchen Münzen erhalten worden , S. p.
1169. §. 162.  Sie enthält ein beſonderes Lob: in‐
ſonderheit, wenn jemals wahr geweſen iſt, was
die Königinn Chriſtina in ihren, von Guldenblatt
geſammleten, Maximen geſetzt hat: Les Princes
ſont plus fourbes que leurs Cours.  Plinius, der
um dieſe Zeit lebte, und gewiß ihre Sprache kañte,
nennet L. IX. Ep. XXV. den Mamilianum virum
graviſſimum, eruditiſſimum ac ſuper iſta *veriſſimum*,
und ſagt vom Euricio L. II. Ep. 9. Habet avunculum
C. Septicium, quo *nihil verius*, nihil ſimplicius,
nihil candidius, nihil fidelius novi.  Schöne und
verſchwiſterte Eigenſchaften, die alle an dem Antonin
hervorleuchteten!

H 2

Ich erinnere mich hiebey aus den Briefen der Marquisinn von SEVIGNE, einer Stelle, wo sie an die Gräfinn von Grignan, ihre Tochter, schreibt: Il y a longtems que je dis que vous êtes *vraie*... Ah! qu'il y a peu de personnes *vraies*. Revez un peu sur ce mot, vous l'aimerez. Je lui trouve, de la façon que je l'entens, une force au delà de la signification ordinaire.

Madame DE LA FAYETTE disoit à Ségrais, que de toutes les louanges qu'on lui avoit données, rien ne lui avoit autant plû que deux choses qu'il lui avoit dites: qu'elle avoit le jugement audessus de son esprit, & qu'elle aimoit le Vrai en toutes choses. C'est ce qui a fait dire à Mr. de la Rochefoucault, qu'elle étoit *vraie*; façon de parler dont il est l'auteur & qui a réussi. ANECDOTES LITTER. T. II. ·P. 205.

# Erill.

Wir wissen, daß Erill nie günstig denkt noch
spricht:

Zum Beyfall bringen ihn Geist oder Sitten nicht.

Es gleiche noch ein Herz, mein Wilkens, deinem
Herzen,

Ein Witz selbst Rab'ners Witz in seiner Kunst zu
scherzen;

Beſitzet, könnt' es ſeyn, zum ſchönſten Eigenthum,

Des Leibnitz Wiſſenſchaft und unbegränzten Ruhm;

Euch mögen Tugenden, Verdienſt' und Glück erheben;

An jedem Vorzug wird ſein Biß, ſein Geifer kleben.

Man nenn ihn, wie man will, ſtolz, neidiſch und
vergällt:

Ich nenne den geſtraft, dem keiner wohlgefällt. †

† S. Martial. L. V. Ep. XXVIII.

## Warnung.

Wie leichtlich wird man hintergangen!

Doch das Verhängniß läßt geſchehn,

Daß, die uns gerne hintergehn,

Oft mit Geräuſch und vielen Worten prangen.

So macht die Schrecklichſte der Schlangen

Die ſich, mit ihr, ſchon nähernde Gefahr

Durch ihr Geklapper offenbar. **

** Ich bediene mich auch hier des Rechts aller Poeten, der allgemeinen Sage ſo oft zu folgen, wie
ſie wollen. An dem, was ich, nach derſelben,

von der Klapperfchlange anführe, wird gezweifelt,
feitdem der berühmte Richard Mead feinen Me-
chanical Account of Poifons heraus gegeben hat.
On dit que la Sonnette du Serpent qui en porte
le nom, (a) lui a été donnée pour avertir les paf-
fans, & pour les empêcher de s'expofer à fa mor-
fure. Mais la Providence, qui a formé les Or-
ganes des Animaux, pour leur fervir & non pour
leur nuire, a donné au Serpent fa Sonnette, pour
le mettre en état de fe nourrir d'Oifeaux & d'Écu-
reuils. Moins agile qu'eux il rampe au pié des
arbres, où ils fe tiennent, & par le bruit qu'il
fait il les éveille, il les étourdit. Effrayés à fa
vue, ils fautent de branche en branche, & aprés
s'être fatigués inutilement pour éviter un Ennemi
qui les attend, ils tombent devant lui, & ils devi-
ennent fa proie. C'eft là en quoi confifte le *charme*
qu'on leur attribue (b) . . . Mr. *Mead* a vu un
Faucon perché fur un Arbre, qui effrayoit telle-
ment les petits Oifeaux, que, quoiqu'ils puffent
s'envoler, ils ne s'en écartoient pas; & fe jet-
toient enfin entre fes ferres. BIBLIOTH. RAISON-
NE'E, 1745. T. XXXIV. p. II. p. 447. 448.

(a) pag. 81. On fait que cette Sonnette eft une Suite
d'Anneaux d'une peau feche, qui, frottant l'un
contre l'autre, font un certain bruit. Mr. *Mead*
remarque qu'ils n'en font aucun lorfque le Serpent
ne fait que fe transporter d'un lieu à un autre.

(b) Je me rapelle d'avoir lu dans le *Voyage de l'Amé-
rique* pu P. *Labat* qu'il nie ce *charme*. Selon lui,
les Animaux qui l'éprouvent ne font que ceux que
le Serpent a bleffés, & qui n'ont pas la force de
s'en éloigner.

## Für viele grosse Folianten.

Der ungeheurste Foliant
Hat, wie der dickste Kerl, zuweilen auch Verstand.
Nicht seiner Bildung muß man spotten:
Steckt Ambar nicht in Cachelotten? *

> * Cachelotte ist der Pottwallfisch, in welchem Am-
> brakugeln angetroffen werden. S. des unvergeß-
> lichen Bürgermeister Andersons Nachrichten von
> Grönland 2c. S. 204. 214. u. f.

## An Melint.

Du willst, ich soll itzt mit Cecil,
Dem feinen Mann, Bekanntschaft machen.
Du rühmest ihn: er spricht nicht viel,
Hält Ordnung in den kleinsten Sachen,
Liebt Häuslichkeit, und flieht das Spiel.
Er sagt recht höflich, was er meynt:
Er wird nicht, durch den Umgang, kühner.

Wie sehr ist er dem Weine feind! . . .
Melint, so lob ich einen Diener,
So löb'ich niemals einen Freund. †

† S. Martial. L. XII. Ep. XXX.

## Jersbeck.

### 1752.

Hier seh ich mehr als das, was jenen Kaiser * trieb,
Der Rückkehr zu dem Thron die Gärten vorzusetzen;
Ein Reich, das er gepflanzt, wo Freyheit voll Ergetzen,
Zum täglichen Triumph, sein Sieg im Alter blieb.
Hier herrschet diese Lust im würdigsten Gebiete:

* Diocletianus vero apud Nicomediam sponte imperiales fasces relinquens, in propriis agris consenuit. Qui dum ab Herculio atque Galerio ad recipiendum imperium rogaretur, tanquam pestem aliquam detestans, in hunc modum respondit: Vtinam Salone possetis visere olera nostris manibus instituta, profecto nunquam istud tentandum judicaretis. Sext. Avrel. Victor, in Diocletiano.

Gros ist die Anmuth hier, die jede Gegend schmückt,
Groß jedes Werk der Kunst, und durch die Wahl beglückt:
Doch größer des Besitzers * Güte.


\* Ihro Excellenz, der Königl. Dänische Herr Geheime
Rath, auch Landrath, Benedict von Ahlefeld,
Ritter des Danebrog-Ordens, Prälat und Probst
des adelichen Klosters zu Uetersen, Herr auf Jersbeck oder Girisbeck und Stegen.


## Helena und Menelaus.

Zum Menelaus kam die Helena zurück,
Und sprach, mit recht beschamt, und mit bethräntem
Blick:
Es ward dir zwar mein Leib, die irdsche Last, ent-
rissen;
Doch, wie der Himmel weiß, bleib meine Seele dein.
Er sprach: ich glaub es gern; hingegen magst du wissen:
Was du mir ließest, scheint dein schlechtstes Theil zu
seyn. †


† Tornata a Menelao l'ingiusta Elena,
Dicea, di pianto, e di vergogna piena:

Ben fu rapita esta terrena Salma:
  Ma sempre, il Cielo il sa, restò tua l'Alma.
Ed egli: Io il credo ben: ma a non celarte,
  Mi lasciasti di te la peggiór parte.
LVIGI ALAMANNI, in des FRANCESCO SAVERIO
QVADRIO zweytem Theile des zweyten Bandes
della Storia e della Ragione d'ogni Poesia (in Mi-
lano 1742.) p. 365.

# An den Marschall von Frankreich,
## Grafen von S.
### 1745.

Gemeiner Tugenden kann nur ein Held entrathen:
Der Glanz von seinem Ruhm strahlt aus erhabnen
                                        Thaten,
Aus dem, was andern schwer und unerreichlich fällt,
Die Niedern müssen sich ein leichters Lob erlesen;
Doch Scipio verbleibt ein Held,
Wär er in Spanien auch nicht so keusch gewesen.

# Mahomet und der Hügel.

Zum Volk sprach der Prophet bethörter Muselmänner:
Der Wahrheit zum Beweis, ist unsers Allah Schluß,

Daß, wenn ihr würdig glaubt, verſammelte Beken-
ner,
Der Hügel, der dort ruht, ſich einſt uns nähern
muß . . .
Auf, Hügel, höre mich: Vernimm, du Kind der
Erde,
Vernimm des Schöpfers Ruf! der Ruf erſchallt durch
mich:
Er will, daß dieſem Volk ein Wunder ſichtbar werde,
Erſcheine hier vor uns! Auf, auf! Erhebe dich! . . .
Was? Ruhſt du? Ruh denn heut! Nun ſtell' ich euch,
ihr Frommen!
Ein ſittlich Wunder dar, wie demuthvoll ich bin:
Will nicht zum Mahomet der träge Hügel kommen:
So geht izt Mahomet zum trägen Hügel hin.

## Auf gewiſſe Ausleger der Alten.

Beklagt des Grüblers trocknen Fleiß,
Der in der Alten beſten Werken
Nur eine Lesart zu bemerken,

Nur Wörter auszuſichten weiß.

Ihr Geiſt, Geſchmack und Unterricht

Befruchtet ſeine Seele nicht,

Sie mag ſich noch ſo weiſe dünken:

Und nützt der klügern Welt ſein Buch,

So gleicht er denen, die, zum Fluch,

Den Wein zwar keltern, doch nicht trinken. *

---

* Die Ariſtarchen, welche ich nicht wünſche, werden
mich beſchuldigen, daß ich hier die Kriticos verkleinern wollen, die um alle Zeiten ſich ſo verdient machen. Aber ſo unverantwortlich verfahre ich nicht,
daß ich in dieſen Zeilen auf Männer zielen ſollte,
die mit rühmlicher Sorgfalt die Richtigkeit des Tex-
tes, den ſie auslegen, möglichſt beſtimmen. Solche allein dürfen unſerm, in allen Wiſſenſchaften
ſo vortrefflichen, Raimarus, einem Geſner, einem
Erneſti an die Seite geſtellt werden: damit ich hier
nur drey deutſche und lebende Gelehrten nenne. Wie
ſehr wäre zu wünſchen, daß den letztern Leipzig ſeinen Corte und Altorf ſeinen Schwarz noch hinzu-
ſetzen könnten! Maculas, quæ libris & monumen-
torum titulis inſidenti deſcriptorum culpa, eruere,
videbiturne id vobis tam contemtibile negotium
eſſe? Immo hæc judicandi ratio, hæc corruptela-
rum & ſordium expultrix, hæc candidiſſima vetu-
ſtatis nuncia tam late regnat, quam cognitionis hu-
manæ ſors & facultas patet. Quid enim in rebus
operæ pretium feceris, ſi verba ſint corrupta; quid
moliere, ſi ex inquinatis fontibus hauſeris? CHRI-

STOPH. SAX VS, *Antiquitat. & humaniorum literar.*
*Prof. in Oratione pro Antiquitatis Scientia , Traj.*
*ad Rhen.* 1753. p. 44. conf. MVRETVS. Variar.
Lect. VIII. 4. IX. 2. Von allen, die mit ihnen oder
mit unferm hochachtungswürdigen Wolfen, meinem
ehemaligen Lehrer, zu vergleichen ftehen, ift die
Rede nicht; fondern von denen faft fruchtlofen Ar-
beitern, wovon felbft J. C. Scaliger gefagt hat:
Grammatico nihil infelicius: von alten und neuen
Scribleris, die leichte Stellen weitläuftig erklären, die Geheimniffe der fchweren hingegen uner-
rathen laffen, ohne Noth an gewiffen Worten oder
ihren Fügungen kleben und durch allerhand Gloffen
witzigen Lefern vorarbeiten. So fammeln fie endlich einen Vorrath, aus welchem nur diefe Lefer
nicht bloßerdings etwas aus der gelehrten Sprache
des Jahrhunderts, in welchem ihr Autor gefchrieben hat, fich fchülerhaft bekannt machen, fondern
in edlern Abfichten, deffen Charakter und Verhält-
niffe, die ihm eigene Sprache, den Ton, die Richt-
fchnur feiner Gedanken und Gefinnungen, mit einem Worte, feine Welt kennen lernen: ein Vergnügen, das ein Wortgelehrter weder fuchet noch
findet. Man wird alfo begreifen, daß ich die Ma-
nufaktur diefer Scribenten nicht gänzlich verwerfe.
Auch ihnen geftattet ein gewiffes Verhängniß, daß
fie, ohne Gefchmack und Geift, und ohne mit der
beften alten fchönften Art zu denken in die geringfte
Verwandfchaft zu gerathen, mühfelige aber nicht
immer überflüßige, Dienfte leiften. Es wird ver-
gönnet feyn, die Richter, welche ich mir wünfche,
auf das Mufeum vom Jahre 1746. und die Stellen zu weifen, in welchen Popens Nachahmungen
des Horaz, S. 430. 431. (aus dem Spence) beurtheilt werden, infonderheit aber auf Mallets Gedicht
of verbal Criticifm. Lond. 1743.

## Phax.

Phax ist nur klein, und, was den Witz betrifft,
Scharf, kurz und neu, im Beyfall und im Zanken,
An Worten karg, verschwendrisch in Gedanken:
Der ganze Phax gleicht einer Ueberschrift.

## Seltsamer Zorn des Cleons.

Des Cleons spanisch Rohr, der Rächer seiner Ehre,
Gab einem Lästerer empfindlich Unterricht.
Wie sinnlich demonstrirt die Lehre,
Die fast des Schülers Rückgrad bricht!
Wohl zehnmal schrie der Bösewicht:
Herr, hab ich sie verleumt; so sterb ich auf der Stelle!
Doch Cleon gerbet fort, und spricht;
Das weiß ich schon, du sauberer Geselle!
Doch lobtest du mich gestern nicht? *

---

\* S. den Misanthrope des van Effen, T. I. XL.
p. 446.

# Der Geheimnißvolle. *

Der Zischler Aeltester, Bisbill,
Lehrt heimlich, was er lehren will,
Und spricht mit allen im Vertrauen.
Noch gestern hat er, recht erstaunt,
Mir, unter uns, ins Ohr geraumt:
„ Der Preußen König weiß zu siegen und zu bauen, „
Der Nachricht gab ich gern Gehör,
Und sagt' ihm; „ Unter uns! der König weiß noch
mehr. „

* S. MARTIAL. L. I. Ep. 89. Garris in aurem
semper &c.

# Cincinn.

Es lassen sich Cincinn und seines Lächelns Kunst,
In früher Gegenwart, bey Hofe täglich sehen,
Und hieraus schliessest du, er müsse recht in Gunst
Bey herrschenden Ministern stehen;

Doch durch sein Daseyn wird uns das nicht offenbart:
Erkennt man Christen beſter Art
Allein an ihrem Kirchengehen?

## Ariſt und Suffen.

Auf Ortolanen, Lachs und Samos ſtolzen Wein
Hat oft Ariſt das Glück, Suffenens Gaſt zu ſeyn.
Dann aber lieſt Suffen ihm ſeiner Dichtkunſt Proben,
Und dieſe muß Ariſt ſtets hören, und ſtets loben.
Nun überſchätze nicht dein theures Mahl, Suffen:
Gewiß, nur für Ariſt kömmt es recht hoch zu ſtehn. †

> Ful oft doth MAT. with TOPAZ dine
> Eateth bak'd Meats, drinketh Greek Wine:
> But TOPAZ his own Werke rehearſeth,
> And MAT. mote praiſe what TOPAZ verſeth.
> Now, ſure as Prieſt did e'es ſhrive Sinner.
> Full hardly earneth MAT. his Dinner.
>
> P R I O R.

† S. MARTIAL. Lib. III. Ep. 44. 45. 50.

†† Dieſe

†† Diese poetische Kleinigkeit und die beyden folgenden stehen im 4ten Theile einer sonst wohlgerathenen bekannten Sammlung, die im Jahre 1731. herausgekommen ist. Was übrigens von meinen Sinngedichten und andern in derselben noch befindlich seyn mag, wünsche ich nicht geschrieben, und noch weniger dem Drucke übergeben zu haben. Ich bin recht glücklich, wenn ich mit allen epigrammatischen Gedichten, die ich itzo zum Vorschein kommen lasse, lange zufriedner bleibe, als ich itzo mit jenen bin. Aber wie leicht entdeckt mir die Zukunft Fehler, wo ich sie bisher noch nicht wahrgenommen habe, und wie wenig ist einem Geschmake, der noch immer sich zu verbessern wünschet, möglich, in seiner Wahl allezeit sich selbst ähnlich zu seyn!

# Eine, vor dem Jahre 1732, *
## seltene Sache.

Es herrschet überall ein dürftger stolzer Neid;
Das lächerlichste Loos der lächerlichen Zeit.
Als ob das große Gut, Unsterblichkeit und Ehre,
Nur Eines Eigenthum, und nicht zu theilen wäre.
Doch, wo regieret mehr Parteylichkeit und Haß,
Als auf dem heutigen Parnaß?
Viel eher findet man, bey so vergällten Trieben,

Haged. Ged. V. Th. i

Drey Helden, die sich gern in gleicher Größe sehn,
Drey Schönen, die sich nie, aus Mißgunst, hinter-
gehn,
Als zween Dichter, die sich lieben.


# Susanna,

### nach Veranlassung zweyer Sinngedichte
### des Priors und Cobbs.

#### 1731.

Susannens Keuschheit wird von allen hochgepriesen:
Das junge Weib, das jeder artig fand,
That beyden Greisen Widerstand,
Und hat sich keinem hold erwiesen,
Ich lobe, was wir von ihr lesen:
Doch räumen alle Kenner ein,
Das Wunder würde grösser seyn,
Wenn beyde Buhler jung gewesen.

# Auf den Gothilas.

Der stolze Gothilas, ein neu-gedruckter Dichter,
Ein Geist von starker Zeugungskraft,
Fand, seiner Einsicht nach, den Glauben fehlerhaft;
Und ward des Christenthums unbärtger Winkelrichter.
Er quälte sein Gehirn, die Werkstatt früher ließ,
Dir, o Spinoza! nachzuäffen:
Als ein unsterblicher Deist,
Der kleinen Ketzer Schwarm dereinst zu übertreffen.
Dieß Klügeln ward sein liebster Zeitvertreib;
Doch, da er lange gnug dem Himmel Hohn gespro-
chen,
Erzürnt der Himmel sich, und spricht im Zorne:
Schreib!
Er schreibt: man pfeift ihn aus: der Himmel wird
gerochen.

## Res est sacra miser. SENECA.

Ein jeder, den die Hand des schweren Schicksals
krümmt,

Dem sie den letzten Hauch der müden Hoffnung nimmt,

Hat ein bethräntes Recht zum Mitleid aller Herzen;

Nur Henker kitzeln sich bey andrer Schmach und Schmerzen.

Die Großmuth ist voll Glimpf: sie hilft, sie schonet
nur;

Und diese Regung krönt die sittliche Natur.

Doch wie? wenn Fehler uns zum Sturz und Abgrund
leiten?

Wen straft kein Selbstbetrug? Wie menschlich ists zu
gleiten!

Auch ein verdienter Fall flößt' uns Erbarmung ein!

Ein Unglückseliger sollt' unverletzlich seyn. *

* v. Delectum Epigrammat. Lond. 1686 L. VI, 22.

# In einer
# schweren, oft schmerzhaften
# Krankheit.

### 1 7 5 4.

Mein Auge füllt sich leicht mit freundschaftlichen
Zähren :

Itzt flößet mir die Dauer eigner Pein

Die Thräne der Betrübniß ein.

Die Weisheit wird sie nicht verwehren:

Es ist erlaubt, sein eigner Freund zu seyn.


# Trostgründe.

Mein Sophron, nichts geschieht vergebens.

Uns witziget, uns übt die Widerwärtigkeit

Im Prüfungsstande dieses Lebens.

Die Seele siegt nicht ohne Streit.

Wenn wir auch nicht den Sieg erwerben;

So hat dennoch das Unglück seinen Werth,
Weil es die größte Kunst uns lehrt:
Die, Glücklichen so schwere, Kunst zu sterben.

# Charakter eines würdigen Predigers.

Es ist Theophilus ein Lehrer jeder Pflicht;
So heilig wie sein Amt, so wahr als sein Gesicht:
Dem Irrthum billig feind, ohn irrende zu hassen:
Voll Liebe, wie sein Gott, und, als sein Knecht,
                              gelassen;
Nur eifrig für das Wort: besorgt für aller Heil,
Und keinem Eigennuß und keiner Meynung feil.
Er sucht die Ehre nicht, noch Güter dieser Erde;
Die Ehre suchet ihn, damit sie edler werde.
Er unterscheidet sich so sehr vom Geist der Welt,
Daß e, im Priesterrock, uns, und nicht sich, ge-
                              fällt.

# An einen Maler.

Willst du den Stolz für alle kenntlich malen;
So laß den Muth ihm aus den Augen stralen!
Sein Blick sey Hohn: ein Trotz, der herrisch droht,
Krümm ihm den Mund, färb ihm die Wangen roth;
Er spiegle sich, voll Freude sich zu sehen:
Es mag ein Pfau ihm steif zur Seite stehen:
Und fehlt ihm ja noch was an Aehnlichkeit:
So gib ihm Calchas Kropf, und Wanst, und Prie-
sterkleid!

# An den Doctor Logus.

Wie leicht beschämst du den Macrin!
Wie schwach sind seine Kleinigkeiten,
Wann deine Waffen sie bestreiten,
Und mit Soriten überziehn.
Allein zu oft besiegst du ihn.
Man muß, und dieses nur weiß Doctor Logus nicht,
Nicht immer klüger seyn, als der, womit man spricht.

i 4

# La Fontaine.

Aefop und Gabrias und Phädrus und Horaz,

Ein Arioft, Machiavell, Boccaz

Dein Rabelais, und die du oft verheeleft,

Erzählten dir, was du erzähleft.

Du fchreibeft gut genug : man gönnet dir ein Thal

„An dem gebirgigen Pindus, Apollons witzduftenden

Höhen „

Allein , du wirft auch dort weit unter Dourche *

ftehen :

Denn er ift ein Original.

---

* Dourche ift der unvergleichliche Verfaffer der Véri-
tés en petits Contes, die er, für den damals vier-
jährigen Prinzen Ludwig von Lothringen, der im
Jahre 1716. verftorben ift, aus ehrlicher Abficht
erfunden, gereimt, und zu Nancy 1708. herausgegeben hat.

# Robert Harley,
## Graf von Oxford.

Der Harley, welchen Swift und Pop' und Prior
loben,

Ward in den Grafenſtand durch Annens Wahl erhoben. 1

„Wie? Harley? fragt erſtaunt Britanniens Bathyll, 2

Le Sac, ein Mann voll Geiſt, ſchnellfüßig wie Achill.

Ja. „Lobt ihn, wie ihr wollt! erhebt ihn zu den
Sternen!

Was ſieht doch, ruft er aus, in ihm die Königinn?

Zwey Jahre giengen mir mit dieſem Kloße hin;

Doch konnt' er nie recht tanzen lernen! 3

1 . . . Ce fut le 24. Mai, (1711.) & peu après
Sa Majeſté le créa Pair du Roiaume, ſous le titre
du Baron Harley de Wigmore & Conte d'Oxford &
de Mortimer. La Reine y ajoûta la Dignité de
Grand Thréſorier, & lui conféra cette charge le
29 du même mois. LA VIE D'ANNE STUART.
(à Amſt, 1716.) p. 304.

2 Bathyll war ein berühmter Tänzer zu den Zeiten des Augusts.

3 . . . I have likewise been told another Paſſage concerning that great Miniſter, which, becauſe it gives a humorous Idea of one principal ingredient in modern Education, take as followeth. *Le Sack*, the famous *French* Dancing maſter, in great Admiration, aſked a Friend, whether it was true that Mr *Harley* was made an Earl and Lord-Treaſurer? And, finding it confirmed ſaid Well, I wonder, what, the Devil the Queen could ſee in him; for I attended him two Years, and he was the greateſt Dunce that ever I taught. ESSAY ON MODERN EDUCATION, in POPE'S & SWIFT'S MISCELLANIES (Lond. 1736.) Vol. III. p. 182.

## An einen Freund.

Der iſt nicht klug, der vieles wagt,

Geringen Vortheil zu erwiſchen,

Dieß heiſſet, wie Auguſt geſagt,

Mit einem gülbnen Angel fiſchen. *

  * Vid. SVETON. in Auguſto, C. XXV.

## An Celſus,
### einen jungen anakreontiſchen Dichter.

Erheb und zeige dich dem deutſchen Vaterlande!

Doch, ſollen ißt noch Kuß und Wein

Der Inhalt deiner Töne seyn;

So singe beyder Lob nicht zu der Sitten Schande!

Wie dir Anakreon gefällt,

So heiße stets der klugen Welt

Ein Weiser, wie er hieß, in jeglichem Verstande! 1

Auch folg einst einem Rath, der weder eilt noch irrt,

Sey nicht der Grille gleich, die bis zum Tode

schwirrt! 2

---

1 Bey den Griechen hieß nicht nur der Philosoph ein
Weiser, sondern auch jeder, dessen Fähigkeit in einer Wissenschaft ungemein war: so gar ein in seiner
Art gewisser Künstler. Solchen allen legte ihre
Sprache Weisheit bey. At vero sapientiam in arti-
bus iis attribuimus, qui cujusque arttis sunt peritissi-
mi: ut Phidiam Sapientem lapidum sculptorem,
Polycletum sapientem statuarum fictorem dicimus:
nihil hic aliud per sapientiam, quam artis virtutem,
significantes. Nonnullos autem universe sapientes
esse arbitramur, non singulatim: neque sapiën-
tes in alia aliqua re &c. ARIST. Ethic ad Nicom.
L. VI. Cap. VII ex Dionyſ Lamb. verſ. Insonderheit war diese Benennung denen eigen, die in der
Poesie und Tonkunst andern zum Muster dienen konnten, welche beyde, zu den ältesten Zeiten, in grossem und gleichem Ansehen stunden. (S. ALDI MA-
NVTII Anmerk. C. I. über CICER. Tuscul. Disput.
L. I C. I. ex edit. VERBURG. Opp. P. VIII. p. 2556.)
Es kann also seyn, daß Plato, in seinem Phädrus,

sowohl in dem philosophischen, als in dem gemeinen
Verstande, den Anakreon schlechthin einen Weisen
genannt. Wenigstens ist, so viel ich weiß, noch
nicht unwidersprechlich erwiesen, daß er ihn nicht
nach der heutigen Bedeutung dieses Wortes, sondern
nur als einen großen Meister in der Dichtkunst, so
geheißen hat. Ich will dieses nicht entscheiden, doch
aber bemerken, daß Maximus von Tyrus, Differt.
XXIV. §. 9. (nach der in London 1740, mit des
Davis und Marklands Noten, herausgekommenen
Auflage, p. 297.) darthut, wie sehr der weise Sokrates, Sappho und Anakreon, wann sie von der
Liebe reden, in ihrer Art zu denken und sich auszudrücken, einander ähnlich sind. Dem tejischen
Dichter gereichet zum großen Ruhm der Tugend,
was Aelianus, Var. Histor. L. IX. c. IV. (edit.
Perizon. p 574.) erzählet: wobey er ihn in seinen
poetischen Zärtlichkeiten für so untadelhaft hält, daß
er auch hinzusetzet: Neque enim calumnietur mihi
quispiam, per Deos, Tejum Poëtam, neque eum
intemperantem dicat! v. BARNESIUM in Vita Ana-
creontis.


2 Poëtica gens numerosa pluresque quam apum examina. Pascunt autem apes prata quidem, poëtas vero domus urbesque. Viciſſimque illæ favis, hi vero splendido obsoniorum apparatu convivia instruunt. Quidam poetarum mensas etiam adornant secundas, atque tales putemus amatoriorum poëtas, e quorum numero & Celsus est iste, qui vitam omnem cantibus impendit, quemadmodum bonæ illæ cicadæ. Vt autem ne rore sed cibo alatur, tibi curæ fore confido. PHILOSTRATVS, Epist. XVII, edit. Olear, p. 921.

# Phanias.

Es schreibt, mit leichter Hand, der leere Phanias,
Bey ungeduldgem Müßiggang.
Ohn Achtsamkeit, Beruf und Zwang,
Ohn Ordnung und Zusammenhang,
In eines Buchs Gestalt, geschwind ich weiß nicht
was.
Ist dieß nicht stets erlaubt gewesen?
Er schreibt ja, wie die meisten lesen.

# Geschenke.

„ Wer nur zu schenken hat, ist wie ein Edelstein:
„ Wohin er sich auch kehrt, stralt seiner Klugheit
Schein. „ *
Wie leicht ists Reichen, klug zu seyn!

* S. Sprüchw. Salom. XVII, 8.

# Vorzug dieses Jahres.
## 1752.

Was nimmt izt ab? Das Silber und die Treue.
Was nimmt izt zu? Das Gold und der Verstand.
Nichts ist so wahr: nichts ist so sehr bekannt,
Und jeder Tag beweiset es aufs neue.
Unzählbar sind, zu unsrer güldnen Zeit,
Erleuchtete, beredte, theure Männer;
Selbst Jünglinge.   Nicht die Erfahrenheit,
Die Zaudernde; schon die Natur verleiht
Statisten, Philosophen, Kenner.

# An Omphus.
## 1754.

Erdichte stets: man gönnt dir das Vergnügen.
Doch nur der Witz bringt der Erfindung Lob.
Du täuschest dich, statt ändre zu betrügen.
Nimm Unterricht, dein Märchen ist zu grob:
Beehre mich mit einer feinern Lügen.

# Rath.

Ihr, die ihr wagt, und stets geschäfftig seyd,
Durch Vortheil reich, durch Knechtschaft groß zu
　　　　　werden,
Begebt euch ja des Vorzugs voll Beschwerden,
Den Geist, Geschmack und Wissenschaft verleiht.
Erhebet euch! doch nie in Witz und Wissen:
Witz bringt Gefahr, und Zweifel geben Qual.
O kenntet ihr die Sorgfalt edler Wahl;
Was würd' euch nicht verächtlich werden müssen?

# An Hygin, einen gesunden Alten.

Hygin, du bist von sechzig Jahren,
Und nur im Kränkeln unerfahren.
Das Podagra, der Krampf, die Gicht
Verbittern dir den Steinwein nicht.
Dich kann kein Arzt zu Elixiren,
Zum Lebensöl, zum Salz verführen;

Macht er die Aphorismos kund,
So lachst du, bist und bleibst gesund.

Ein andrer zähle seine Tage,
Und rechne nicht die Zeit der Plage,
Noch was vom Leben überhaupt
Schmerz, Krankheit oder Kummer raubt:
So scheinen ihm die Jahre minder:
Wir heißen alt, und sind noch Kinder;
Dem, der mir Nestors Dauer preist,
Und Priams Alter trefflich heißt,
Dem werd ich immer Beyfall geben;
Nur die Gesundheit ist das Leben.

## Là-Motte.

Der Houdart, den ich mir zum Muster nie erlesen, 1.
Ist nicht so groß auch nicht so klein gewesen,
Als Fontenell' und Rousseau ihn gemacht. 2
Sein Tadel wird noch itzt von vielen nachgeschrieben,
Die bloß die Kunst des Mitbejahens üben,
Und lachen, wenn ein andrer lacht.

Was

Was Houdart ist, hat Voltair' uns gezeiget: 3

Ihr kleinen Unterrichter schweiget.

1 Es ist mir dieses, in Ansehung meiner ersten Fabeln und Erzählungen, aus einem kleinen
Irrthum beygemessen worden, wie aus eines so beliebten als angesehenen Freundes, zur Ehre der
deutschen Nation, heraus gegebenen Progrès des
Allemands &c. (Amsterd. 1752.) p. 235. 249. er-
sichtlich ist. Schon aus der kleinen Vorrede meines
Versuches erhellte, daß ich mir den La Motte,
welchen ich aus Erzählungen noch nicht kenne,
auch nicht in Fabeln zum Muster gewählet hatte.
Das schülerhafte Nachschlagen ist die Beschäfftigung
der wenigsten. Sonst könnten viele sich bald überzeugen, daß ich, in dem Verzeichnisse unter dem
Inhalt, zum öftern, Schriftsteller nenne, blos-
serdings, weil auch sie diese oder jene Erzählung aus-
gearbeitet haben: so gar einen Hugo von Trimberg
und Burcard Waldis. Dieses Verzeichniß hat veranlasset, daß man auch da Nachahmungen gefunden,
wo keine sind.

* Horaz wird immer für mich Schönheiten haben, die
nicht veralten, und wer möchte nicht so schreiben, wie
er? Ich möchte auch so nachahmen, wie Horaz und
Boileau. Alle sehr gute Muster werden meine Lehrer. Diese sind anfangs Wegweiser, und endlich
glaubwürdige Zeugen, daß auch wir auf dem rechten
Wege sind. Es ist aber vorjetzt nur die Rede von meinen Fabeln und Erzählungen. Ich glaube, es sey
ein Erzähler nicht weniger befugt, auch die allerbe-
kannteste Fabel von neuem, und nach seinem Ge-

schmacke einzukleiden, als irgend Rollin, Crevier,
Hooke, aus wirklichen, bereits so oft vorgetragenen,
Begebenheiten noch eine römische Geschichte zu ver-
fertigen. Es ist schwer, ein Livius, und nicht leicht,
ein Phädrus zu seyn; aber nichts ist erlaubter. Man
mag ein Historicus oder ein Fabulist werden wollen:
so ist, zweytens, unwidersprechlich, daß die Vollkommenheiten der Kunst zu erzählen von uns weder
zu entdecken, noch zu erreichen stehen, wenn wir
nicht den Alten, jenen ersten Schülern der Natur
auch diese Kunst sorgfältig ablernen. Unter den ältesten Fabeln gibt es gewisse Meisterstücke, die, in ihrer Einfalt und Weisheit, fast so schön und lehrreich
sind, als ein Charakter im Sallust und Tacitus. Auch
nur daher verbleiben sie allgemein und unvergeßlich.
Sollte man nicht, wie La Fontaine, sie vor Augen haben müssen, wenn man, wie er, in dieser Schreibart
sich üben und zeigen will? Und kann man es mit glück-
lichem Erfolg thun, wird man Sitten lernen, und
in Gleichnissen lehren, wie es einem Fabulisten ob-
lieget, ohne auch in der so nöthigen Kenntniß des
Menschen und der Welt unvermerkt fort zu schreiten.
Was die Erzählungen, im genauesten Verstande,
betrifft; so dienen sie mehrentheils zur Belustigung,
und auch nur der einzige Athenäus könnte diejenigen,
die wir am liebsten lesen, noch um ein ziemliches vermehren helfen. Ein Nachahmer hat, drittens, auch
den Vortheil, daß solche classische, durch ihn ver-
jüngte, und die nach dieser Art entworfenen Fabeln
einer Wahrheit zum Schutz gereichen, die man sonst
anfechten würde. Lautet vielleicht ein kleiner Zusatz
oder die Moral selbst etwas fremd und muthig; so
scheinen sie noch aus dem Stamme der guten, stein-
alten, oder ihm ähnlichen Mährchen gleichsam her-
vorzubrechen. Der gemächliche, und oft daher desto
geneigtere, Leser weiß zu leben, oder er ist von Na-

tur so gütig nichts zu argwohnen, was dem Nachahmer unangenehm oder schädlich seyn könnte.

Tunmmne, obsecro te, hoc dictum erat? vetus credidi.

Und wie wird man sich, auch gegen politische Kund-
schafter, gli penetrativi, sicherer verwahren, als
wenn man mit seinen Erzählungen so verfähret, wie
es mit den englischen Kriegsschiffen gehalten wird,
welche man neu erbauet, aber doch nach den alten
benennet, wenn aus diesen auch nur ein Balke, ein
Bret, oder sonst ein geringes Stück Holz zum Bau
des neuen genommen worden?

2 S. des berühmten Fontenelle Discours prononcé dans
l'Académie Françoise, à la réception de Mr. l'Evê-
que de Luçon, insonderheit die vom Herrn Prof.
Ayrer, in der Dissertat. de Comparatione eruditionis
antiquæ & recentioris, Sect. III. §. 1. p. 342. daraus
angeführte Stelle, und Lettres de ROUSSEAU. T.
II. p. 244. u. f.

3 S. das neun und zwanzigste Hauptstück der Zeiten
Ludwigs des Vierzehnten, und die, in diesem beliebten Buche befindlichen Nachrichten von französischen Schriftstellern, II. Th. 210. 420. S. Dieses
neuliche Urtheil des Herrn von Voltaire bezeuget
seine immer größere Gelindigkeit. Ich rede hier nicht
vom Doctor Akakia. La Motte hat in unglücklichen
Stunden zu scharfsinnig seyn wollen: er hat in vielen Arten geschrieben, ohne die Fähigkeit und das
Gefällige eines Voltaire zu besitzen. Wie hart hat
er aber seine Uebereilungen büßen müßen! Er ist auch
von den heutigen Catins und de Vizé * zu oft als einer

der geringsten Witzlinge abgeschildert, und überhaupt,
aus einigen gekünstelten Ausdrücken, so unzuverläßig
beurtheilt worden, als wenn man den Werth eines
ganzen Gebäudes aus einigen fehlerhaften Säulen-
rangen bestimmen, und es daher für gothisch erklären
wolte. Man lieset noch immer mit Beyfall, was er
in ungebundener Rede geschrieben hat. Vielleicht
kömmt eine Zeit, in der man viele von seinen Gedichten mit größerem Vergnügen, als Anstoß, lesen
wird. Neque enim soli judicant, qui maligne le-
gunt. PLIN. L. IX. Ep. 38. Gleichwol würde es
schwer seyn ihn gegen das bekannte Dictionaire Néo-
logique immer zu rechtfertigen.

* Dameau de Vize war der erste Verfasser des Mercure
galant. S. das 24ste Epigramma des Boileau, insonderheit aber Camusats Histoire critique des Jour-
naux, T. II. p. 198. u. f. „ So sehr die Verfasser
„ der Bibliothéque françoise die Verdienste des La
„ Motte hämisch zu verkleinern suchen: so wenig
„ versäumen die Verfertiger der Mémoires de Tre-
„ voux eine Gelegenheit, ihren Lesern sie anzuprei-
„ sen: der Aebte de Jary und du Pons nicht zu er-
„ wähnen. Das Schreiben, Lettre à Mad. T. D.
„ L. F. sur M. Hourdart de la Motte, de l'Acadé-
„ mie Françoise, à Paris 1732. kenne ich nur aus
„ den neuen Zeitungen von gelehrten Sachen, 1732.
„ S. 913. 914. Es ist vom Abt Trüblet. Von des
„ La Motte Fabeln hat der Herr de Chaufepié, im
„ Art. *La Fontaine* seines Nouveau Dictionaire hi-
„ storique & critique p 68. E. folgendergestalt, und
„ meines Erachtens, am richtigsten, geurtheilet:
„ Mr. de la Fontaine mérite certainement le pre-
„ mier rang parmi les Fabulistes, & il y a de l'ap-

„ parence qu'il l'occupera longtems , fi non tou-
„ jours; mais je penſe qu'on doit à Mr. de la
„ Motte la juſtice de lui accorder une place ho-
„ norable, du moins a côté de *Phedre* , en at-
„ tendant que quelqu' autre puiſſe a lui diſputer. „
Von dieſes Dichters anakreontiſchen und pindariſchen
Oden iſt in Florenz eine italiäniſche Ueberſetzung
herausgekommen. S. die N. Z. v. G. S. 1742.
S. 419.

# Die Tarraconenſer,

## auf dem Quintilian, DE INSTITUT.
## ORAT. L. IV. C.III.

Es ſchrieb einſt Tarracon dem römiſchen Auguſt:
„ Auguſt, dem Kaiſer, Heil! Zu deiner Völker Luſt,
Und deiner Siege Bild, die deine Huld beſchloſſen,
Iſt hier, auf dem Altar, den dir die Pflicht geweiht,
Das Zeichen des Triumphs , ein Palmbaum, aufge-
ſchoſſen. „

Man ſiehet, ſprach Auguſt, aus dieſer Seltſamkeit,
Wie fleißig ihr im Opfern ſeyd.

## Menor.

Wie weit ich Menors Herz besessen,
Das weiß er freylich mehr, als ich;
Doch hat er öfters sich vermessen,
Mich lieb er, und recht brüderlich,
Als einen Feind würd er mich nicht vergessen,
Als einen Freund vergißt er mich.

## An einen
# Verfasser
## weitläuftiger Grabschriften,
### aus dem Pope.

Der Gräber Ueberschrift ist sehr dein Werk gewesen;
Doch jedesmal zu lang; und dieß ist nicht erlaubt:
Die eine Hälfte, Freund, wird nimmermehr geglaubt,
Die andre nimmermehr gelesen.

# An Murzuphlus. *

Ein Wolkenbruch und ganzer Städte Brand,
Wird dir zuerst, und uns durch dich, bekannt!
Du weißt zuerst, wo Mißwachs, Theurung, Noth,
Und Krieg und Pest den sichern Ländern droht:
Du weißt zuerst, wo itzt die Erde bebt,
Ein Berg schon flammt, und Gegenden begräbt:
Du weißt zuerst, und lehrest überall
Der Handlung Last, und ihrer Säulen Fall:
Du weißt zuerst, was Große hingerafft.
Freund, wann erhenkst du dich mit deiner Wissen-
schaft?

---

* Ducas Alexius, cui, ob conjuncta supercilia &
velut oculis imminentia, *Murzufli* cognomentum
ab æqualibus erat inditum &c. NICETAS ACO-
MINATVS CHONIATES, ex interpr. Hieron.
Wolfii, & edit. Annibal. Fabretti, Parif. 1747.
p. 360.

# Jodel.

Herr Jodel, Jodels Sohn, erblaßte schnell und satt:
Er, dem die Stadt die Welt, sein Kirchspiel eine
Stadt,
Sein Haus das Kirchspiel war, der nie in fremdem
Lande
Luft oder Witz geschöpft: ein Feind der welschen
Bande,
Die uns Mingotti bringt: der edlen Hetze Freund,
Die Heulen und Musik, und Mensch und Vieh ver-
eint:
Ein Bürger voll von Recht: der schlimmen Zeiten
Kenner:
Staats-Stadts- und Vorstadtsklug: des Kaisers ern-
ster Gönner;
Er starb. Was war sein Tod? Ein fetter Ochsen-
schmaus.
Wie viel verliert die Stadt, sein Kirchspiel und sein
Haus?

# Grabschrift des Herrn Sextils.

## 1746.

Hier ruht der Herr Sextil, das Bild erfahrner
Männer,
Der Leser jeder Stirn, und der Aspekten Kenner.
Der sechste Karl verschied, und kein Komet erschien,
Kein Nordlicht streift' umher, und beydes ärgert' ihn:
Doch seine Frau ward krank, zu vieler Mißvergnü-
gen:
Da sah er einen Stern durch seinen Garten fliegen.
Ach! sprach er, voller Furcht, die kaum sich schildern
läßt:
Stirbt nicht mein schönes Weib; so kömmt uns doch
die Pest.
Sein schönes Weib genas: die Pest blieb aus dem
Lande.
Halt! rief er, dieser Stern droht Schiffbeck mit dem
Brande;

I 5

Der Brand erfolgte nicht, und' endlich fiel ihm ein:
Ich erb in kurzer Zeit: es muß ein Glücksstern seyn!
Sertil ererbte nichts von dem verhofften Schatze,
Und starb, im Gegenschein: er selbst und seine Katze.

## Auf ein gewisses Lobgedicht.

Mich nennt der durstige Hircan
Recht dichterisch den Dichterschwan,
Den Phöbus sich erkiest.
Durch ihn werd ich so stolz gemacht,
Als wenn mir eine Metze lacht,
Und mich ein Jude grüßt.

## Hilar an Narciß.

O stelle dich, Narciß, doch morgen bey mir ein!
Mein großer Spiegel soll für dich zu Hause seyn.

## Auf einen
# ruhmredigen und schlechten Maler.

Hör endlich auf, mit deiner Kunst zu pralen,
Und male nicht, und laß dich auch nicht malen!

## Mascar.

Alcinous speist so nicht beym Homer,
Als Mascar thut, den Freund und Feind benagen.
Doch über etwas will man klagen:
Kein Inquisitor forscht so sehr;
So viele Bissen, so viel Fragen:
Man geht zum Schmaus, und kömmt dort zum
Verhör.

## Wohlthaten.

Wer übertrifft den, der sich mild erzeigt?
Der seltne Freund, der es zugleich verschweigt.

## An Theron.

Du irrst, wann du so kurz in deiner Schreibart
bist:
Halt deinen Leser nicht für klüger, als er ist!

## Freyheit.

Die Freyheit ist dein Wunsch! Kaum trau ich dem
Entschluß.
Lern und vernimm von mir, wie man sie suchen muß.
Lachst du, wann Jourdains Stolz und Cadenas 1 sich
weisen,
Und sein erhabnes Mahl? Kannst du zu Hause speisen,
Und niemals andrer Gast und Tischgefangner seyn?
Befriedigt deinen Durst ein kleiner Frankenwein?
Soll dir ein sittsam Tuch, wie mir, zur Kleidung
dienen?
Vergnügen deinen Kuß die billigen Nerinen?

Stellt dein beredtes Gold nie den Statiren nach?

Beherbergt, ohne Neid, auch dich ein niedres Dach?

Freund, ist dein Muth so stark, ist dir nur Freyheit

theuer;

So lebst du sonder Zwang, und kein Monarch lebt

freyer. 2

1 CADENAS, welches auch an einigen Höfen das Necessaire genannt, oder, ohne besondre Benennung, zum Couvert genennet wird, ist ein Besteck, in dem sich, von Gold; Messer, Gabel und Löffel, mit dem Salzfaß, auch insgemein ein kleiner Löffel mit dem Markzieher befinden, das nur vor königliche und fürstliche Personen auf die Tafel gesetzt wird: obwohl man angemerkt hat, daß, an einigen Höfen, auch andere Dames vom ersten Range sich itzo dergleichen, von Gold oder doch von Silber vergoldetes, so genanntes Necessaire, durch ihre Pagen, auch an fremden Tafeln nachtragen und zum Couvert vorlegen lassen. Ueberhaupt ist dieser Gebrauch so wenig neu, daß man auch in des Patru sechzehntem Plaidoyer, oder Réponse pour Dame Jeanne de Guenegaud, welche Schrift er im Jahre 1664. übergeben hat, unter den aus dem gegenseitigen Libell von ihm eingerückten Stellen diese findet: Elle a quantité de vaisselle d'argent, jusques à une baßinoire, une coupe, une soucoupe, un cuillier, & une fourchete de vermeil doré: *il ne lui manque qu'un cadenas pour faire en toutes façons la Princesse v. Plaidoyers & Oeuvres diverses, de* M. PATRU (à Paris 1681.) p. 561.

2 MARTIALIS lib. II. Ep. LIII. in Maximum.
Vis fieri liber? mentiris, Maxime, non vis:
  Sed fieri si vis, hac ratione potes.
Liber eris, coenare foris si, Maxime, nolis:
  Veientana tuam si domat uva sitim:
Si ridere potes miseri chrysendeta Cinnæ;
  Contentus nostra si potes esse toga:
Si plebeia Venus gemino tibi jungitur + asse:
  Si tua non rectus tecta subire potes:
Hæc tibi si vis est, si mentis tanta potestas,
  Liberior Partho vivere rege potes.
      + al. vincitur.

## An Opim.

Opim, wie viel ist dir beschehrt!
Du bist gesund und reich; und dennoch voller Klagen.
Was wird das Glück von deinem Undank sagen,
So bald es ihn erfährt? *

  * S. MARTIAL. L. VI. Ep. 79.

## Alcest und Philint.

Alcest. Ein wahrer Freund sagt alles frey,
        Er haßt die stumme Heucheley ...

Philint. Ganz recht! die lieb ich nicht;

Doch auch ein kluger Freund gefällt,

Der uns nicht immer, vor der Welt,

Entscheidend widerspricht.

## An Charin.

Dein Pandus, der so zu dir schleicht,

Hat Eulenaugen, und sie schielen;

Sein Kinn ist spitz; er lacht nicht leicht,

Und wird stets mit der Zunge spielen.

Ich weiß, daß du ihm günstig bist:

Freund, werde nicht durch Schaden klüger!

Wenn dieser Rothkopf ehrlich ist;

So ist er wahrlich ein Betrüger. †

† S. MARTIAL. L. XII. Ep. 54. u. das 86te St. des Zuschauers.

## Veit.

Veit, Schulz zu Michelsdorf, pflag immer zu verzeihn.

Bald ward auch, unter ihm, die Bosheit allgemein,

Und Frevler lachten frey des Galgens und der Schande.

Ein Knecht war mit dem Hengst des Gastwirts fort-

getrabt.

Man hält und klagt ihn an. Veit jammert seiner

Bande.

Der Kläger ruft ihm zu: Seyd gütig mit Verstande!

Fürwahr, Herr Schulz, wenn ihr mit Dieben Mit-

leid habt;

So habt ihr keines mit dem Lande.

## An Eutrapelus.

Im Winter machte mich die Gicht, das Erbweh,

schwach:

Da lobt ich deinen Wein, und trank von deinem Bach.

Itzt darf ich widerum der Sonne mich erfreun:

Nun lob ich deinen Bach, und trinke deinen Wein.

'Das

## Das veniam corvis, vexat cenſura columbas.

### IVVENAL. Sat. II. 65.

Der ſchwarzen Locken Glanz wird, faſt ohn Unterſcheid,

Bey dir der Schönen Rang entſcheiden.

Auf Blonde ſtichelſt du. Mich deucht, du gehſt zu
weit:

Sey klüger, Freund, und halts mit beyden.

## Hofmann von Hofmannswaldau.

Zum Dichter machten dich die Lieb und die Natur.

O wärſt du dieſer ſtets, wie Opiz, treu geweſen!

Du würdeſt noch mit Ruhm geleſen:

Izt kennt man deinen Schwulſt, und deine Fehler
nur.

Hat sonst dein Reiz auch Lehrer oft verführet,

So wirst du itzt von Schülern kaum berühret.

Allein, wie viele sind von denen, die dich schmähn,

Zu metaphysisch schwach, wie du, sich zu vergehn! *

* Es erklären sich nicht wenige wider den Hofmanns-
waldau unglimpflicher, als Wernike, der auch in
der bekannten Strenge seiner Beurtheilung dieses
Dichters billig ist. „Denn, schreibt er im fünf-
„Buche seiner Ueberschriften, zu welchen er An-
„merkungen schreiben durfte, S. 125. „Ich ge-
„stehe es mit Freuden, daß, wenn dieser scharfsin-
„nige Mann in die welschen Poeten nicht so sehr
„verliebt gewesen wäre; sondern sich hergegen die
„lateinischen, die zu des Augusts Zeiten geschrie-
„ben, allein zur Folge gesetzet hätte; so würden
„wir etwas mehr als einen deutschen Ovidius,
„an ihm gehabt haben. „

Ich hege alle Hochachtung für die Verdienste des Tho-
masius, des fürchterlichen Feindes so vieler Vorur-
theile: es gehöret aber, wie ich glaube, zu dieses
gelehrten Mannes Uebereilungen sowohl die uner-
laubte Vergrößerung des Lohensteins und Hofmanns-
waldaus, von denen er, in seiner Erfindung der
Wissenschaften anderer Gemüther zu erkennen, die
unter seinen kleinen deutschen Schriften zu Halle
1707. herausgekommen, urtheilet, daß sie sechs Vir-
giliis den Kopf bieten können, als die unbillige Ver-
kleinerung der Charakter des Theophrasts, die wir
in seiner Ausübung der Sittenlehre, im 12ten
Hauptstücke, §. 61. ohne Beweis wahrnehmen müssen.

Es war damals so lächerlich als gewöhnlich, in
einem Schriftsteller alles, als gut und richtig,
anzunehmen, oder gegentheils nichts gelten zu laſ-
sen: so sehr wurden große Bewunderer einfältig,
große Verächter ungerecht, beyde verführt, und
verführerisch.

## Auf Fürius,
### einen heutigen noch ungedruckten
### Scholiaſten.

Ovidius erfährts: du bist an Gloſſen reich;
Allein, du wirst dem Text nur neue Wunden ſchla-
gen.
Die blindlings, ſo wie du, ſich ans Verbeſſern wa-
gen;
Sind Pamphus, dem Cyclopen, gleich.
Er wollt' ein Bienchen jüngst von Chloens Wangen
jagen,
Und gab ihr einen Backenſtreich.

## Auf den schlafenden Nigrill.

Hier liegt, doch leider! unbegraben
Nigrill, der ärgste Bösewicht.
Noch braucht er eine Grabschrift nicht,
Und muß alsdann auch keine haben,
Wann einst sein Lebensfaden bricht.

## Goldoni. *

Von vielen, die sich itzt Thalien zugesellen,
Kennt keiner, so wie er, was bessert und gefällt.
Der Schauplatz und die heutge Welt
Sind seiner Fabeln stete Quellen.
Wie lehrreich rühren uns, durch ihn,
Bettina, und ihr Pasqualin! *
Die Kleinigkeiten selbst, die nur zu spielen scheinen,
Auch die sieht man von ihm empfindlich angebracht:
Und wer nicht beym Goldoni lacht,
Der kann beym Holberg weinen.

* Es verdient dieser komische Scribent und Dichter, den iho ganz Italien mit Recht hochschätzet, auch uns bekannter zu werden. Ihn muß man weder den gesetzlosen Possenreissern seiner Nation, noch den zu sichern Komödienschreibern an die Seite stellen, die alles zu leisten glauben, wenn sie nur den bekannten drey Einheiten treu und unterworfen bleiben. Die Natur hat den Goldoni gleichsam für das Lustspiel gebildet, so wie den Lopez der Spanier, und eine unermüdete Aufmerksamkeit ihn schon lange in den Stand gesetzet, die Schaubühnen seines Vaterlandes mit schönen Stücken zu bereichern, welche auch den Beyfall solcher Ausländer erhalten, die mit keinem Nazarethismo (s. Meiers Abbildung eines Kunstrichters, §. 69.) noch andern Vorurtheilen behaftet sind, das Theater und die Welt, insonderheit die welsche, hinlänglich kennen, und also wissen, daß gewissen Handlungen, die in Italien, zumal in Venedig, aufgeführt werden, der, in Deutschland, Engelland und Frankreich überflüßige, Harlecken noch immer unentbehrlich ist, wenn sie belustigen sollen, und daß dort auch einem Goldoni nicht erlaubt seyn würde, diesen Gecken ganz abzuschaffen. Unter dem Titel: Le Commedie del Dottore CARLO GOLDONI, Avvocato Veneto, fra gli Arcadi POLISSENO FEGEIO hat Bertinelli angefangen, seine dramatischen Werke zu sammeln. Aus den Briefen, die er vor seine Stücke setzet, erhellen seine Billigkeit, Kenntniß und Erfahrung, und das fünfte Lustspiel, Il Teatro Comico, kann als seine komische Dichtkunst angesehen werden.

* In der sechsten und siebenten Komödie, La Putta onorata und La buona Moglie. die, in Ansehung ihrer Anlage, auch einem Destouches und La Chauf-

I 3

see, unter wenigen Veränderungen, Ehre bringen
würden.    Wie ich aber den Goldoni anpreisen darf,
so muß ich zugleich, damit ich nicht partheyisch scheine, gestehen, daß in seinen Due Gemelli Veneziani
des armen Zannetti Vergiftung und Tod, so mei-
sterhaft, ja unübertrefflich, dieser auch vorgestellet
worden, mir eben so wenig gefallen wollen, als der
scheußliche Charakter des Trigaudin beym Mont-
fleury.    Ueberschreiten nicht beyde die Gränzen des
Lächerlichen?

## Ein jegliches hat seine Zeit.

Ein türkscher Geistlicher schrieb frostige Gedichte,

Und führte sie doch stets in seiner Predigt an,

Und sagte, daß er sie selbst im Gebet ersann.

Zu dem sprach Gabriel, im nächtlichen Gesichte:

Die Verse, welche man im Beten ausgedacht,

Sind schlecht wie ein Gebet, wobey man Verse macht. †

† S. Galands paroles remarquables / Bons - Mots
& Maximes des Orientaux ( à la Haye , 1694.)
p. 48. Ich lege diese Erinnerung dem Engel Gabriel
in den Mund, und so wird sie desto wichtiger, weil
die Mahometaner ihn als den Botschafter Gottes,
und den Engel der Offenbarungen ansehen, der auch
ihrem Propheten oft erschienen ist, und ihm den
Alcoran eingegeben hat. S. p. 16, und Sale, in den
Anmerkungen über seinen, in Londen 1734. heraus-
gegebenen Koran, S. 13. 100, 246, u. a.

# Arfinoe.

## 1754.

Die Kennerin der Fehler und der Sünden,
Arfinoe, kann nichts unfträflich finden,
Nicht Chloens Witz, nicht Juliens Gestalt.
Sie ist mit fich, mit andern, unzufrieden;
Nie wird ihr Mund im Unterricht ermüden.
Fragt nicht warum? Arfinoe wird alt.

# Lindor.

Du fagft, daß Lindor Daphnen küßt,
Allein, du fehleft weit;
Denn kein verliebter Schäfer ift
So voll Bescheidenheit.
Finette, die dir widerfpricht,
Macht beyder Unfchuld kund:
Die fchöne Daphne küßt er nicht;
Er küßt nur ihren Hund.

I 4

# An Hyperbolus. *

Du fagft uns güldne Berge zu,
Und leifteft nichts, und darfft dieß Geben nennen:
So wirft du heute mir vergönnen,
Freygebiger zu feyn, als du.
Ich fchenfe dir, fo mancher Wahrheit wegen,
Ich fchenfe dir, Hyperbolus,
In deinen Bücherfchatz den ganzen Livius; 1
In deinen Waffenfaal des großen Rolands Degen; 2
Zehn Stück ins Kabinet, von Rubens freyer Hand;
Ein ächtes Phönirneft, die Beute ferner Reifen;
Für dein Gemahl Pitts großen Diamant; 3
Für deinen erften Sohn den Wafferftein der Weifen;
Und alles, was du fonft, dich zu bereichern, liebft:
Herr, das empfange, wie du giebft.

* S. Martial. L. X. Ep. XVI.

1 Diefe ganze römifche Gefchichte des Livius beftund
aus hundert und zwey und vierzig Büchern, die
bis auf fünf und dreyßig, verlohren gegangen.

Wie ſehr wäre zu wünſchen, daß dieſes Schickſal manchem andern großen Werke, und nicht dem ſeinigen, widerfahren ſeyn mögte!

**2** Nichts iſt kläglicher, inſonderheit für einen kriege-riſchen Leſer, als der Abſchied, welchen endlich der geſteinigte, und in vier Lanzen durchſpießte Roland von ſeinem Schwerte nimmt: ſo wie ſolchen Tur-pin, in ſeiner Hiſtoria de Vita Caroli M. & Rolan-di, 22. beſchreibet. Habebat ipſe adhuc quandam ſpatham ſuam ſecum, opere pulcherrimam, acu-mine incomparabilem, fortitudine inflexibilem, mi-ra claritate reſplendentem, nomine *Durenda*. Du-renda interpretatur *durus ictus*: cum ea namque prius deficiet brachium quam ſpatha. Quam cum evaginaſſet, & manu eam teneret, intuitus eam, lacrymoſis vocibus dixit: O enſis pulcherrime, ſed ſemper lucidiſſime, longitudinis decentiſſimæ, la-titudinis congruæ &c. v. Veterum ſcriptorum, ex bibliotheca Jvsti Revberi ICti, Tomum unum (Hanov. 1719.) p. 82. Im Orlando furioſo heißet dieſer fürchterliche Degen *Durindana*, und von deſ-ſen mördlichen Streichen im Schlachtfelde giebt der Tod ſelbſt ein ungemein glaubwürdiges Zeugniß im zwölften Geſange dieſes Heldengedichts:

Non pur per l'aria gemiti e querele;
Ma volan braccia, e ſpalle, e capi ſcioltl.
Pel campo errando va Morte crudele
In molti varii, e tutti orribil, volti;
E tra ſe dice, *In man d'Orlando valci*
*Durindana per cento di mie falci.*

S. die venetianiſche Ausgabe des Arioſts vom Jahre 1566. p. 114. Unter den großen Wahrheiten, die

Sancha Pansa, der getreue Hofmeister, seinem Herrn
einprediget, um ihn zu überzeugen, daß es weit
mehr Ruhm und Ansehen bringe, sich canonisiren
zu lassen, als ein noch so tapferer irrender Ritter
zu seyn, führt er auch weislich die folgende an:
Man schätzet dieses alles weit höher, als den Degen des Rolands, welcher in der Rüstkammer unsers Herrn und Königs ist, welchen Gott vor Unglück behüte! S. Leben und Thaten Don Quirote
von Mancha, im achten Capitel des fünften Buches.

3 S. Keßlers Reisen, im zwey und vierzigsten Briefe.
  Die Epitre au grand Diamant, unter den vortrefflichen Epitres diverses die zehnte des ersten Theils,
  ist rühmlich so bekannt, daß ich sie hier nicht anführen darf. Ein deutscher Balzac würde sagen, es
  sey dieses Gedicht unter den heutigen schätzbaren
  Gedichten, was der große Diamant und der Sanci
  unter den Edelgesteinen sind.

## An Trivius.

Ich sehe dich beym Schönemann: †

Ich sehe dich in Iphis Garten;

In Harystehude land ich an;

Auch dort seh ich dich auf mich warten:

Auf unserm Walle seh ich dich;

Im Baumhaus seh ich deine Züge;

Dich seh ich hier; o lehre mich,
Wo ich dich nicht zu sehen kriege.

† in der Komödie.

## Die Einsichtvollen.

Es giebt ein Volk, das immer lernen sollte,
Und immer lehrt.
Das ist das Volk, das man nie hören wollte,
Und täglich hört.

## Unvermuthete Antwort.

Malthin, den Jüngling, fragt Macrin,
Den Rechtsgelehrsamkeit, Amt, Milz und Alter steift,
Wie nennst du einen Kerl, sprich, sprich, wie nennst
du ihn,
Den man im Ehebruch ergreift?
Ich nenn ihn langsam, spricht Malthin. *

* v. CICERO, de Oratore, II. 68.

# An einen Lächler.

Eternal ſmiles his emptineſs betray,
As ſhallow ſtreans run dimpling all the way.

POPE

Seht, wie ein ſeichter Fluß, der voller Wirbel
läuft,
Je minder tief er iſt, die kleinen Kreiſe häuft!
Des ſeichten Glycons Bild, des Lächlers ohne Geiſt,
Der ſtets die Backen dehnt, ſtets ihre Grübchen weiſt.

# An Euphem.

Dich ſchilt ein Staar, ein Papagey:
Das hörſt du mit gerechtem Lachen,
Denn dich wird auch ihr Lobgeſchrey
Nicht eitel, noch berühmter machen.
Nur Sbrullus ſprach jüngſt wider dich,
Als er auch wider Größre tobte.
Iſt dieſes dir ſo ärgerlich?
Wie? Wärſt du ſtolz, wenn er dich lobte?

# An einen Freund,

### der mir Burmanns Ovidium geschenkt hatte.

Freund, dein Ovidius vermehrt dir meine Pflicht.
So reizend sieht man gern, was er so schön geschrieben.
Wie leicht entbehrest du des Dichters Unterricht!
Du wußtest, unbelehrt, vor längst die Kunst zu lieben;
Die wußt ich sonder ihn und Chloens Augen nicht.

## Wilhelmine.

### 1740.

Sie lebt' und liebt, und nun ist sie dahin,
Die Flüchtigste der Wilhelminen.
An Witz, an Lust, an freyem Sinn
Glich sie den Ninons, + wie den Phrynen:
Ihr war genug, als Schäferinn,
Der Kenner Neigung zu verdienen.

Und sie beneidete sonst keine Königinn,

Als dich, du Königinn der Bienen.

\* Nur wenigen wird Ninon Lenclos unbekannt
seyn.

# Der Mensch.

Ein Kind sucht Kindern oft den Apfel abzustreiten;

Weil schon die Kinder Menschen sind:

Auch der erwachsne Mensch sieht oft um Kleinigkeiten,

Ist trostlos im Verlust, und pralt, wann er gewinnt.

Warum? Der Mensch bleibt noch ein Kind. †

---

† Feu Mr. de la Motte Houdart, moins Poëte que
philosophe, aporta un jour à Mr. de Fontenelle
deux petits Vers, pour y en ajouter deux autres
qui en fissent une Moralité. Voici ces deux petits
Vers :
C'est que déja l'Enfant est Homme,
C'est que l'Homme est encore Enfant.
   M. de Fontenelle y rêva un moment, & lui ren-
dit ces quatre Vers.
L'Enfant sur ses pareils veut emporter la pomme,
C'est que déja l'Enfant est Homme.
L'Homme s'abat pour rien, pour rien est triumphant,
C'est que l'Homme est encore Enfant.

Ces Vers servent de Texte à l'Abbé de S. Pierre.
(Ouvrages de Morale & de Politique, Tome XVI.)
BIBLIOTHEQUE RAISONNEE. 1743. Tom. XXX,
P. I. p. 119.

# Der Jüngling.

Nun wird der junge Herr von seinem Mentor frey.

Wie froh ist ihm die Welt, und die Natur wie neu!

Nun sucht er Luft und Lust, schweift aus, flucht
allem Zwange :

Verschwendet hoffnungsreich: ist zornig, doch nicht
lange.

Oft scherzhaft, selten klug: voll Sprünge, wie sein
Gaul :

Auf Tanz und Jagd erhitzt: zu kühler Arbeit faul:

Nur Chloris unterthan, die ihn so schön regieret,

Bis ihren Augen ihn Serpinens Wink entführet,

Dem ihn Elisa raubt. Sein Herz wird übereilt,

Das seine Weichlichkeit mit zwanzig Freuden theilt,

Er wählt unüberlegt, bleibt keiner Wahl ergeben,

Und denkt kaum an den Tod, und lebt nur, um zu leben.

## Der Mann.

Beſtimmter wählt ein Mann, nach Zweifeln und
　　　　Verdacht:
Ihm lächelt nur die Welt, die ihm zuvor gelacht,
Der Tanzplatz jüngrer Luſt.　Nun richtet er die Kräfte
Erhabner auf den Zweck verforgender Geſchäffte.
Nun unterwirft er ſich: ihn zähmt ein fremder Zwang:
Nun wirbt ſein kluger Fleiß um Anſehn, Amt und Rang;
Damit er weiter nicht mit theuren Küſſen buhle,
Schickt ihn der Eigennutz dem Ehſtand in die Schule:
Der Ordnung Heiligthum, und, durch des Himmels
　　　　Gunſt,
Dem Sitz geweihter Treu und ſchärfrer Rechenkunſt:
So mehrt er Stamm und Gut, iſt achtſam und ver-
　　　　ſchwiegen,
Scharfſinnig im Beruf, geſetzlich im Vergnügen,
Und wünſcht, wenn ihm kein Weib des Lebens Luſt vergällt,
Auf einen ſpäten Tod, Ruhm bey der Afterwelt.

　　　　　　　　　　　　　　Der

# Der Alte.

Der weisheitsvolle Greis, der gegenwärtge Zeiten
Hofmeisterlich belehrt, der  Freund der Schwierigkeiten,

Ist hämisch, mißvergnügt, der  Erben Trost und
Last,

Und hoffet, scherzt und liebt so frostig, als er haßt:
Nichts rührt sein schlaffes Herz, als kluge Münz-
gesetze,

Des Reichthums Majestät, die Heiligkeit der Schätze,
Die er mit List, mit Furcht, die ihn zum Sklaven
macht,

Erwuchert, sammlet, zählt, umarmt, versteckt, be-
wacht,

Verehrt, verschont, beseufzt.  Scharf, und wie Schif-
fer pflegen,

Sieht er nach Luft und Wind, und wittert Sturm
und Regen,

Scheut so den kürzesten, als längsten Tag im Jahr.

Hageb. Geb. V. Th.                    m

Den Frühling, wie den Herbst, lebt mäßig wie
Cornar,

Auch eh ihm noch der Arzt die Hungercur empfieh-
let:

Bis ihn des Todes Geiß dem schönen Gelde stiehlet. *

* Es geschieht aus bloßer Güte, wenn man unter
diesen epigrammatischen Gedichten, auch den
Jüngling, den Mann, den Alten, die
Vergleichung, und gewisse andere duldet.
Es herrschet ja darinn nicht der unerwartete
Schluß, die Schärfe, die vis epigrammatica,
oder die mala lingua, die Martial, der doch selbst
so oft schmeichelt, und nicht selten moralisiret, zum
Charakter der Ueberschriften machet.   Dergleichen
Kleinigkeiten sind vielmehr denen ähnlich, die man
in der Anthologie, mit so ungleichem Beyfall, findt.
Man weiß, wie unschmackhaft die Ueberschriften
und Brühen à la greque für einen Racan waren.
Es heisset: jedes rechtschaffene Epigramma muß,
wie eine Biene, immer mit einem Stachel verse-
hen seyn.   Dieser gute Unterricht, diese bekannte
Vergleichung werden täglich zugleich wiederholet,
und, nach beyden, wären viele zarte Gedanken und
Epigrammata der Griechen, und die meisten des
Vavassors, nur schöne Fliegen oder Schmetterlinge.
Aber jene gute Regel gilt, wie so mancher bejahr-
ter Lehrsatz, nicht ohne Ausnahme.   Dieses stehet
aus häufigen Exempeln zu beweisen.   Also fliessen
Ueberschriften oder Sinngedichte, wie
der Leser sie zu nennen beliebet, so glücklich aus

herzlichen Empfindungen, als aus witzigen Einfällen. Es iſt, auch nach den Zeiten Catulls, wahr, was in der Differtat. vor dem Dclectu Epigrammat. ſtehen: In nonnullis etiam ſimplex quædam mundities, ac mollis ſubtilisque feſtivitas placet. Zu ihren natürlichen Quellen gehören itzo, ſo ſehr als jemals, kleine Erzählungen, ſie mögen einen Helden oder Sperling betreffen; denn auch dieſer kann der Held eines Sinnedichts ſeyn: freundſchaftliche Scherze: ſatiriſche oder gefälligere Lehren. J. C. Scaliger iſt in ſeinen kleinen epigrammatiſchen Gedichten oft recht glücklich geweſen, da er doch das Unglück gehabt hat, auch Räthſel und Logogriphen zu ſchreiben. Dieſer ſcharfſinnige Mann hat nicht immer, in ſeinen Poeſien, witzig ſeyn wollen: wie inſonderheit ſeine Libri VIII. Epidorpidum beweiſen, die nur Epigrammata gnomica zum Inhalt haben, welche aber mehrentheils vortrefflich ſind. Hier bemerke ich nur, was er im dritten Buche ſeiner Poetik, Cap. CXXV. p. 392. 393. der Abhandlung vom Epigrammate hinzuſetzet: Eſt etiam ſpecies quædam nobilis ac generoſa, ſcita quadam æquabilitate plena, quam apud paucos, ac raram invenias, ut ſit venuſtas cum gravitate & acumen cum lenitate: numerus quaſi natus ibi, non illatus aliunde, aut affectatus ambitioſe, ſuſpenſus animus usque ad extremum: qua recepta ſententia ſatur ſit, nec audeat in eo quicquam præterea quærere. Ad hanc formulam ſpectavimus nos in iis, que *nova* inſcripſimus *Epigrammata*, & in *Thaumantia*. Beyde finden ſich in der Ausgabe ſeiner Gedichte vom Jahre 1591. Was in denſelben gefällt, iſt nicht ſo ſehr das Reizende des Witzes, als die Artigkeit der mannigfaltigen Gedanken, und die Schreibart des Scaligers, deſſen Farrago, Archilochus, Hipponax und Manes Catulliani, meines Erachtens, lebhaftere Schönheiten haben. Noch bleibet über die epigrammatische Schärfe, über den wesentlichen Charakter und die Länge einer Ueberschrift, über den Umfang und die Arten dieser Poesie, unter ästetischen Gelehrten, vieles unausgemacht. Vielleicht werden sie sich also nicht zu sehr mißfallen lassen, daß, bis auf weitere Untersuchung, nachdrücklichern epigrammatischen Gedichten, die wenigen andern, die ich meyne, und die mich zu dieser langen Anmerkung verführen, voritzo so zuversichtlich zugesellet werden, als ob sie alle von gleicher Kraft und Reizung wären, oder sich von allen ihren Lesern gleichen Beyfall versprächen: eine Ehre, die keiner Sammlung, auch nicht der vorzüglichsten, wiederfahren ist. Et sane quæ sunt commodissima, desinunt videri, quum paria esse cœperunt. Præterea sapiens subtilisque lector debet *non diversis conferre diversa, sed singula expendere, nec deterius aliquid* (in alio) *putare, quod est in suo genere perfectum.* PLINIVS, L. IV. Ep. XIV.

## Vergleichung.

Wie edel ist ein Herz, das, reich an steter Liebe,

Zum Wohlthun lebhaft ist aus unerlerntem Triebe!

So wirkt ein lautrer Bach, der durch zwey Wiesen

schleicht,

Nicht heftig schwillt, noch rauscht: dem nie die Kraft

entweicht,

Die Ufer fruchtbar macht: an dem bey jedem Lenzen,
Mit Blumen, die er nährt, die Hirten sich umkränzen.

Ein kleines Herz voll Stolz, die Werkstatt schlauer
Kunst,
Wird tugendhaft und mild, aus Eigennuz der Gunst:
Ein Fürst, der, eh er giebt, zehn Zweifel überwin-
det,
Bis daß sein Kanzler ihm den Ton zum Jawort
findet,
Ahmt einem Springbrunn nach. Die Kunst macht
die Natur
Verschwendrisch, wo sie kargt; jedoch zu Zeiten nur.
Er wird, so wie ein Sturm, uns Wunderkräfte
zeigen.
Seht seinen starken Stral bis an die Wolken steigen!
Als unerschöpflich eilt das Wassers Schaz empor,
Und prangt in heller Luft: der Schall betäubt das
Ohr:
Das Auge weidet sich an Farben und an Bildern:
Kein Maler, kein Poet kann ihren Wechsel schildern.

Ein Rad, ein Triebwerk stockt; Gleich fließt sein Schatz
nicht mehr. *

Dem Bach ist Titus gleich; dem Springbrunn ein
Tiber. **

* Il me paroît, *dit Coſtar*, que c'eſt un grand avan-
tage d'être porté au bien ſans nulle peine ; & il
me ſemble que c'eſt un ruiſſeau tranquille, qui
ſuivant ſa pente naturelle coule ſans obſtacle entre deux rives fleuries. Je trouve au contraire
que ces gens vertueux par raiſon, qui font quel-
quefois de plus belles choſes que les autres, ſont
de ces jets d'eau où l'art fait violence à la natu-
re, & qui après avoir jailli jusques au ciel,
s'arrêtent bien ſouvent par le moindre obſtacle.
BOUHOURS, Maniére de bien penſer dans les
ouvrages d'eſprit. (Amſt. 1705.) II. Dial p. 153.

** Publice munificentiam bis omnino exhibuit: propo-
ſito millies HS. gratuito in triennij tempus : & rur-
ſus quibusdam dominis inſularum, quæ in monte
Cœlio deflagrarant, pretio reſtituto. Quorum alterum magna difficultate nummaria populo auxili-
um flagitante, *coactus eſt facere* . . . alterum ad
mitigandam temporum atrocitatem. Quod tamen
beneficium tanti æſtimavit, ut montem Cœlium,
appellatione mutata, vocari Auguſtum juſſerit.
SVETON. in *Tiberio*, Cap. XLVIII. Aber der
offenbare Geiz war, ſo wenig als die Freygebig-
keit, eine der vornehmſten Eigenſchaften des Ti-
berius, der bey gewiſſen Gelegenheiten, ſeinen

Abſichten vortheilhaft befand, dem Auguſt nachzuahmen: ſo wie auch in einigen, und inſonderheit in dieſen beyden Fällen geſchah, die aus dem
Sueton angeführet worden. S. Hiſtoire des Empereurs par Mr. CREVIER (Amſterd. 1750.) T.
II. p. 97. 504.

## Montagne.

Montagne, Günſtling der Natur,

Es ſollte dich nur der, den Witz und Freyheit adeln,

Weil er dir rühmlich gleicht, erheben oder tadeln;

Dem ſey ein Sokrates, wo nicht ein Epikur!

Du biſt, zu aller Luſt, in dem, was du geſchrieben,

Nachläßig ſchön, und lehrreich zweifelhaft,

Unwiſſend voller Wiſſenſchaft:

Ach! der dich meiſtert, muß dich lieben:

Und heißt wohl der mit Recht gelehrt,

Dem nicht dein Buch Geſchmack und Kenntniß

mehrt? *

* Dieſe kleine Frage rechtfertiget ſich nicht weniger
aus Montagne ſelbſt, als aus dem Urtheile, das
von ihm Schurzfleiſch, als Saremaſius, in der

Continuatione Judiciorum de Scriptoribus, gefäl-
let hat, wovon ich die Worte anführen will, welche unter den Jugemens & Critiques fur les Effais
de Montagne nicht befindlich find, die Cofte in
feinen Ausgaben forgfältig gefammlet hat: Opus
Socratis illius Gallici, quo quidem nec Gallia,
nec reliqua Europæ regna dignius videre unquam
opus, cui quam meretur laudem, nec laudatiffi-
mus perfolvere poteft; Opus, quod hominem tam
fibi reddit ipfi, ut fine eo fenfum communem
eoccutire perfuafum mihi habeam omnino. Qui
quo quosque carere video, tacite eum in literis
languere & frigere præfumo. S. Grofchufs Nov.
Lib. rar. Conlect. (Halis Magd. 1709.) Fafc. III.
p. 466.

# Die Poeten und ihre Verächter.

Der Erzpoet, der unaufhörlich dichtet,
Der Kriticus, der unabläßlich richtet,
Sind nicht ein Paar, das mir gefällt.
Doch was ist der, den kein Geschmack beglücket,
Kein Opitz rührt, und Haller nicht entzücket?
Ein ungleich schlechtrer Held.

# Die Kinder Ruben.

In Israel straft jeden Stamm sein Fluch
Auf diesen Tag. Dieß lehrt ein kleines Buch
Von einem Unglücksvollen Schwätzer. †
Der Kinder Ruben Fluch wird schrecklich angeführt:
Was grün ist, das verdorrt, so bald sie es berührt,
Ein Vorbild vieler Uebersetzer.

† Franciscus ein Mantuanischer Arzt und getaufter
Jude, dessen Stamm unbekannt ist, hat eine
Schrift von den Strafen und Plagen aufgesetzt,
welche nach dem Leiden Christi, auf die zwölf
Stämme gefallen seyn sollen. Ich kenne sie nur
als einen würdigen Anhang zum Evangelio Nico-
demi, das hier heraus gekommen ist. Das Original muß in der Bibliothek zu Augspurg gesuchet werden, wenn man der auf der 102ten Seite
befindlichen Anzeige folgen will.

# Momar und Sophron.

M Du kennst mein Werk, du weißt die Gründe,
    Womit ich, zu der Freyheit Ruhm,

Den Helden für das Christenthum
Den Grotius ganz überwinde.
Weil meine Lehre siegreich spricht,
So fehlt ihr auch kein Muth zum Spotten.
Wie werden, tritt mein Buch ans Licht,
Verfolger wider mich sich rotten!
S. Befürchte doch Verfolger nicht:
Du findest keinen, als die Motten.

# Auf
# einen Papesiguier * und Verächter
## der schönsten Stellen im Milton.

Der blasse Chärilus wird oft, aus Eifer roth,
Wann ich das erste Paar im Milton reizend finde.
Er bleibe, was er ist: so dürr als Miltons Tod,
Und Bosheitsvoll, wie Miltons Sünde!

* Si d'autre part celui que vous verrez
N', a l'œil riant, le corps rond, le teint frais,
Sans hésiter qualifiez cet homme
Papesiguier.
    LA-FONTAINE, *le Diable de Papesiguiere.*

S. des Rabelais Pantagruel, im vierten Buche,
Cap. XLV. u. f.
A meagre, muſe-rid mope, aduſt and thin,
In a dun night gown of his own looſe ſkin.
POPE, Dunciad. II. 33. 34.

# Fallacia cauſæ non cauſæ.

Trotz einer Aelſter ſchwatzt Urſin,

Und keine Grabſchrift lügt, wie er:

Dem jüdiſch ſchreyenden Gingrin

Fällt, auch im Schlaf das Schweigen ſchwer.

Sie, deren Mund nichts ſprachlos macht,

Sie reden heut, als mit Bedacht,

Verbindlich, ſparſamer und leiſer.

Sind heute beyde Thoren weiſer?

O nein! Beym Froſt der letzten nacht

Ward jener taub, und dieſer heiſer.

# Alcon.

Apollo ſtund betäubt durch Söhne ſeiner Kunſt,

Denn jeder ſingt ihm Dank, oft für weit größre Gunſt,

Als ihm der Gott gewährt, und nach verrauschten
Chören
Bath Alcon insgeheim Apoll um neue Lehren.
Er kam vergnügt, zurück. Gleich denkt die ganze
Schar:
Was ward denn eben dem, vor andern, offenbar?
Und einer rief ihm zu: Nun bist du, frey von
Fehde,
Voll Gottheit, voll Olymp. Umstirnt mit Wahrheit,
rede
Aetherisch! Genius! Uranisch ist ist dein Ruhm!
Sprich! Was entwölkte dir Apollens Heiligthum?
Er sprach: ihr Dichter, hört! Mir hat der Gott be-
fohlen,
In meinem Ausdruck mich nicht stets zu wieder-
holen.


## Unterricht für einen Reisenden.

Wenn dir ein Mann, den du nicht kennst, begegnet,
Der lächelnd schleicht, und dich durch Minen segnet;

Scharf nach dir schielt, sich ehrerbietig krümmt,
Gebethe brummt, und tiefe Seufzer stimmt:
Und ein Hussar, wovon der Anblick schrecket,
Dem das Gesicht Blut, Staub und Pulver decket,
Zugleich erscheint: wär er, nach Menzels Art,
Frech, wie sein Pferd, und rauher, als sein Bart;
So rath ich dir, was mir Erfahrne riethen,
Vor jenem mehr, als diesem, dich zu hüten.

## An Reptill. †

Rebuff verfolget mich; ihn darfst du nicht erbit-
tern:
Und Arhas; doch auch der ist dir ein Matador:
Selbst Struma; * „Struma selbst? Du widersprichst
nicht Rittern,
Und wie schwingt Struma sich aus Staub und Nacht
empor!
Urgande will sich mehr, als alle die, erkühnen:
Du bist ein Wittwenfreund, und sie ist reich, Rep-
till.

Mein Gönner, lebe wohl! Nicht Sklaven mag ich
dienen:
Frey muß der Stolze seyn, der mir gebieten will.

† S. MARTIAL. Lib. III. Epigr. 3.
* S. CATVLL. Ep. 50.

## Bey einem Carneval.
### 1746.

Das Spiel der Welt besteht aus Mummereyen:
Ein Hofmann schleicht in priesterlicher Tracht;
Als Nonne winkt die Nymphe Schmeicheleyen;
Ein Wuchrer stutzt in eines Sultans Pracht;
Der falsche Phrax erscheint im Schäferkleide;
Als Bäurinn stampft die zarte Flavia;
Verblendend glänzt im stolzen Erbgeschmeide
Atossa selbst, der Läufer Zulica;
Als Fledermaus läßt Phryne sich nicht nennen,
Auch Myrtis nicht, der bunte Papagey.
O möchte man stets jedem sagen können:
Dich, Maske, kenn ich; ... nur vorbey!

# Gastereyen.

Die Wissenschaft, ein Gastmahl anzustellen,
Wo zwanzig sich, als wie durchs Loos, gesellen,
Geliebte Stadt! die war dir längst bekannt;
Allein die Kunst, drey, die von gleichen Sitten
Und Herzen sind, auf ein Gericht zu bitten,
Die fremde Kunst wird Reichen nie genannt.
Der einen kann es nicht an Schmeichlern fehlen:
Die andre wird mit Sorgfalt Freunde wählen.
O stolzes Geld, ach hättest du Verstand!

# Die Schriftsteller.

Was giebt dem, was man schreibt, der Dauer Si-
　　cherheit?
Nicht Ordnung, noch Geschmack: nicht Fleiß, noch
　　Gründlichkeit.
Nicht immer ist es gnug, der Welt durch Wahrheit
　　nützen,

Nicht gnug, der Alten Geist, der neuern Witz besitzen:

Am wenigsten genug, daß man vor seine Schrift

Mäcenen stellt, sie preist, und sittsam übertrifft;

Daß auch von unserm Werth die öffentlichen Proben

Kein Kriticus verruft, und zwanzig Vettern loben,

Daß ein beredter Held im schärfsten Vorbericht,

Für unsers Namens Ruhm mit allen Tropen ficht.

Oft wird das beste Buch durch andere begraben!

Ein Buch, das leben soll, muß seinen Schutzgeist

haben. *

* Victurus Genium debet habere liber.
   MART. L. VI. Ep. 60.
Teißier in seinen Eloges des hommes savans, tirés
de l'Histoire de M. de Theu, P. I. p. 116.
117. sagt vom Vives: Le principal de ses Ouvrages est son Commentaire sur les Livres de S.
Augustin de la Cité de Dieu. Cependant quelque
excellant que soit ce Livre, dès qu'il parut au
jour, il fut si mal reçu qu'il ne se trouva per-
sone qui le voulût acheter: car le fameux Fro-
ben, qui l'avoit imprimé, en avant aporté plu-
sieurs Exemplaires à la Foire de Francfort, n'en
vendit pas un seul. Sur quoi Erasme dit à Vivés:
*Vides etiam in Musarum rebus regnare fortunam.*

# Fabel.

Es iſt Euphraſt, der ſtets gefiel,
In allem, was wir von ihm leſen,
Beſcheiden, ſinnreich, wie Virgil,
Erfindſam, wie Homer geweſen:
Er ſchrieb nicht bis ins Stufenjahr,
Nicht viel, nichts auf Befehl, nichts eilig.
Wie ihm die Wahrheit heilig war,
So war ihm auch die Sprache heilig.
Sich ſelbſt zum Lobe redt' er nie,
Doch litt er andrer Stolz und Träume,
Sprach ſelten von der Poeſie,
Noch gegen, oder für die Reime.
Er war voll weiſer Sittſamkeit,
Drum ward er keiner Secte Götze,
Und hinterließ der Folgezeit
Zwar Muſter, aber nicht Geſetze.
Nur Waſſer trank er, und nicht Wein.

Hagd. Ged. V. Thl.                    n

Von schönen liebt er nur die alten:

Bloß ihrer Seelen Freund zu seyn,

Und sich des Busens zu enthalten.

Er starb, und ließ, eh er verschied,

Ein Buch, das er gemacht, verbrennen,

So sehr auch sein Verleger rieth,

Das Werk der Welt und ihm zu gönnen.


# Ein klägliches Schicksal der Poeten.

Wie sorglos schläft der sichre Musensohn,

Wann er, bey Kerz und Nacht, in dichterischen
Stunden,

Nun, wie er glaubt, den Einfall ausgefunden,

Den er gesucht, der ihn zu sehr geflohn!

Wie unruhvoll wird seine Lagerstatt,

Wann ihm der nächste Tag, so bald er ganz erwa-
chet,

Des Fundes Werth mit Recht verdächtig machet!

Der Einfall welkt: die Worte fließen matt.

So schmeichelhaft war Jacobs Nacht und Stand,
Als, wie er wünscht' und hofft', ihn Rachels Reiz
   beglückte:
So groß sein Leid, als er den Tag erblickte,
Die Augen rieb, und eine Lea fand.

## An die heutigen Beförderer der schönen Wissenschaften und freyen Künste.

### 1 7 5 4.

Ihr Gönner des Geschmacks! ihn würdig zu er-
   höhn,
Ahmt so dem Colbert nach, wie Colbert dem Mäcen.
Verdienet Ruhm und Dank. Doch wollt ihr Künste
   bessern,
So wählt die rechte Zeit, die Künstler zu vergrössern.
Seyd auch den Dichtern hold: versorgt und rühmet sie;
Nur jenes nicht zu spät, und dieses nicht zu früh!

# Prophezeihung.

### 1 7 5 4.

Freund, sterb ich einst, so wird ein Bösewicht,
Der itzt noch schweigt, mir keinen Nachruhm gönnen,
Und über mich und meinen Werth erkennen.
Es mag geschehn! Den Schnarcher fürcht ich nicht.
Aus Demuth nur will ich ihn dir nicht nennen.
Sein Tadel ehrt, mehr als ein Lobgedicht.

# Abhandlungen von den Liedern
## der alten Griechen.

Witz und Tugend.                                        S. 107

An Hypfäus.                                               107

Grabfchrift des Neodars.                                  108

Flaminius Vacca.                           .              108

Cofmus.                                                   109

An den verwachfenen Gurdus.                              109

Ueber das Bildniß des Herrn Profeffor Bodmers.           110

Auf den Chefelden der Deutfchen.                         110

Wernicke.                                                111

An den Freyherrn von * * *                               111

Philofophen. Redner.                                     111

Leander und Scapin.                                      112

An einen Arcadier.                                       113

Wider den Horaz.                           .             114

Wunfch.                                                  114

Marcus Aurelius Antoninus Veriffimus.                   114

Crill.                                                   116

Warnung.                                                 117

Für viele große Folianten.                              119

An Melint.                                               119

Jersbeck.                                                120

Helena und Menelaus.                                     121

An den Marfchall von Frankreich, Grafen von S.          122

n 5

Mahomet und der Hügel. 122

Auf gewisse Ausleger der Alten. 123

Phar. 126

Seltsamer Zorn des Cleons. 126

Der Geheimnißvolle. 127

Cincinx. 127

Arist und Suffen. 128

Eine, vor dem Jahre 1732, seltene Sache. 129

Susanna. 130

Auf Gothilas. 131

Res est sacra miser. 132

In einer schweren, oft schmerzhaften Krankheit. 133

Trostgründe. 133

Charakter eines würdigen Predigers. 134

An einen Maler. 135

An den Doctor Logus. 135

La Fontaine. 136

Robert Harley, Graf von Orford. 137

An einen Freund. 138

An Celsus, einen jungen anakreontischen Dichter. 138

Phanias. 141

Geschenke. 141

Vorzug dieses Jahres. 1752 142

An Omphus. 142

Rath. 143

An Hygin, einen gesunden Alten. 143

La - Motte. 144

Die Tarraconenser. 149

Menor. 150

An einen Verfasser weitläuftiger Grabschriften. 150

An Murzuphlus. 151

Jodel. 152

Grabschrift des Herrn Sertils. 153

Auf ein gewisses Lobgedicht. 154

Hilar und Narciß. 154

Auf einen ruhmredigen und schlechten Maler. 155

Mascar. 155

Wohlthaten. 155

An Theron. 156

Freyheit. 156

An Opim. 158

Alcest und Philint. 158

An Charin. 159

Veit. 159

An Eutrapelus. 160

Dat veniam corvis, vexat censura Columbas. 161

Hofman von Hofmanswaldau. 161

Auf Furius, einen heutigen noch ungedruckten
   Scholiasten. 163

Auf den schlafenden Nigrill. 164

Goldoni. 164

Ein jegliches hat seine Zeit. 166

Arsinoe. 167

Lindor. 167

## ♯ ○ ♯

An Hyperbolus.                                          169

An Trivius.                                             170

Die Einsichtvollen.                                     171

Unvermuthete Antwort.                                   171

An einen Lächler.                                       172

An Euphem.                                              172

An einen Freund, der mir Burmanns Ovidium
    geschenkt hatte.                 173

Wilhelmine.                                             173

Der Mensch.                                             174

Der Jüngling.                                           175

Der Mann.                                               176

Der Alte.                                               177

Vergleichung.                                           180

Montagne.                                               183

Die Poeten und ihre Verächter.                         184

Die Kinder Ruben.                                       185

Momar und Sophron.                                     185

Auf einen Papefiguier und Verächter der schönsten
    Stellen im Milton.              186

Fallacia causæ non causæ.                              187

Alcon.                                                 187

Unterricht für einen Reisenden.                        188

An Reptill.                                            189

Bey einem Carneval.                                    190

Gastereyen.                                            191

Die Schriftsteller.                                    191

Fabel.                                                 193

Ein klägliches Schicksal der Poeten.                   194

An die heutigen Beförderer der schönen Wissen-
    schaften und freyen Künste.     195

Prophezeihung.                                         196